本书得到复旦大学马克思主义学院和
复旦大学当代国外马克思主义研究中心资助。

"当代中外马克思主义比较前沿问题研究"丛书

丛书主编：陈学明　韩欲立

对话、融合与超越

当代中外马克思主义比较研究

（第二辑）

陈学明　韩欲立——编

天津出版传媒集团

天津人民出版社

图书在版编目（CIP）数据

　　对话、融合与超越 ： 当代中外马克思主义比较研究.
第二辑 / 陈学明，韩欲立编. -- 天津 ： 天津人民出版
社，2024.3
　　（"当代中外马克思主义比较前沿问题研究"丛书 /
陈学明，韩欲立主编）
　　ISBN 978-7-201-19991-7

　　Ⅰ. ①对… Ⅱ. ①陈… ②韩… Ⅲ. ①马克思主义－
文集 Ⅳ. ①A81-53

　　中国国家版本馆 CIP 数据核字(2024)第 033540 号

对话、融合与超越：当代中外马克思主义比较研究·第二辑
DUIHUA RONGHE YU CHAOYUE DANGDAI ZHONGWAI MAKESIZHUYI BIJIAO YANJIU DIERJI

出　　　版	天津人民出版社
出 版 人	刘锦泉
地　　　址	天津市和平区西康路 35 号康岳大厦
邮政编码	300051
邮购电话	（022）23332469
电子信箱	reader@tjrmcbs.com
责任编辑	王佳欢
装帧设计	明轩文化·王　烨
印　　　刷	天津新华印务有限公司
经　　　销	新华书店
开　　　本	710 毫米×1000 毫米　1/16
印　　　张	17
插　　　页	2
字　　　数	210 千字
版次印次	2024 年 3 月第 1 版　2024 年 3 月第 1 次印刷
定　　　价	88.00 元

总　序

　　中国的国外马克思主义研究通常被认为是在改革开放后西方人文社会科学集中涌入我国后，作为西方人文社会科学一个支流而开始对中国当代马克思主义研究产生影响的。我们必须认识到的一个基本事实是，当中国的马克思主义者以译介、评述和批判的方式，开始对流传于国外的马克思主义思潮进行深入研究的时候，就已经开始了一个以中国独特国情和历史经验为基础的、从自发到自觉的马克思主义中国化的建构进程。换句话说，十月革命一声炮响不仅为中国送来了马克思列宁主义，而且也引起了中国人对苏俄和欧洲的马克思主义的强烈兴趣。因此，我们有理由认为国外马克思主义研究在中国已历经了百年的艰辛探索，百年探索所取得的重大理论和实践成果，就是以中国化马克思主义命名的具有中国特色、中国风格和中国气派的时代化的马克思主义理论体系。国外马克思主义研究的百年历史探索经验告诉我们，以中国国情、历史经验和文化特征为主体内容，以对话、融合与超越为方法论基础的马克思主义中国化和时代化，是不断开辟马克思主义新境界的关键驱动力，也是当代中国马克思主义学者义不容辞的历史责任。

　　习近平总书记曾一针见血地指出："当代世界马克思主义思潮，对资本主义结构性矛盾以及生产方式矛盾、阶级矛盾、社会矛盾等进行了批判性揭示，对资本主义危机、资本主义演进过程、资本主义新形态及本质进行了深入分析。这些观点有助于我们正确认识资本主义发展趋势和命运，准确把握当代资本主义新变化新特征，加深对当代资本主义变化趋势的理解。对国外马克思主义研究新成果，我们要密切关注和研究，既不能采取一概排斥的态度，也不能搞全盘照搬。同时，我们要坚持把自己的事情办好，充分展示我国社会主义制度的优越性。"①习近平总书记同时也指出研究国外马克思主义的根本目的："学习和研究当代世界马克思主义思潮，对我们推进马克思主义中国化，发展21世纪马克思主义、当代中国马克思主义具有积极作用。"②因此，我们既应当在马克思主义发展史中的历时性结构中探讨马克思主义中国化的时代发生，又应当在中国马克思主义与国外马克思主义的共时性结构中考察马克思主义中国化的民族生成。这就要求我们在进行马克思主义中国化的研究时，要不断扩大理论视野，特别是要把当代国外马克思主义思潮的前沿研究成果纳入自己的理论视野之内。与此同时，我们进行西方马克思主义、国外马克思主义研究时，要自觉地把自己的研究成果转化为推进马克思主义中国化的理论资源，与整个马克思主义研究融合在一起。

通过比较分析当代国外马克思主义与当代中国马克思主义产生的历史和文化背景，以及理论形态的异质性，可映现出马克思主义中国化之独特的现实发生与理论生成。我们要对国外马克思主义与中国马克思主义的共同问题域与不同关注点作出深入的比较分析。在这个基础上，从国外马克思主义中提取可以嫁接到马克思主义中国化中的问题式，以此拓展马克思主义中国化的研究域。实际上，如果我们回顾改革开放以来西方马克思主义在中国的传播和研究历史会发现，在一系列重大问题上，中国化马克思主义与西方马克思主义产生了理论互动，并在社会主义改革和建设的伟大实践中，将这种理论互动产生的思想成果以中国化和时代化的形式有效转化为

---

① 《习近平谈治国理政》（第二卷），外文出版社，2017年，第67页。
② 同上，第65页。

中国特色社会主义的改革动力。比如西方马克思主义传入中国的早期是以一种人道主义的马克思主义的面目出现的,西方马克思主义所强调的以人为出发点的思想显然对中国后来提出"以人为本"思想产生了影响;西方市场社会主义理论主张把市场与社会主义结合在一起,后来中国提出推行社会主义市场经济不能不说与市场社会主义在中国的传播相关。此外,我们也知道西方马克思主义是以深入批判当代资本主义的异化的人的存在方式作为开端的,异化理论在中国的传播和研究逐渐凝聚成为中国特色社会主义对于如何克服资本主义异化状况,并积极促成社会主义条件下人的美好生活的实现的深厚理论资源。

综观国外马克思主义思潮的发展历程,尽管他们做出了许多积极贡献,但是由于国外马克思主义的理论探索主要是在资本主义世界展开的,因此在大多数情况下,马克思主义的发展在国外难以找到适宜的实践条件,从正面积极推动马克思主义理论成果向实践的转化,甚至某些以马克思主义为名的国外马克思主义研究者严重脱离了当代资本主义和社会主义发展的现实,对马克思主义的解读走向了唯心主义的极端,成为学院派马克思主义孤芳自赏的观念批判工具。对于这类国外马克思主义研究成果,我们一方面要保持学术上的追踪,另一方面也要明辨是非,站稳真正的马克思主义的立场,在中外马克思主义比较研究中避免被带着走,以致迷失研究马克思主义和实践马克思主义的初心。相对于派别林立的国外马克思主义研究生态来说,中国化马克思主义有着得天独厚的优势,其中最大的优势就是中国的马克思主义研究和实践是在中国特色社会主义制度和中国共产党领导下展开的,这意味着中国的马克思主义研究一方面可以在百家争鸣、百花齐放的世界马克思主义的大环境下自由探索,另一方面这种自由探索由于有共同的理想、信仰和领导,而具有将分歧甚至冲突的价值、观点和思想体系,融合到马克思主义中国化和时代化的宏大愿景和实践中去的基础。

　　基于以上理由，我们认为中外马克思主义比较研究方兴未艾，它是中国进入新时代以后国外马克思主义研究领域的学者充分撞击理论思维，迸发学术灵感，增进研究共识所形成的新的研究方向和理论生长点。因此，复旦大学马克思主义学院与复旦大学当代国外马克思主义研究中心，联合打造了全国中外马克思主义比较研究学术论坛，作为推进这一目标的学术平台，每年召开一次学术年会，并计划每年出版系列论文集，以展示中国的马克思主义学者们前沿性的中外马克思主义比较研究的成果。我们坚信，通过凝聚国内中外马克思主义比较研究的学术力量，我们一定能够把国外马克思主义学科研究推进到中外马克思主义对话、融合与超越的新境界，也一定能够把中国化马克思主义推进到世界马克思主义话语体系的中心。

陈学明　韩欲立

2023 年 8 月

编者说明

2021 年 12 月 26 日,由复旦大学马克思主义学院、复旦大学当代国外马克思主义研究中心主办的"西方左翼对新冠肺炎疫情的反思与 21 世纪马克思主义的发展——第二届中外马克思主义比较研究论坛"学术研讨会于腾讯会议线上举办。复旦大学陈学明教授、复旦大学张双利教授出席会议并发言,复旦大学马克思主义学院院长李冉教授主持开幕式。清华大学、中国人民大学、中国社会科学院、南京大学、南开大学、同济大学、华南师范大学、山东大学等高校及科研院所的专家学者,一同探讨中外马克思主义相关理论,来自全国高校的数百位师生参加了线上直播。

李冉教授、陈学明教授代表主办方在开幕式上分别致辞。陈学明教授指出,这次论坛的主题前沿且贴合现实。他认为,西方马克思主义者和其他西方左翼学者对新冠肺炎疫情的反思,为我们认识当代资本主义、当代社会主义和当代马克思主义的现状和命运提供了极其宝贵的思想资源,面对这样一种思想资源,我们没有丝毫理由不管不问、熟视无睹、不屑一顾,应当切实地加以跟踪研究,加以消化和吸收。这也是本次论坛召开的主要原因。21 世纪马克思主义的构建离不开当代中国马克思主义和当代国外马克思主义的互动和融通,可以说,构建 21 世纪马克思主义,不仅需要当代中国马克思主义和当代国外马克思主义这两个"轮子"同时运转,还需要当代中外马克思主义的交流和互鉴,只有这样,21 世纪的马克思主义才有可能发展起来。我们要牢记习近平总书记所指出的:"学习、研究当代世界马克思主义思潮对我们推进马克思主义中国化、发展21世纪马克思主义、当代中国马克思主义具有积极作用。"①我们希望通过举办这一论坛，为当代中国马克思主义与当代国外马克思主义的互动和推进21世纪马克思主义做出应有的贡献。

开幕式结束后，《马克思主义研究》副主编张新刚主持第一阶段大会发言。韩振江、郇庆治、韩东屏、蓝江、夏莹、尹树广先后作主题发言。韩振江分别从新冠肺炎疫情改变世界存在方式、例外状态与赤裸生命、紧急状态常态化与数字监控等方面论述了疫情带给个体的影响。郇庆治基于绿色左翼的视角，从国内与国外两个维度对全球新冠肺炎疫情进行了思考。韩东屏以在美国生活的经历为切入点，强调了此次疫情不仅加剧了美国的社会矛盾，而且加速了资本主义走向崩溃的趋势。蓝江从疫情时代的治理技术、社会认识与算法识别等角度，论证了数字技术对于疫情的防控和社会主体的影响。夏莹基于齐泽克、韩炳哲、阿甘本等左翼学者的论述进行了分析和批判，并指出了资源共享与平台数据私有化、跨国资本与国家主权、知识经济的意识形态与"系统化愚蠢"等方面的矛盾。尹树广从生命、潜能、伦理和哲学视野，重新思考了当前的左翼共产主义思潮，并结合疫情进一步强调了疫情的不确定性。

随后，《教学与研究》编审孔伟主持大会第二阶段发言。罗骞、曹晋、夏巍、郭丽双、车玉玲、焦佩、王平分别作主题发言。罗骞指出，国外左翼对疫情的反思不仅涉及对资本主义体系的批判与反思，而且对于社会主义发展趋势的展望具有重要意义；并且提出了诸如疫情的暴发对于当今世界体系的冲击是否改变了当今主题，疫情对资本主义政治、经济和价值观等体系的冲击是否意味着资本主义趋于瓦解崩溃的状态等问题，对于今后的研究具

---

① 《习近平谈治国理政》（第二卷），外文出版社，2017年，第65页。

有重要作用。曹晋以传播政治经济学家的数字媒体论述为例,对于西方左翼的疫情进行了反省与思考,并着重论述了数据监控与隐私保护、虚假信息与阴谋论等问题。夏巍从"新"自由主义这一历史性前提出发,对西方国家防疫政策进行了深入的生命政治学反思,探讨了新冠肺炎疫情中生命政治实践的不同类型,揭示出"中国之治"和"西方之乱"的深层原因。郭丽双从俄罗斯学者的相关论述出发,指出了疫情暴发是由世界政治、经济发展不平衡所致,并从问题与出路阐明了俄罗斯学者对于替代资本主义的全球化方案。车玉玲以俄罗斯文化中的伦理原则分析了后疫情时代的全球化问题,并以多元文明形态理论为基础,提出了另一条全球化的可能道路。焦佩从国外批判视野对新冠肺炎疫情与资本主义的互相影响进行了分析,分别阐述了新冠肺炎疫情对于资本主义经济、政治、社会和生态问题的具体影响。王平从生态危机产生的时空机理、生态恶化加速的制度性根源、超越资本主义生态危机的希望空间等方面,指出了哈维对于生态危机的看法和思考,并强调生态问题的出路与文明道路的选择息息相关。

复旦大学马克思主义学院教授郭丽双主持第三阶段发言。颜岩、赵超、禤明亮、彭召昌、陈详勤、王彩霞分别作主题发言。颜岩对梅扎罗斯的资本批判理论进行了阐述和评判,指出了梅扎罗斯对于资本主义危机的看法。赵超从法国左翼学者的论述出发,具体阐述了让-努马·迪康热和达尼埃尔·西雷拉对于疫情暴发与民族问题、中国道路的看法。禤明亮从国际共产主义的复兴与中国共产党的战略选择为主题,提出坚持引领而非领导、典型示范而非强制的方法手段,进一步拓展21世纪国际主义的新内涵。彭召昌从美国社会主义政党对资本主义抗议政策的批判出发,指出资本主义疫情危机把人类社会主义前景与中国道路的世界意义连接在一起,揭示了全球抗疫的积极效应。陈详勤指出,举国体制、巨型经济、传统中医药是中国成功控制疫情的若干原因,提出影响国家能力的两个要素,同时强调疫情考验的是国家应对非常状态的能力。王彩霞以"资本主义的多重危机与共产主义的再认识"为主题，指出新冠肺炎疫情激化了资本主义"生产"与"再生产"的内在矛盾，加剧了"工资铁律"原则对无产阶级的压迫。

复旦大学马克思主义学院教授夏巍主持第四阶段发言。韩欲立、王元、赵君夫、雷晓欢、李健、申文昊分别作主题发言。韩欲立指出，当我们思考马克思危机理论的时候，不仅仅要回溯危机产生的原因、分析危机的现状，以及资本主义应对危机的可能对策，更为重要的是马克思主义的思想者和行动者必须将危机理论引向对社会主义和共产主义的积极追寻。王元指出，实行新自由主义的资本主义国家无法有效应对疫情，疫情危机的本质是资本主义的内部危机，社会主义制度在疫情应对中彰显了优越性。赵君夫以实证主义的研究方法，用美国县级横截面数据具体分析了资本、经济权力与疫情的关系。雷晓欢以"西方左翼资本主义批判新动向"为主题，指出疫情造成了新的两极分化，并指认了资本主义内部的脆弱性，提出了突破资本原则的替代方案。李健以"后疫情时代西方左翼学者眼中的公共危机及出路"为主题，探讨了作为现代公共哲学的"公共性"概念，并强调构建一个具有共同价值的社会的重要性。申文昊以"资本主义国家社会公共卫生危机中的新自由主义因素"为主题，具体论述了新自由主义经济政策在公共资源分配上的失衡现象。

来自北京大学、东北师范大学、复旦大学的四名博士研究生进行了交流。各位学生代表结合自身对中外马克思主义比较的理解，围绕"让－吕克·南希在疫情中对人的存在的三重思考""新冠肺炎疫情对女性主义批评理论的新挑战""未来向何处去：后疫情时代道路选择""新冠肺炎疫情背景下俄罗斯左翼学者的资本主义批判"等主题进行了交流发言。北京大学马克思主义学院博士研究生林修能指出，在这次疫情背景下进一步思考"人的存在"与个人生命、人际关系甚至是人类文明间的深刻关系具有重要意义；

通过概括南希的理论贡献,反思其理论缺陷,进而提出了自己的看法,即未来需要尝试建构更有集体行动价值的经济学、政治学,将经济力量和政治力量动员起来保障人的生命,使得认识的变革经由现实力量导向对社会的变革。东北师范大学马克思主义学院博士研究生苟娇基于文化和社会建构的主体理论、资本主义矛盾复杂性的非正义批判和多元诉求的边界整合三个层次,分析了女性主义批判理论的新症候。复旦大学马克思主义学院博士研究生王嘉亮重点介绍了俄罗斯"批判的马克思主义学派"代表人物对于资本主义、新自由主义、共产主义及中国共产党的看法。他指出资本主义和新自由主义造成了全球性危机,共产主义是人类未来的前进方向,中国共产党以创造性劳动展示了21世纪共产主义运动的光明前景,同时也指出了发展马克思主义理论需要警惕的几点问题。复旦大学马克思主义学院博士研究生杜宛玥主要阐述了疫情背景下俄罗斯左翼学者的资本主义批判理论。她强调新冠肺炎疫情是资本主义体系固有矛盾在新条件下的暴发,体现出资本逻辑之下制度性矛盾的持存;疫情激化了先前已经存在的国际关系变局,也为加速国际秩序的重塑与转型、全球治理体系的衍化与革新提供了契机;疫情开启了关于社会主义的新议题,从资本主义向社会主义的过渡是必要且可能的。

专家学者发言结束后,张双利教授进行了会议总结。张双利教授首先肯定了复旦大学马克思主义学院的国外马克思主义学科在此次主题研讨中所作的努力;强调各位专家学者的论述主题既有重叠,又有区别,更有共鸣。其次,她指出新冠肺炎疫情为西方左翼理论家对于资本主义的反思提供了很好的契机。最后,她指出尽管西方左翼学者们的理论主题得到不断深化,理论框架得到扩展,但我们依然需要看到西方左翼的结构性问题,这为当前国内学者的继续研究提供了重大挑战。张双利教授总结指出,今天,中国学者的任务不仅仅在于批判,更要在于建构属于中国特色的话语体系;除此之外,如何让西方左翼学者接受、认可当代中国社会理论,并走进甚至是参与当代中国社会建构,仍然是一个摆在中国学者面前的重要且不容忽视的问题。

本论文集精心选择了主要参会学者的精彩发言,结集出版,以期充分撞击理论思维,迸发学术灵感,增进研究共识。

目　录

论紧急状态、生命政治和共同体
——新冠肺炎疫情引发的三个哲学辩题

韩振江　李　颖[*]

2020 年 2 月至 3 月世界发生了重大变化,全球的政治、经济、文化和社会生活方式也发生了巨大变化。这场猝不及防的新冠病毒大流行深刻地改变了世界。美国学者托马斯·弗里德曼甚至说,可以把世界分成新冠肺炎疫情之前与新冠肺炎疫情之后,大流行的暴发是新历史分期的节点。乔姆斯基也说这场疫情的全球流行暴露了资本主义制度性危机,宣告了新自由主义的彻底破产,同时在自我隔离中,我们应该思考的问题是我们想要生活在什么样的世界之中。全球疫情与各国的抗疫暴露出来诸多问题:公共卫生事业投资和投入较少,医疗资源和防护用品的匮乏,大量患病者无法及时检测和收治,全球贸易和经济的停摆,金融市场的三次熔断,普遍实行的紧急状态和封城封国,关闭国境、切断交通等。在诸多问题之中,大家普遍焦虑、愤怒、悲伤、无奈,同时有感动、坚持和充满信心,但有一个基本共识,那就是世界发生了重大变化,一场政治、经济和思想文化的大变局即将到来,我们的生活方式也必将发生深刻而系统的变化。只是当代世界思想家们也

---

* 韩振江,上海交通大学人文学院教授;李颖,冀南技师学院讲师。

不清楚变革会向哪些方向发展，尽管各自都有一些预测。

随着病毒传染的此消彼长，①西方国家的思想界对全球疫情的判断、资本主义与社会主义制度抗疫优劣、批判资本主义、全球化与抗疫体系、经济危机及其应对等看法发生了重要的变化。西方思想家最早对疫情暴发和抗击疫情进行评论和思考的是齐泽克，他在 2020 年 1 月 22 日就发表了《我的武汉梦想》一文；2 月 4 日发表了《清晰的种族主义元素到对新型冠状病毒的歇斯底里》，表达了对武汉和中国暴发疫情的高度关切和对国际种族主义的批判。但是引发西方世界关于疫情防控与生命政治论争的却是阿甘本在 2 月 25 日至 4 月 20 日发表的七篇系列文章和访谈。② 随着疫情越来越严重，很多西方主流思想家，如让-吕克·南希、埃斯波西托、巴特勒、巴迪欧、朗西埃、韩炳哲、斯洛特戴克等，都纷纷加入这场关于新冠大流行的思考和讨论之中，因此阿甘本引起的思想辩论成为一个轰动事件。

一、阿甘本、斯洛特戴克、埃斯波西托：例外状态与赤裸生命

第一辩题：紧急状态是限制人类自由的过度措施、把人变成赤裸生命，

---

① 自 2020 年 2 月武汉封城以来，武汉市和湖北省的疫情发展，以及随后全国普遍实行了一级应急响应，封闭小区和街道，切断交通等成为抗疫生活常态。中国的抗疫措施在国外引发了争论。但随着 3 月以来，中国逐渐控制疫情，治愈人数超过了感染人数，社会防控效果明显，方舱医院的关闭和援鄂医疗队的撤离标志着中国抗疫取得了重要的胜利。与此同时，伊朗、意大利、美国、西班牙等国疫情却越来越严重，时至 4 月 20 日已经发展到 100 万，美国已经居于全球之首，意大利、西班牙、美国和英国等欧美国家已经失控，灾难重重。6 月 5 日，全球累计确诊人数为 662 万，美国确诊人数为 192 万，死亡约 11 万人。

② 意大利 SARS - CoV - 2 疫情期间，阿甘本于 2020 年 2 月 25 日在《宣言报》(Il Manifesto) 刊登社论《由无端的紧急情况带来的例外状态》(Lo stato d'eccezione provocato da un'emergenza immotivata)，同时以《传染病的发明》(L'invenzione di un'epidemia) 为标题发表在任意(Quodlibet) 出版社的专栏"一种声音(Una voce)"上，引起各方争议。此后又在专栏发表了一系列相关社论，包括：3 月 11 日，《论感染》(Contagio)；3 月 17 日，针对记者保罗·达尔卡伊斯的批评文章《哲学与病毒：阿甘本的幻觉》(Filosofia e virus：le farneticazioni di Giorgio Agamben) 的回应《声明》(Chiarimenti)；3 月 27 日，《反思瘟疫》(Riflessioni sulla peste)；4 月 6 日，《保持社交距离》(Distanziamento sociale)；4 月 14 日，《一个疑问》(Una domanda)；4 月 20 日，《第二阶段》(Fase 2)，意大利疫情正在逐渐稳定，意府计划在 5 月 4 日进入第二阶段(Fase 2)，阿甘本就此发表《第二阶段》一文。

还是为了保存生命的社会免疫体的被迫措施？

哲学家的论争源自阿甘本与意大利政府的分歧：2020 年 2 月意大利新冠感染者数量的实际情况、意大利政府的数据和信息判断，以及阿甘本的判断与观点，三者不一致。2 月 25 日阿甘本在《宣言报》上刊发社论《由无端的紧急情况带来的例外状态》引起各方争议（阿甘本以"流行病的发明"为标题将该文发表在"任意"出版社的博客上）。根据新冠肺炎疫情的新闻信息，阿甘本批评意大利政府公布的信息不真实。从后来不到十天时间确诊人数暴增的情况来看，意大利公布的信息的确是"不真实"的，新冠病毒的传染范围和感染人数都要非常严重。但阿甘本认为的"不真实"是指意大利政府夸大了疫情，渲染了恐慌气氛，政府行为失当。他的判断与事实完全相反，并以此为依据展开理论演绎，导致后来众多学者对他的批评。阿甘本认为，意大利政府以轻微的新冠病毒感染的情况"夸大其词"，想象和制造了恐慌情绪，其目的是要以安全为理由施行例外状态，以便限制人们的自由：禁止离开市镇，禁止公共集会，禁止文化、娱乐、体育和宗教活动，关闭小学和暂停学术活动，关闭博物馆等文化机构，对密切接触者采取隔离观察。在阿甘本看来，这些措施都是"过度措施"——"如果恐怖主义已经不再是宣布例外状态的理由，那么现在'发明'一场流行病，就可以为无限拓宽例外状态提供理想的借口"①。

阿甘本、斯洛特戴克认为意大利政府借助夸大疫情威胁，重新发明了例外状态，借此来剥夺人们自由，进行政治权力的全面强制控制。阿甘本认为例外状态褫夺了公民的基本权利，限制人行动自由，剥夺了人民相互联系的社会身份和社会交往，因此例外状态下所有人都是被"创作"成了赤裸生命，

---

① 阿甘本于 2020 年 2 月 25 日意大利 SARS－CoV－2 疫情期间在《宣言报》(Il Manifesto) 刊登社论《由无端的紧急情况带来的例外状态》(Lo stato d'eccezione provocato da un'emergenza immotivata)。

即都是"涂油者"，都是"神圣人"。

阿甘本在《论传染》中认为，1630年意大利出现了鼠疫，曼佐尼《耻辱柱的历史》和《约婚夫妇》中的"涂油者"形象，即被怀疑患有鼠疫的人故意把能够传染疾病的油膏涂抹在居民家门或门锁上，造成了米兰城市的恐慌，政府发文鼓励市民揭发和检举这些故意传播疾病者。阿甘本认为，意大利的封城或禁足实质上是把每个人视为潜在的病毒传播者，也就是说，人人可能是"涂油者"。这种借助16世纪的"传染"概念和"涂油者"恐慌，政府宣布例外状态的举措会导致一系列"限制自由"的悲哀：人际关系的恶化和邻人的消失。强制隔离措施，人与人保持一米五的距离，导致亲近的人不敢接触，不可靠近，离间亲人。另外，例外状态使得意大利人牺牲了正常生活、社会关系、工作、友情亲情、宗教和政治信条，而成为赤裸生命，除了作为他者地活着，没有一切价值。"人们如此习惯于生活在永久的危机和永久的紧急事态里，以至于难以意识到他们的生命已经被还原为一种纯粹生物学的生命，不仅被剥夺了社会与政治维度，连人性和情感也所剩无几。"①阿甘本认为，我们生活在一个为了公共安全理性而牺牲自由的社会中，瘟疫揭示出了执政者早就让人们把例外状态习惯为常态化了，无形的敌人来自国家内部，是真正的"内战"。这种例外状态很可能会在新冠流行结束之后延续下去。总之，阿甘本认为政府发明了"新冠传染"概念并制造了社会恐慌，在此基础上宣布进入例外状态，限制人们自由，使得意大利人一方面丧失了亲人般的关心和人性，另一方面丧失了社会和政治维度而变成了赤裸生命。为了公共安全的理性而剥夺自由的例外状态已经成为政治管制的常态化。

---

① 2020年3月17日，阿甘本针对记者保罗·达尔卡伊斯的批评文章《哲学与病毒：阿甘本的幻觉》(Filosofia e virus：le farneticazioni di Giorgio Agamben) 的回应《声明》(Chiarimenti)。

德国哲学家斯洛特戴克①与阿甘本的态度一致，认为我们对瘟疫流行反应过度了，在想象中扩大了恐惧，甚至说因为小孩子有特殊免疫力，所以根本不需要停课和关闭学校。现代社会的特点就是行动过剩，人类压力应激系统过于忙碌。当权者的"集体超我"的母性义务大发，政府在"医学统治"的善意外表下对人们进行"安全统治"，其实根本不必要，因为病毒是自然变异的结果，死亡人数也不会比以往的流感更多。新冠肺炎疫情带来了反自由的重现秩序，也即卡尔·施密特所说的例外状态。例外状态是主权者基于事态判断而具有合法性政权作出的决断。尽管病毒并没有那么危险，但我们已经关闭了边界，封锁了城市，禁止人们外出，因此他认为"我们处于一个疯狂的年代"。但是他相信欧洲各国的例外状态政策会在疫情结束后自动取消，欧洲贸易和全球化进程不会结束，很快会恢复。他认为中国疫情已经平息，因为采取了严厉的措施，但与欧洲一样保护了风险不大的大多数人，而忽略了危险不断增加的群体，这是个主要的错误。他认同四分之三的人获得集体免疫，然后人们才能回到正常的生活状态。简言之，斯洛特戴克基本上同意阿甘本的观点，算是一次"隔空支援"。他认为欧洲国家对疫情想象得过度恐惧，政府像保姆一样反应过度，实行封城禁令不过是在以医学为名进行安全统治。病毒自然变异，不需要更多措施，获得自然免疫，慢慢就恢复正常了。

不过阿甘本的观点也引起了不少学者的反对，齐泽克就认为抗疫必要措施不能简化为福柯式社会监控。他认为，当前思想领域有一种对新冠肺炎疫情的看法，认为中国依靠数字化的社会监控和意大利的例外状态来防

---

① 彼得·斯洛特戴克（Peter Sloterdijk），德国著名哲学家，卡尔斯鲁厄设计高等学校哲学和美学系教授，当今欧洲哲学领域最有争议的思想家之一，著有《犬儒理性批判》《愤怒与时间》《空间》等。2020年3月18日，他在法国《观点》（Le Point）网站发文《我们生活在过度反应的时代》支持了阿甘本。

控疫情取得效果，这一做法是借助新冠病毒来恐吓和控制民众的方法。阿甘本认为新冠病毒不过是大号的流感，没必要封城禁足，过度反应，而担心例外状态的政治常态化成为未来所有国家的范例。阿甘本探讨了大流行中国家防疫的社会管控问题，但事实并不如阿甘本所说的那样轻描淡写，疫情已成为全球最大的危机，一百五十万人感染，美国四十万人，欧洲六七个国家确诊人数达到五万以上。危险真实存在，危机迫在眉睫。一个悖论是阿甘本的确看到了政府在淡化、有意轻视新冠危险性，忽视防护物资和医疗短缺，但这不是实行例外状态的理由，而是不负责任的理由。齐泽克说："难道国家权力和资本会支持引发一场世界经济危机，以此来复兴资本和巩固国家权力的统治地位吗？"显然，阿甘本的判断和看法是错误的。齐泽克认为："阿甘本的反应是左派普遍立场的极端形式，即将病毒传播引起的夸大恐慌解读为社会控制权力的实践和赤裸裸的种族主义阴虚的混合。"新冠病毒不仅实际存在巨大的威胁，而且已经让世界经济停滞摆动、美国股市三次熔断、金融市场危机、各国封闭边境、航班停顿。因此，齐泽克批评阿甘本是"将所有的检测和规划看作监视，将积极治理看作社会控制，这种想法是错误的。不能把处理流行病的必要措施自动简化为福柯式思想家所宣称的一般监视和控制范式"。在此状况下，不应指责政府是否实行了例外状态，而是关注紧急状态下的防控措施是否有效，有没有隐瞒疫情信息和数据，能不能形成全球团结协同的抗疫形式，这些才是真正的问题。意大利哲学家马西莫·卡奇亚里①在意大利封城之初，就指出政府官员和民众没有高度重视

---

① 马西莫·卡奇亚里（Massimo Cacciari，1944—），意大利哲学家、政治家。1976—1983 年任意大利众议院议员，分别于 1993—2000 年与 2005—2010 年任威尼斯市长，现任教于米兰圣拉斐尔生命－健康大学（Università Vita－Salute San Raffaele）哲学系。其研究深入西方思想与宗教传统，并涉及诸多文化领域。卡奇亚里谈意大利新冠肺炎疫情的文章有：《我们正处于集体疯狂之中》（2 月 27 日，《新普利亚日报》）；《新冠病毒与全体封锁的幻觉》（3 月 2 日，《快报》）；《这个国家面临崩溃的危险》（3 月 6 日，La7 电视台 piazzapulita 节目组）；《疫情结束之后怎么办？》（3 月 9 日，Radio Capital）。3 月 16 日，卡奇亚里接受了《意大利商业内幕》（Business Insider Italia）的访谈。

新冠病毒的传染性和传播力,它不是流行病,而是没有特效药和疫苗的未知传染病。政府尽管采取了禁足等措施,但不够严格,封闭学校但舞厅和咖啡馆依然开放,这种疯狂行为会导致更大规模的传播。政府处理紧急事务的能力比较差,医疗和公共卫生安全系统比较脆弱。由于早期对疫情不够重视,没有采取果断措施,政府、大区和民众之间不协调行动,导致疫情失控,国家面临崩溃的危险。不仅有卫生系统和医疗物资短缺的困难,而且还面临将来大量的失业人员、经济危机,旅游业、农业等整个产业链几乎被摧垮,还有巨大的债务危机等。这些危机情况都需要政治力量的团结,需要非常的政治局势和改革。

意大利哲学家罗伯托·埃斯波西托①从免疫学与生命政治的角度,指出了新冠大流行中生命政治出现三种重要的转向。第一,生命政治的对象从单独个体转向了特定人群和人口区块。禁足和封城既能保护人们免于病毒感染,同时也能降低感染他人的风险,这种新型生命政治体制的特征就表现为免疫反应。在病毒传染下,全球化加重了世界失去边界的危险,同时抗击疫情则表现出国家主权派对移民的排斥,这种现象不是原来的国家主义,而是免疫学框架下的新生命政治趋向。第二,生命政治动态变化是政治医学化和医学政治化的双重过程。一方面,政治淡化了意识形态性,面临病毒威胁时强调了自我的保护性特征;另一方面,虽然医学有科学的独立性,但作出专业判断与采取措施时又得考虑语境条件和政治经济后果。第三,民主

①　罗伯托·埃斯波西托(Roberto Esposito,1950—),意大利哲学家、政治思想家,以其对生命政治(biopolitica)的研究著名,现任教于比萨高等师范学院(Scuola Normale Superiore),著有《非政治的范畴》(*Categorie dell'impolitico*)、《免疫:生命的保护与否定》(*Immunitas. Protezione e negazione della vita*)和《活着的思想:意大利哲学的起源与现状》(*Pensiero vivente. Origine e attualità della filosofia italiana*)等作品。埃斯波西托于2020年2月28日意大利疫情期间在《共和报》(*La Repubblica*)上刊登的评论《党派与病毒:生命政治当权》(*I partiti e il virus:la biopolitica al potere*),3月24日接受《共和报》的访谈《医生不可主导政治》。埃斯波西托认为,生命政治是生物生命与政治介入的直接连接,在当代的生物技术、恐怖袭击、地缘政治等诸多因素作用下已经成为事实。

程序向突发事态的紧急状态机制转向。紧急状态一般是在十分危急的情况下的必需状态，并非立法者的意愿。但目前越来越基于紧急事态而宣布紧急状态，并且民主国家与威权国家具有政治程序同质化倾向，二者没有根本区别。埃斯波西托在接受记者采访时，结合着他的著作《免疫》谈了新冠病毒与免疫体政治的关系。他把共同体视为一个有机体，身体与社会共同体都有免疫系统的特性，即保护内部环境不受外来病毒的侵袭，启动自身免疫系统防御病毒，但是免疫系统与消灭病毒之间应保持平衡，一旦防御过度，免疫系统就会攻击自身健康细胞，人体就难以承受了。社会共同体在新冠病毒流行时候，也有责任封锁和隔离，保护民众健康，但如果粮食和药品等供应链断裂，那么就会损害共同体。意大利的抗疫行动延缓，有政府责任，也有经济、政治和医学科学之间的矛盾和平衡。抗击疫情中政治、经济和医疗等部门划分各自的区域和界限，医生和科学家不能越界参与政治。

综上所述，埃斯波西托把身体和共同体都看作有机体，同样具有保持身体内在与外在病菌平衡的免疫系统。免疫系统有保护生命的职责和功能，但一旦防卫过度，则会造成有机体自身的崩溃。在此视域下，他指出新冠流行以来生命政治的三种转向，即生命政治管控对象从单个个人转向区域人口、政治医学化和医学政治化的双重转向与民主程序向紧急状态的转向。

帕纳吉奥蒂·索蒂里奥斯是希腊革命哲学家、活动家、大众团结联盟的成员，还是希腊反资本主义左派安塔利亚协调委员会的成员。他特别关注当代马克思主义哲学、激进批判理论和帝国主义。他在3月14日发表了《反对阿甘本：民主的生命政治是否可能》，认为阿甘本关于疫情下紧急状态的观点值得商榷。福柯提出生命政治之后，该术语已经成为理解资本主义现代性的重要概念，应用在权力对人口健康的保障，如强制疫苗接种、公共场所禁烟及新冠肺炎疫情防控等领域和事件上。但阿甘本等学者把紧急状态分成了截然对立的两种形式：一种像中国一样依靠国家力量全面动员和控制疫情;另一种欧美国家"自由地依照人们的意愿作出理性的个人选择"的紧急状态。他认为这种划分是机械的、简化的。在欧美国家显然缺乏政府应有的力量,公共健康的基础设施无法应对大流行,降低病毒扩散的隔离和封城措施是必要的,这也是19世纪以来在没有特效药和疫苗情况下对付传染病的基本手段。

索蒂里奥斯反对阿甘本赤裸生命的看法。阿甘本认为,那些被禁足和封城令下的居家隔离的人们被剥夺了自由,限制外出,是失去社会关系和身份政治的赤裸生命。而索蒂里奥斯认为与此相反,那些在重症病房里的老人们才是赤裸生命,而不是被隔离的知识分子。基于福柯而提出一种"民主的生命政治",即不以强制的手段而以个人与集体结合自愿的方式。在流行病暴发时,通过民主协商的集体决定形成一种社会规范,强调个人与他人的伦理责任,自觉地减少外出并保持社交距离;强调个人积极参与社会建设,协商团结,共同面对病毒传播的恐慌;需要知识的民主化,获取知识的途径和集体决策过程,依靠政府的力量和医学科学专家的权威,这为民主生命政治提供了可能性。他认为对艾滋病的防治就是很好的例子。民主的生命政治要以挽救生命为迫切任务,包括新冠病毒的去污名化,普及流行病知识,加强公共卫生系统,自愿组织团体减少医疗系统负担,要求国家资源从私有部门转入必要的社会需求等。

总而言之,齐泽克认为,阿甘本没有看到事实,即政府实行紧急状态是被迫的,是不得已的。没有任何一个政府为了巩固自己的统治而限制人们自由,从而导致上万人死亡和经济危机的发生,这在逻辑上讲不通。南希等持同样观点。南希认为生命的真实威胁存在,保有生命是正常的反应。

卡奇亚里认为如果不采取隔离措施,就无法阻断新冠病毒的蔓延,会导致疫情失控。埃斯波西托认为,在新冠威胁下,社会像个有机体一样,免疫系统会被激活,进行抵御和围剿病毒的战争,这就是外防输入和内防扩散。

但是一旦病毒超过一定数量,复制速度过快,免疫系统会释放大量的巨噬细胞和免疫细胞,开始不分目标地攻击所有细胞,导致免疫风暴,这样一来人体与病毒同归于尽。正如生命有机体一样,社会共同体受到威胁时,政治权力会激活社会防控体系进行防疫,但也会由于防控过度而限制人权,甚至威胁人类生命。紧急状态不是个问题,而是必须采取的措施。但是问题在于例外状态下采取的措施是否有用? 第一,病毒全球化传染与防疫的民族国家化存在矛盾。多数国家的策略是维护主权,闭关锁国,各渡难关,没有建立国际医疗合作和全球抗疫。中国救援意大利等国获得良好反映。第二,例外状态是在保护公民生活,还是在伤害经济导致失业,这是防疫隔离与经济发展的矛盾问题。第三,紧急状态下被迫隔离的人是赤裸生命,还是生命随时被真实威胁的人是赤裸生命?

二、阿甘本与南希:社交距离、人性与共同体

第二辩题:隔离措施引起的社交距离,是共同体失去了人性和友爱,还是一种新的共同体形式? 阿甘本认为,隔离和社交距离违背了人性,使得人们亲人不亲,友人不爱,共同体会削弱;但南希等认为这是被迫的,人们会体会分离的意义,也许这才是共同体的意义所在,距离中的统一体,独一的多样性。阿甘本认为,隔离中人们不能触碰和触摸了,所以人不爱了;南希认为,触摸换了一种形式。何为共同体? 如何建构共同体?

如前所述,阿甘本认为,例外状态的举措会导致一系列"限制自由"的悲哀。但是他的观点遭到了法国哲学家让-吕克·南希的反驳。2月27日,南希发表《病毒性例外》回应阿甘本。南希认为,作为老朋友的阿甘本没有区别普通流感与新冠病毒的传染性和致死率,新冠病毒没有特效药和疫苗,真正的威胁是存在的,而不是政府故意制造和想象出来的。在这个世界中,病毒已经带来一种生物学、信息学和文化的"例外状态"了,批评政府是分散精力抗疫，而不是真正的政治反思。

3月17日，南希在Youtube频道"疫病时期的哲学（Philosopher en temps de l'épidémie）"的第三期发表了《一种太人性的病毒》。他认为，第一，新冠病毒是全球化的产物。活跃、自由、高效的病毒呈现出全球化的特征和趋势，一旦病毒与技术、经济、生物和物理等全球化的体制性力量结合时，我们的文化和社会就瓦解了，整个文明的危机来临了。第二，新冠肺炎疫情是现代性的产物。疫情不再是传统社会中外生性的"神圣惩罚"，而是我们社会生活的内生性的"太人性"的惩罚。现代性的特征是"人类无限地超越自身"，但这人类中心主义并没有使得人类超越自身，反而让自身陷入人性的泥潭。第三，反思人类中心主义。生命与政治权力无比复杂，在生命与政治双重挑战下，"生命政治"术语是可笑的。病毒放大了政治、社会和文化的矛盾，人类不过是会说话的无羽毛的两足动物，不是超人和超人类，怎么能无限地超越自身。

3月24日，南希在《解放报》刊登社论《共通病毒》。南希把新冠病毒称为"Communovirus"（共同病毒或共通病毒），从词根组合上看该词有两重意义：一种是Communism共产主义；另一种是Communise，共同、共通的含义。南希从"共同病毒"的双重含义解释表达了他的哲学思考。第一，共产主义。中国在发现疫情后很快就控制了疫情，展示了中国特色社会主义制度的优越性。在西方有些人认为新冠病毒肆虐会导致中国政治的解体的时候，抗疫的胜利反而巩固了中国的社会制度。中国以其集体所有权和个体所有权的精心组合，经济和技术水平发展很快，并在世界逐步享有了话语权。新冠病毒的有效控制显示了共产主义制度在集体和国家层面的效能，中国大力援助意大利、法国等就是证明。第二，共同体。病毒肆虐使得人们互联共通，呼吁和践行平等、团结和互助的共同体。自我隔离是被迫之举，不能触摸和亲密，但并不代表人们心灵和人性的隔绝，电话、邮件和其他社交信息更显示出人与人对交往的迫切和对失去共通联系的恐惧。"共通病毒"也许是共同体的完美隐喻。人与人形成平等、团结、统一的共同体,但同时人们又相互保持距离,具有自我的独一性。"如果这要通过把每个人都隔离起来才能实现,那也只是以一个比较矛盾的方式证实了我们的共同体。人只有在所有人之中才可能是独特的。让共同体更为紧密的恰恰是我们对独一性的共同感觉。"

3月28日,南希在法国 Marianne 网站发布了题为"大流行再现了社会差异和分歧"的访谈录。南希谈到他与阿甘本的看法分歧,认为阿甘本觉得人们没必要为生命而担忧,但他没有替代方案。南希说在病毒随时威胁生命的时候,人人希望活下去,这是事实。阿甘本反对疫情控制中的技术资本主义霸权,认为应该废黜它,但南希认为这不过是空洞的言辞而已。南希认为,新冠病毒的全球蔓延,各种信息过量的出现,新冠政治、地缘政治、阴谋论等都不能让世界更好。我们已经处于"文明动荡期"了,人们无法预测病毒会如何发展,人类命运如何无法把握,我们比任何时候都更不知道未来在哪里,也许未来不可知才是未来的本质。在此情况下,保存生命的举动是合理的,流行病属于社会事务的范畴,应该以各种方式动员人们参与进来,调动科技、文化、工业、科研、政府等力量抗击疫情,救助生命。同时,"大流行病复制了社会、经济和民族的区隔和差距",人们居住的房屋和社区、超市远近、师资资源、电子设备等都凸显出不同人群在隔离期间的差异和不平等。另外,疫情也逼迫人们重新体验死亡,"触摸"分离。隔离不仅是一种禁止人们相互触摸的空间距离,也是一种新的触摸世界和他人的方式。我们并不孤独,因为被各种信息和关心所包围,但我们却触碰到了"分离"的意义。触碰不是取消距离,而是形成最近的距离,不只是物理在场,更是存在的共在和共临。大流行让死亡逼近我们,迫使我们团结起来,逼迫我们思考未来。

总而言之,南希比较清醒地看到了新冠病毒全球传播的危险事实,人们的生命随时都会受到威胁,而阿甘本没有看到新冠病毒不同于一般流感,致死率强,没有特效药的事实,所以阿甘本反对政府的封城令是错误的。新冠病毒是经济技术全球化的结果,也是现代性过于突出人类中心主义和人的超越性所致。我们处于文明动荡的时期,中国有效控制疫情显示了制度的优越性,同时中国还支援疫情失控的欧洲国家。在无法预测病毒的发展时,为了拯救生命,应该动员社会力量,团结成统一和独一结合的共同体。

三、阿甘本、韩炳哲:紧急状态常态化与数字监控

第三辩题:紧急状态的现代模式——数字监控是否会成为后新冠时代的政治权力常态?阿甘本、韩炳哲等认为这种紧急状态变成了政治常态,新冠肺炎疫情之后会产生更现代化的数字监控社会。齐泽克等哲学家认为,有可能,但也可能恢复到常态。但更多哲学家表达了同样的担忧,即例外状态的常态化,全面透明社会的生命监控形式普及化了。

3月20日,意大利全国确诊病例4.7万,死亡率8.6%。3月24日,阿甘本接受法国《世界报》的访谈,标题为"疫病时期的哲学"。记者说面对疫情出现大量感染者和死亡者,是否还坚持认为这是政府想象的幻觉和质疑隔离措施?阿甘本说,他不是医生和科学家,他们各自研究对象不同,他只是从哲学家的角度来思考疫情中的政治和伦理的危险性。中国和意大利迅速宣布隔离和紧急状态是实验和区域监控的理想范式,但不是控制疫情的好方式,应该对悬着生命的紧急状态保持政治警惕。疫情防控表明我们永久处于一种恐惧和不安的例外状态常态化中了,人们失去了自由、常规生活和政治维度,把人变成了生物学意义上的赤裸生命。赤裸生命使人分离和孤立,维系人性的宗教、政治等纽带断裂了。他担心疫情期间的政治例外状态和社会控制会在大流行结束后继续存在。3月27日,他再次在Quodlibet博客上发表社论《反思瘟疫》。他认为反思疫情为什么会让人们为了保护生物

性生命而放弃了一切社会关系和社会身份，诸如正常生活、工作关系、亲情爱情、宗教和政治信条等。他认为，是隐藏在人们无意识中的对末世论的恐惧和"科学宗教"的迷信，而这些专家则会为君主提供有利的证据和思想，在生命威胁的恐惧上只能建立利维坦和僭主制。人们为了保护自己生物性生命而丧失了一切公共信条和信念，疫情结束后人们也难以复原到以前。

德国哲学家韩炳哲①声援阿甘本，新冠恐慌是社会免疫体的过度反应，而且未来会产生数字监控社会。有些学者认为，新冠肺炎是一次对政治体制和政府能力的系统测试，欧美无法有效控制疫情，而中国、新加坡、韩国等亚洲国家却有效控制了疫情，那么亚洲政治体系有何优势？作为亚裔德国人，韩炳哲认为首先是亚洲地区的儒家文化造成的，组织更严密，民众更信任政府，更服从和顺从，其次是政府动用了数字监控和专家构成的数字调查和大数据分析，最后是大量的口罩防护和口罩生产。

首先，新冠大流行带来了超过西班牙流感和战争的全球过度恐慌。为什么全世界对新冠病毒如此过分恐慌呢？韩炳哲认为，虚弱的免疫体社会突然被病毒入侵，全球社会免疫系统激活过度。以前的社会也是免疫组织化的社会（immunologically organized society），由边界和围墙构筑而成，阻碍着商品和资本的加速流通。但全球化废除了国家和地区之间的保护壁垒或免疫门槛，生产和资本全球加速流动，为资本铺平了自由之路。同时防御的

---

① 德国哲学家韩炳哲（Byung‑Chul Han）1959 年出生于韩国首尔，并在 20 世纪 80 年代在韩国学习冶金学，之后他远渡重洋，到达德国，学习哲学和德国文学，以及天主教神学。他先后在弗莱堡和慕尼黑学习，并于 1994 年，在弗莱堡大学获得了博士学位，而他的博士论文写的是海德格尔。之后，他去了瑞士的巴塞尔大学任教，在 2010 年，他曾短暂地在卡尔斯鲁厄建筑与艺术大学待过，2012 年才正式任教于德国柏林艺术大学，他现在的主要兴趣是 18 世纪至 20 世纪的伦理学、社会哲学、现象学、文化哲学、美学、宗教学、媒体理论等。2020 年 3 月 23 日，他在德国《世界报》（Die Welt）上发表《我们不能给病毒找到理由》（Wir dürfen die Vernunft nicht dem Virus überlassen），此文新鲜出炉后很快就被译成了英文，26 日澎湃新闻也将 23 日的文章以《为什么东亚对疫情的控制比欧洲有效？》为题翻译并发表。

积极性和主动性也降低了，各领域充满了混乱和放纵。但是突然降临的新冠病毒，它使免疫体社会一下子拉响警报，展示出了过度表现、过度生产和过度交流的积极性，免疫系统向自己开战了。这是全球资本主义免疫系统削弱情况下的过度免疫反应，免疫门槛被重建，边界被封锁，面对无形敌人，产生了恐慌。其次，在大流行中出现了数字化病毒废除现实和信息过载的状况。在某种程度上数字化废除了现实，各种假新闻和深度伪造的"后事实"（post-fact）时代产生了对现实的无动于衷。人们对病毒的恐慌反应，也是数字和信息过载导致的。

因此，病毒恐慌导致生存社会（the society of survival）。在生存社会里，为了生物学生命，我们愿意牺牲一切。新冠病毒使不可见的死亡变得可见。在死亡威胁面前，我们甘愿为了成为不死物而牺牲一切让生命拥有价值的东西。生存社会暴露了很多问题：人人被认为是潜在病毒携带者，保持社交距离，不要危及我的生存；新冠肺炎疫情之后，我们会变成像病毒一样，只求生存而不断增加，成为"活死人"。韩炳哲认为，新冠肺炎疫情后的世界将会是被抗疫证明了的非常有效的数字监控社会。就像阿甘本所担心的那样，欧洲也许会接受中国和韩国这样的数字监控机制，紧急状态将成为常态。病毒也不会带来美好的共同体世界，每个人因关心自己的生存而保持距离，这不是共同体产生的共同性。韩炳哲希望更和平、更公正的社会团结，有理性地思考和寻找遏制和破坏资本主义流动性的方法，以拯救地球。

尤瓦尔·赫拉利①也认为，人类面临这一代人最大的全球危机，政府在几周内作出的决策可能在未来数年内改变世界，改变我们的政治、经济、文

---

① 尤瓦尔·赫拉利（Yuval Noah Harari），1976 年生于以色列海法，2002 年获牛津大学博士学位，专研中世纪史与军事史，现任教于耶路撒冷希伯来大学历史系。其代表著作有"简史三部曲"：《人类简史》《未来简史》《今日简史》。2020 年 3 月 20 日，其在《金融时报》上发表了《冠状病毒之后的世界》。

化和医疗等领域。在危机时刻，我们需要在两种矛盾中进行选择：一种是极权主义监视与公民赋权之间的选择，另一种是民族主义孤立与全球团结之间的选择。如何选择，将影响人类未来。遏制大流行的有效方法之一就是隔离，人们必须遵守某些准则。传统社会无法实现对大众的全面监视，但目前数字技术的运行使得全面监控可以成为现实。新型监视设备、面部设备摄像头、智能手机、生物识别手环等都组成了强大的全覆盖的监控社会。未来还可以安装随时监测人们生物学特征和医疗状况的手环，社会监视不仅在描绘人的行动轨迹，而且还能监测体温、心跳、好恶和情绪，赫拉利称之为"皮下监视"。这一举措是让我们在健康与隐私之间作出选择。但我们可以选择既要隐私，也要健康的方式，那就是增加公民的权力。亚洲比如中国有很多成功遏制病情的措施，虽然使用了跟踪程序，但更多地依赖广泛的测试、诚实的报告和公众的自愿合作。政府要增加公民对于科学、公共权威和媒体的信任，同时利用新技术给予公民更多权力。

后疫情时代的社会主义生态文明理论研究

郇庆治[*]

2020 年暴发的全球新冠肺炎疫情,无疑是给世界各国人民生命与生活带来沉重代价、对世界和平与发展造成巨大冲击的严重灾难性事件,但也构成了人文社会科学学者必须冷静面对并作理性思考的"历史痛点"或经典性事件,他们提出或凸显了许多需要从根本上加以反思和重释的重大基础理论问题,尽管如何准确判定它的历史性长远影响现在还为时过早——比如究竟是在 21 世纪第三个十年、上半叶甚或更长时间跨度的意义上,①而这在很大程度上都将与它对中国未来发展产生的实际影响及其所导致的国际秩序变化密切相关。基于此,笔者在本文中将检视讨论这次全球性重大疫情所彰显的社会主义生态文明理论与实践的马克思主义生态学基础意义上的三个方面问题或挑战,即我国社会主义生态文明建设的"经济愿景""社会愿景"和"进路难题",以期推动这一议题领域更深入的探讨。

---

* 郇庆治,北京大学马克思主义学院教授。

① Peter Alagona et al.,Reflections:Environmental history in the era of COVIND – 19, *Environmental History*, 25/4(2020), pp. 595 – 686;张蕴岭:《疫情加速第四波全球化》,《文化纵横》,2020 年第 6 期;邹力行:《新冠肺炎疫情对全球的影响和启示》,《东北财经大学学报》,2020 年第 4 期;李海东:《疫情如何深刻影响国际关系格局》,《人民论坛》,2020 年第 11 期。

一、社会主义生态文明的"马克思主义生态学基础"

概括地说，源自马克思和恩格斯经典著述的马克思主义人与自然关系理论（或"自然观"）的要义，是在人与自然之间辩证地和社会历史文化地互动的意义上来理解、面对和改变（利用）自然的。① "我们仅仅知道一门唯一的科学，即历史科学。历史可以从两方面考察，可以把它划分为自然史和人类史。但这两个方面是不可分割的，只要有人存在，自然史和人类史就彼此相互制约。""人们对自然界的狭隘的关系决定着他们之间的狭隘的关系，而他们之间的狭隘的关系又决定着他们对自然界的狭隘的关系。"②

具体而言，一方面，"人"是能动的、社会的、历史的、文化的实践（感知）主体，从来就不是被动适应性的、单纯个体性的、固定不变的物质（生物）存在。也就是说，同时与他们自身和周围自然界发生着关系的人类主体，既是具有主观能动性的生动个体（部分原因是因为人类有着远远超出动物维持生存必需条件的复杂的综合性需要及满足这些需要的意愿），又会呈现为日趋复杂精致的社会与历史形式。另一方面，进入文明时代以来的"自然"，首先是一种被人类活动（包括从感知审美到经济社会活动在内的各种活动形式）对象化或"人化"的社会的、历史的、文化的自然，或者说"第二自然"或"人工自然"，而不再是与人类活动或存在无关的原生态的、孤立的或生物物质意义上的"自然而然"。换言之，我们平常所指的自然生态环境，在绝大多数情况下其实是作为人的生存生活条件或"活动对象"而存在或被关注的，因而那些看似只是自然生态系统及其构成元素所发生的异常性改变，往往

---

① 参见郇庆治：《自然环境价值的发现：现代环境中的马克思恩格斯自然观研究》，广西人民出版社，1994 年，第 21~23 页。

② 《马克思恩格斯文集》（第一卷），人民出版社，2009 年，第 516 页注释；《马克思恩格斯文集》（第一卷），人民出版社，2009 年，第 534 页注释。

是特定人群、种族乃至人类整体生存生活条件趋于恶化的体现或反映。

那么这些初看起来有些"人类中心主义"或"人本主义"色彩阐释的马克思主义人与自然关系理论的生态意蕴是什么呢？笔者认为，基于上述理论立场和思路，至少可以进一步勾勒或阐发出马克思主义人与自然关系理论的如下三重"生态意蕴"。

其一，马克思主义哲学视域下的生态意蕴。从完整而统一的马克思主义哲学立场来看，人与自然关系本来就是一种特定历史阶段与社会条件下的多重维度上的和立体性的相互影响与建构关系。比如，封建社会时期中国古代社会的农业生产与乡村生活，就形塑了一种特定构型的人与自然关系，而这种特定构型的人与自然关系也在很大程度上维持甚或固化了以农业与农村为主的生产生活方式；同样，进入近代资本主义社会以来欧美国家的工业化生产与城市生活，也造就了一种特定构型的人与自然关系，而这种特定构型的人与自然关系又极大地促进了随后远远超出欧美范围的当代社会（文明）的生产生活方式。马克思主义的这种哲学分析的生态质性或意涵就在于，所谓的生态环境问题，从历时性上说与人类社会（文明）的历史发展过程及其不同阶段相关，而从共时性上说则与某一既定历史阶段的社会生产与生活方式的抉择或追求相关。[①] 比如，现代资本主义社会（世界）中的生态环境问题，本质上是工业化生产方式与城市化生存方式逐渐占据社会历史主导性地位的结果，而资本主义的社会形式和意识形态与文化是它的合乎逻辑的制度化和观念化呈现，最终则是它们彼此之间的渗透交织与庇护支撑，而不再简单是一种谁决定谁的线性关系。相应地，在资本主义社会条件下绝不是对于各种生态环境问题完全无视或无动于衷，而是有着它自己的概念化方式与政治政策应对，直至这些努力被最终证明是无济于事或相

① 参见曹孟勤:《马克思生态哲学的新地平》,《云梦学刊》,2020 年第 1 期。

形见绌。由此可以理解或推论的是，未来共产主义社会的社会生产与生活方式，将会由于上述两个尺度上的理由而从根本上克服资本主义社会条件下难以避免的生态环境困境或危机。当然，这种替代只能是一个长期而复杂的历史变革和社会重建过程，绝非仅仅是生产资料所有权转接那样直接或简单。

其二，马克思主义政治经济学视域下的生态意蕴。以《资本论》为主体内容的对资本主义社会的生产（生活）方式的批判，同时是一种政治经济学批判和政治生态学批判，[①]当然也是深刻的唯物辩证哲学批判。其核心议题或关切在于，传统社会条件下的人类生产劳动（经济活动）如何借助于资本主义性质的生产关系，成为以竞争逐利和资本增殖为最高律令的不断扩展与深化的世界性商品生产、分配、流通和贸易，而这其中所内含着的基本矛盾——生产的日益社会化与生产资料的资本主义私人占有之间的矛盾——为何必然会带来这一生产方式的持续不断的和日趋严重的经济危机，并最终导致它被社会主义生产方式历史性取代。马克思主义的这种政治经济学批判的生态意涵——在很大程度上要归功于历代生态马克思主义学者的文献整理与阐释——就在于，资本主义社会在（经济）本质上是一个依靠"外部性"存活的社会，而"他者"（包括企业剩余价值生产必需元素以外的所有存在）的"生态外部性"当然也是其中之一。也就是说，就像社会不公平和非正义一样，反（非）生态是资本主义经济的固有属性。同样重要的是，这种经济非正义和反生态本质也必然会制度化为相应的政治、社会与文化体制或观念。也正因为如此，我们完全可以认为，在马克思主义看来，任何现实社会

---

① 参见吴荣军：《马克思政治经济学批判理论的生态意蕴：与威廉·莱斯的比较分析》，《江海学刊》，2018 年第 6 期；任暟：《马克思政治经济学批判的生态意蕴及其启示》，《北京行政学院学报》，2017 年第 2 期；约翰·巴里：《马克思主义与生态学：从政治经济学到政治生态学》，《马克思主义与现实》，2009 年第 2 期。

（形态），都同时是一种社会关系和社会的自然关系，资本主义社会当然也不例外，而社会主义社会尤其如此。换言之，社会主义社会条件下对生态环境问题的实质性克服，将主要通过对经济社会制度框架的重构，或主要是经济社会制度条件的改变，因而更多体现为社会整体系统意义上的、而不单纯是经济或公共管理领域中的变革。当然，这种深刻变革不应只是基于或由于社会政治层面上的偶然性或暂时性"革命冲动"，而必须是符合经济自身运行规律的逻辑性结果。此外，这还意味着，社会主义社会——尤其是在它的初始阶段，未必能够完全避免一般物质变换所导致的生态环境问题——即使考虑到相对于资本主义社会的经济技术水平的可能取得的巨大进步。也就是说，即便在社会主义社会条件下的生产劳动，也并不能单凭社会关系的合理调节而完全符合（更不必说改变）人与自然物质变换过程中的客观必然（规律）性要求。

其三，马克思主义的当代绿色变革理论意蕴。迄今为止，生态马克思主义学者大都着力于阐发马克思和恩格斯经典著述的唯物主义自然本体论的（像约翰·贝拉米·福斯特和保罗·柏克特）或生态环境友好的（像戴维·佩珀和乔纳森·休斯）思想意涵，也有人致力于马克思恩格斯经典著述的绿色拓展或填补"生态空场"（像詹姆斯·奥康纳和特德·本顿），①但其共同的思路都是努力使古典马克思主义呈现出更强烈的对当代生态环境问题的相关性或敏感度。而在笔者看来，马克思主义理论作为一种当代生态哲学与政治流派的地位——依据前文所作的概括，恰恰在于它明确的环境政治哲学特征。换句话说，马克思主义的人与自然关系理论或"生态学"，构成了一种从内容到形式都十分完整的绿色变革政治哲学，同时涵盖了对当代社

---

① 参见万希平：《生态马克思主义理论研究》，天津人民出版社，2014年；王雨辰：《生态批判与绿色乌托邦：生态学马克思主义理论研究》，人民出版社，2009年。

会现实的批判性分析（方法）、对未来绿色社会的愿景构想和如何向这种绿色社会过渡（转型）的政治战略（进路）。① 概言之，与生态中心主义的"深绿"理论和生态资本主义的"浅绿"理论相比，基于古典马克思主义认知方法与主要观点的"红绿"理论，强调现代生态环境问题更多的是资本主义性质的经济社会成因，以及相应的社会主义的经济社会变革路径，认为针对社会不公平与生态非正义的经济社会斗争与变革是最具根本性的或决定意义的，而且是彼此不可分割、相互促进的两个侧面。这当然不是说，社会个体的价值观念与生活方式的绿色变革和经济技术手段的环境友好的渐进调整就无足轻重或毫无意义，而是说，离开甚至回避经济社会结构变革或重构的"绿化"，要么仅仅是隔靴搔痒、效果有限，要么最终会被主流经济与政治驯化或预占。

依此而论，发轫于马克思和恩格斯人与自然关系思想的"马克思主义生态学"或广义的生态马克思主义，并非只是对于马克思和恩格斯经典著述文本的再诠释或阐发，而是已经发展成为一种关涉与涵盖当今时代的批判性"新哲学"或"新政治"，②甚或说是"真正的深生态学"③。可以说，从马克思主义生态学视角反思和批判资本主义性质的或受制于资本主义制度框架的人与自然关系，是讨论当前地球生态系统或人类社会（文明）生存延续条件所面临严重危机的重要切入点或维度。

而且如此理解的"马克思主义生态学"也构成了当代中国社会主义生态

---

① 参见郇庆治：《作为一种政治哲学的生态马克思主义》，《北京行政学院学报》，2017年第4期。

② 大卫·哈维：《新冠病毒时代的反资本主义政治》，http://davidharvey.org/2020/03/anti-capitalist-politics-in-the-time-of-covid-19/；玛丽安娜·马祖卡托：《新冠肺炎疫情暴露资本主义三大危机》，https://baijiahao.baidu.com/s?id=1663394695926785410&wfr=spider&for=pc，2020年3月30日。

③ ［英］戴维·佩珀：《生态社会主义：从深生态学到社会正义》，刘颖译，山东大学出版社，2012年，第278页。

文明理论与实践的重要政治哲学基础。① 换言之,社会主义生态文明建设并不仅意味着构造一整套围绕着生态环境有效保护与治理目标的公共管理政策体系,而且是努力创建将社会主义政治和生态可持续性考量相结合的新经济、新社会与新文化。② 具体地说,社会主义生态文明建设当然要指向或致力于更高质量和更有效的生态环境治理与保护,尤其是在相对于在资本主义制度条件下的意义上。但这主要是因为,社会主义基本制度条件下的自然生态资源公共所有和社会物质财富公平分配,以及由此所决定的最广大人民群众对于整个社会生产生活过程(方式)的民主决定与监督,使得整个社会的人与自然物质变换(广义上的经济活动)可以采取更为社会和谐与生态可持续的形式或路径。也就是说,社会主义生态文明建设的本质,是通过创建一种更高级类型的社会关系,来保障和促进更加公正和谐的社会的自然关系。因而坚持和遵循一种整体性社会认知背景下的社会主义政治与生态可持续性考量之间的辩证法是至关重要的。

"绿色新经济"或"生态经济"对于社会主义生态文明的基础性决定作用是毋庸置疑的,但一方面,真实有效的绿色新经济的形成确立与健康发展,离不开与之相适应的社会主义新社会与新文化的"滋养呵护";另一方面,社会主义的新社会和新文化肯定会彰显或促进与资本主义条件下本质不同的社会经济生产与物质生活方式及个体风格追求,因而会重塑整个社会的经济和人与自然物质变换本身。

总之,借用卡尔·波兰尼的说法,③社会主义生态文明建设的标志性方面,是把资本主义社会中"脱嵌"的经济重新"嵌入"整个社会之中,或者说把

---

① 参见郇庆治:《社会主义生态文明的政治哲学基础》,《社会科学辑刊》,2017 年第 1 期。

② 参见郇庆治:《生态文明新政治愿景 2.0 版》,《人民论坛》,2014 年 10 月(上)。

③ 参见[英]卡尔·波兰尼:《大转型:我们时代的政治与经济起源》,冯刚、刘阳译,浙江人民出版社,2007 年,第 50 页。

经济与社会重新"嵌入"范围更大的生态系统之中。当然，无论就其本身的综合性和复杂性，还是我国当前所处的社会主义初级阶段性质来说，这都将只能是一个长期性的历史变革或自我转型过程，而社会主义政治追求和领导在其中扮演着至关重要的角色。

毫无疑问，这样一种马克思主义生态学基础对于社会主义生态文明目标及其实现来说是前提性的，甚至可以说没有前者就谈不上后者。但就我国社会主义生态文明建设实践的现实推进来说，这一政治哲学基础还远不是牢固的或明晰的，而新冠肺炎疫情及其应对过程就提出了至少如下三个核心议题领域的重大挑战。

二、社会主义生态文明建设的"经济愿景"及其挑战

对于我国社会主义生态文明建设所基于的"经济愿景"及其新冠肺炎疫情背景下所面临的挑战，笔者已作了初步讨论，并将其概括为"三个意（幻）象"和"三个挑战"。[①]"三个意象"是指"高度发达的社会生产力""大规模、集中化的经济生产组织形式"和"物质富裕的美好生活"。可以说，这三个"意象"构成了我们对于当代中国社会主义生态文明建设实践的"经济愿景"的主导性理论认知，[②]也是社会主义生态文明建设现实推进过程中占据支配地位的政策话语阐释与大众文化理解。而"三个挑战"则是指上述三个"意象"辩护与支撑下的经济发展模式如今不得不面对的"自然资源供给与生态环境容限挑战""生态环境风险及其管控挑战"和"社会公正与生态可持续性挑战"。在此，将围绕这两个层面作进一步的阐发论述。

---

① 参见郇庆治：《重思社会主义生态文明建设的"经济愿景"》，《福建师范大学学报》（哲社版），2020 年第 2 期。

② 参见戴圣鹏：《经济文明视域中的生态文明建设》，《人文杂志》，2020 年第 6 期；程启智：《论生态文明社会的物质基础：经济生态发展模式》，《中国地质大学学报》（社科版），2010 年第 3 期。

其一,"高度发达的社会生产力"。依据马克思主义唯物史观,社会生产力的发达程度或实现潜能,既是社会生产关系变革乃至人类社会进步的最终决定性力量,也是社会生产关系和上层建筑的历史先进性的主要表征。也就是说,社会主义社会之所以终将取代资本主义社会,就在于它能够解放资本主义制度条件下被压抑或桎梏的社会生产力发展潜能,从而可以使其达到前所未有的历史高度,也就可以为共产主义社会制度奠定经济基础。当然,这绝不意味着,未来的共产主义社会是一个自然资源浪费和生态环境衰败的社会,因为高度发达的社会生产力本身就包含着对于各种自然生态资源的科学合理运用,尤其是明智地进行生态利用,"在生产过程中究竟有多大一部分原料变为废料,这取决于所使用的机器和工具的质量"①,而且它还要受制于同样发达完善的社会政治与文化关系,将在很大程度上确保主要经济生产活动的社会与生态理性性质。总之,至少对于马克思和恩格斯来说,高度发达的社会生产力不仅不会存在冲突,而且是与他们所提出的"两个完成"(即共产主义"作为完成了的自然主义等于人道主义""作为完成了的人道主义等于自然主义")和"两个和解"(即"人类与自然的和解""人类本身的和解")的目标相一致的。

对于后来的生态马克思主义者而言,尽管威廉·莱斯、本·阿格尔等人接受了生存主义学派的自然生态有限性前提而主张社会生产能力缩减的"稳态经济"②,但高度发达的社会生产力仍是关于未来生态的社会主义社会的主流性观点。他们特别强调的是:第一,包括科技在内的生产力本身并不是反生态的,其本质意涵是建立在自然(力)基础之上的人的本质力量的实现(拓展),因而"发展有意识和可持续地控制生产的主体能力对于生产力概念

---

① 《马克思恩格斯文集》(第七卷),人民出版社,2009 年,第 117 页。
② 参见[加拿大]本·阿格尔:《西方马克思主义概论》,慎之等译,中国人民大学出版社,1991年,第 474 页。

是必不可少的"①;第二,生产力具有社会历史规定性,社会主义社会的制度条件将能够孕育出生态环境友好的生产力形式,因为"这种社会的支配性力量不是追逐利润而是满足人民的真正需要和社会生态可持续发展的要求"②。

而在我国政策实践层面上,尤其是改革开放以来,社会生产力水平及其提高一直被当作衡量社会主义社会阶段性质及其演进的主要标尺。无论是党的十三大关于我国正处在并将长期处于社会主义初级阶段的理论断定(社会生产力水平相对较低),还是党的十九大关于中国特色社会主义进入新时代的政治判断(社会生产力水平总体上显著提高)和全面建设社会主义现代化国家"两步走"的未来规划(经济实力、科技实力大幅跃升),都明确体现出了高度发达的社会生产力对于社会主义现代化强国目标的标识性意义。

其二,"大规模、集中化的经济生产组织形式"。在古典马克思主义的论域中,资本主义社会经济的形成与大规模、集中化的工业生产和城市生活是同一个历史进程的两个侧面。"资本主义生产实际上是在同一个资本同时雇用人数较多的工人,因而劳动过程扩大了自己的规模并提供了较大量的产品的时候才开始的。""它使人口密集起来,使生产资料集中起来,使财产聚集在少数人的手里。"③也就是说,以分工协作为基础的大规模、集中化工业生产是资本主义经济的主要表征,其直接后果则是各种资源要素向中心城市和少数人群(资本家)的集聚,并将导致不断扩大激化的社会冲突与阶级斗争。但是矛盾的根源被认为不在于组织化的社会生产力,而在于资本

---

① Kohei Saito, *Karl Marx's Ecosocialism: Capitalism, Nature, and the Unfinished Critique of Political Economy*, Monthly Review Press, 2017, p.215.

② [美]约翰·贝拉米·福斯特:《生态危机与资本主义》,耿建新、宋兴无译,上海译文出版社,2006年,第96页。

③ 《马克思恩格斯文集》(第五卷),人民出版社,2009年,第374页;《马克思恩格斯文集》(第二卷),人民出版社,2009年,第36页。

主义社会关系及其经济政治制度与文化价值观念体系,"因为这些矛盾和对抗不是从机器本身产生的,而是从机器的资本主义应用产生的!"①相应地,矛盾解决的出路在于对资本主义生产关系进行社会主义的革命性变革或重建,尤其是"把一切生产工具集中在国家即组织成为统治阶级的无产阶级手里,并且尽可能快地增加生产力的总量"②。由此可以断定,在马克思和恩格斯看来,大规模、集中化的经济生产组织形式是人类文明发展的客观趋势,也将是未来共产主义社会经济的重要表征。

后来的生态马克思主义者,比如詹姆斯·奥康纳和保罗·柏克特总体上承继了这一理论立场。他们一方面批判大规模、集中化经济生产背后的资本主义增殖逻辑与支配关系,强调"在实践中对技术的任何抨击都必须是对资本主义所有权、财产以及权力关系的一种抨击"③;另一方面主张社会主义新型制度文化对这一庞大且复杂的生产力机器的合乎生态与人类进步追求的掌控规约,"联合生产代表了与健康的可持续的人与自然关系潜在相适应的人类社会关系"④。本·阿格尔虽然始终强调小规模与分散化的工业生产的重要性,但他更为关注的仍是它对资本主义社会结构及其权力关系的变革意义,认为"在这一过程中可以从性质上改变发达资本主义社会的主要社会、经济、政治制度"⑤。

而在我国政策实践层面上,尽管中间发生过某些暂时性的逆向呈现,比如改革开放之前的"三线建设"和改革开放之初的乡镇企业发展,但新中国

---

① 《马克思恩格斯文集》(第五卷),人民出版社,2009 年,第 508 页。

② 《马克思恩格斯文集》(第二卷),人民出版社,2009 年,第 52 页。

③ [美]詹姆斯·奥康纳:《自然的理由——生态学马克思主义研究》,唐正东、臧佩洪译,南京大学出版社,2003 年,第 332 页。

④ Paul Burkett, *Marx and Nature: A Red and Green Perspective*, New York: St. Martin's Press, 1999, p.256.

⑤ [加拿大]本·阿格尔:《西方马克思主义概论》,慎之等译,中国人民大学出版社,1991 年,第 500 页。

成立七十多年来还是验证了经济发展整体上一个日益大规模、集中化的演进过程。如今，三大三角洲区域、两大江河流域、若干个都市带（圈）和国家中心城市已经成为我国经济发展的绝对主体骨架，而这样一种聚集构型很可能还将在未来得以延续甚或强化（比如近年来受到广泛关注的"省会首位度竞争"和"南北差距拉大"问题）。

其三，"物质富裕的美好生活"。必须指出，马克思恩格斯关于未来社会美好生活的看法，主要不在于对现实个人的一般生活需要的承认及其满足，即"人们首先必须吃、喝、住、穿，然后才能从事政治、科学、艺术、宗教等等"①，而在于对资本主义社会条件下广大人民群众，特别是工人阶级生活状态的深刻批判与否定——除了物质生活层面上的普遍贫困或绝对（相对）贫困，还包括广泛的社会生活领域中的异化或非自由状态。相应地，人们在实质性克服了资本主义社会内在矛盾的共产主义社会中，将同时享受到物质消费富裕与自由个性解放的美好生活："人终于成为自己的社会结合的主人，从而也就成为自然界的主人，成为自身的主人——自由的人。"②

应该说，绝大多数生态马克思主义者都或多或少接受了自然生态对于未来社会主义社会经济发展的制约性意涵，并强调人类生活需要的满足应服从于社会生态理性的规约。比如威廉·莱斯所主张的"易于生存的社会"和安德列·高兹所提倡的"宁少但好"的生活方式，③但他们也大都坚持认为，经过社会主义改造的经济生产与消费体制能够提供一种相对富足的物质生活，而且是在更高质量、更可持续的意义上。④

---

① 《马克思恩格斯文集》（第三卷），人民出版社，2009 年，第 601 页。
② 同上，第 566 页。
③ 参见［加拿大］威廉·莱斯：《满足的限度》，李永学译，商务印书馆，2016 年，第 129 页；［加拿大］本·阿格尔：《西方马克思主义概论》，慎之等译，中国人民大学出版社，1991 年，第 494~498 页；André Gorz, *Ecology as Politics*, Boston: South End Press, 1980, p.28.
④ 参见［英］戴维·佩珀：《现代环境主义导论》，宋玉波、朱丹琼译，格致出版社、上海人民出版社，2011 年，第 31 页。

而在我国政策实践层面上,新时代社会主要矛盾从满足人们日益增长的"物质文化需要"转变为满足人们日益增长的"美好生活需要"的最新表述,尤其是对于通过提供更多"优质生态产品"来满足人们不断扩展的"优美生态环境需要"的强调,集中体现了我们对于社会主义美好生活具体样态与满足方式认知的深度拓展或"绿化",但也必须看到,现实中即便对于生态环境需要或"绿色(生态)需要"及其满足路径的政策阐释与大众文化感知,都还存在着明显甚或强烈的物质化色彩。

新冠肺炎疫情及其应对过程在经济层面上所提出的"诘问"或挑战,正是针对或指向了支撑我国社会主义生态文明建设"经济愿景"的上述核心性理念,亟须我们作出严肃的思辨与回答。

其一,经济持续增长追求的自然资源供给和生态环境容限问题。新冠肺炎疫情清楚地表明,任何国家和地区乃至全球的现代经济的持续增长,从自然生态的角度来说需要两个不可或缺的条件:自然资源的源源不断供给和无限度的生态环境容量,而对于有限的地球空间和民族国家或区域空间来说,这两个条件的同时(长期)满足都是难以保证的。在全球层面上,无论是大多数种类的不可更新自然资源的存储量(可开采量),还是地球可以持续承载的人类经济活动总量(尤其是对于生产消费废弃物的消解吸纳),都有着一定的限度或边界。对此,如果说著名的生态哲学"盖亚理论"仍然是一个伦理价值规劝意义上的隐喻假说,那么约翰·洛克斯特罗姆等人所提出的"地球边界"论点则是一种科学严谨得多的量化论证。他们的计算结果是,对于作为可持续发展先决条件的"人类安全的行动空间"而言,地球总共九个"生命支持系统"中已有七个处于越界或临界的危险状态。[1] 在国别或

---

① See Johan Rockström, Will Steffen, Kevin Noone et al., *A safe operating space for humanity*, *Nature* 461(2009), pp. 472 – 475.

区域层面上,迅速扩展的经济与生产全球化似乎使得少数所谓"世界工厂"的自然资源全球范围内配置成为可能,但却在无形之中使得另一个问题变得更加突出和尖锐,即国家或区域性生态环境质量因触碰其天然的界限或"天花板"而难以实现改善。事实是,全球范围内对自然资源的消耗总量自第二次世界大战以来一直处在加速增长的状态,甚至是在因疫情而大幅度限制经济活动期间,来自化石燃料的全球二氧化碳排放量仍保持在较高水平,而我国京津冀及周边地区也多次出现较为严重的大气污染。① 虽然还很难说全球经济活动在多大范围和何种程度上已经触及了地球生态系统能够承受的"刚性边界",但十分清楚的是,跨区域甚至全球层面上的自然生态系统及其安全已成为世界各国经济社会发展中必须严肃对待的"硬约束",而这与资本主义抑或社会主义的政治制度没有直接关联。因而可以说,社会主义生态文明建设尤其是经济建设的重要使命,就是努力认识并自觉遵循地球自然生态前提(规律)的客观性要求,甚至还可以认为,那将意味着一种"高度发达的社会生产力",只不过与它在古典社会主义语境下的那种"意象"已经有着天壤之别。

其二,现代经济组织运行方式的生态环境风险及其管控问题。现代经济组织与运行方式的基本表征是大规模、集中化的工业与城市生产消费。应该说,以商品经济体制和不断扩大市场为前提条件的这种现代经济体系的竞争优势是显而易见的,而且也的确有着显著的社会进步意义,特别是在保障与改善数量迅速扩大的城市居民的基本物质生活条件方面,即实现一种更好的社会(文明)制度保障的人类生活。由此就可以理解,在社会主义制度条件下,规模化、集约化的工业与城市生产消费也被视为一种理所当然

---

① 参见《全球气候变化未因新冠肺炎疫情而止步》,《中国科学报》2020 年 9 月 11 日;贺震:《新冠肺炎疫情时期,雾霾缘何重现?》,《中国环境监察》,2020 年第 Z1 期。

意义上的肯定性特征,尽管它会由于社会主义制度的民主掌控与经济规划本质而与在资本主义社会条件下大不相同——至少在理论上是这样。而这次新冠肺炎疫情所凸显的是,这种超越特定政治制度属性的现代经济组织运行方式,同样也会隐含、集聚和倍增自然生态环境方面的巨大风险。换言之,与大规模、集中化的工业和城市生产消费相伴随的,是庞大数量的各类自然物质资源的区域性或都市化聚集,以及它们的生产消耗与生活消费所产生的各种类型废弃物及其集中处置。当然,新冠肺炎疫情的源起既非直接来自生产消费废弃物所导致的生态环境污染及其处置,也很难说与现代经济组织运行方式的某一个环节直接相关,但无可置疑的是,已然形成的全球性经济生产消费闭环和超大都市的枢纽性位置是疫情暴发并难以管控的深层次原因。实际上,乌尔里希·贝克和安东尼·吉登斯等人在 20 世纪末就已预警全球化进程加速所导致的不确定的社会与生态风险问题。前者把当代社会称为"风险社会"①,而后者则将生态风险视为基于复杂经济与技术体系的现代社会的必然后果,认为"生态威胁是社会地组织起来的知识的结果,是通过工业主义对物质世界的影响而得以构筑起来的"②。这次新冠肺炎疫情表明,超大规模与过度集中的都市化经济生产消费体系,确实存在着难以准确预判的生态系统脆弱性与人类健康风险,并相应地大大增加了政府部门的公共健康安全管理与生态可持续性管理的成本或难度。一方面,可以想象的是,过度密集和高强度的工业与城市生产消费会使得整个都市区域的生态系统长期处于超负荷承载状态,而作为个体或社群对此是无可选择或无能为力的;另一方面,又很难设想,如何使某一个农(水)产品批发市场的工商管理人员始终保持对于一种来自遥远国度甚或大自然深处的病

---

① [德]乌尔里希·贝克:《风险社会》,何博闻译,译林出版社,2004 年,第 20～22 页。
② [英]安东尼·吉登斯:《现代性的后果》,田禾译,译林出版社,2011 年,第 96 页。

毒的高度警惕，而反之则是，它有可能在数日之内危及超过千万的庞大人群。因而真正的难题也许不是如何进一步强化我们的城市和国家的风险管控能力，比如投资建设更多数量、更高科技水平的医疗基础设施和社会治理机构，而是深刻反思与重构目前的现代化经济组织架构及其运行方式。换言之，出路不在于如何保护好某一城市、区域或国家的生态环境，而是如何使它们的经济生产组织与运行方式实现生态化。而这对于中国特色社会主义建设来说同样意义重大。因为，"尊重自然、顺应自然、保护自然"不但需要体现在各种类型的国家公园和自然保护区，更应实质性融入直至重构现代经济生产与消费本身，而这不仅是新时代的新"生态主义"，还是新时代的新"社会主义"。

其三，现代经济发展构型的社会公正与生态可持续性问题。基于经济持续增长和追求规模化、集约化经济组织运行方式的现代经济发展，几乎就注定了它必然会呈现出的区域、社会阶层、种族、性别等维度上的不均衡性甚或极化现象，而资本主义社会制度显然成为这一"自然现象"强有力的社会政治助力或保障。而社会主义制度变革的重要使命和合法性辩护，就是从根本上消除导致这种不平衡性尤其是极化现象的经济社会制度条件。鉴于我国处于社会主义初级阶段，一定时期内的和某种程度上的不平衡性甚或较大差距现象，是可以理解的。事实也是如此。我国的经济社会现代化发展，尤其是改革开放以来，明显呈现出了东部沿海地区、区域中心城市、某些社会阶层率先发展或致富的阶梯形、非均衡特征，而这一特征又不可避免地衍生出许多物质财富分配之外的社会文化意义上的后果。而新冠肺炎疫情所凸显的是，这种社会物质资源与财富配置显著不均衡的经济发展格局和进一步增强我国的社会公平程度与生态可持续性目标之间存在着明显的张力。一方面，由于不均衡的地域（城乡）物质资源配置所导致的超大规模人口流动本身，就有着明显的生态环境不可持续性后果，因为它不仅意味着庞大而复杂的厂房、设备、交通等基础设施的建设维持成本，以及相应的大量自然资源消耗，而且大大增加了新冠病毒传播的概率和管控成本；另一方面，必须正视的是，在经济社会因疫情而陷入停摆期间，恰恰是普通劳动群众，尤其是一些弱势群体不得不面临着病毒感染威胁去设法满足更为急迫的基本生活需要，而在疫情缓和之后又化身为"逆流而上的孱弱者"，成为经济社会重启的主力军。因而提高我国经济发展的社会公正程度与生态可持续性水平，即致力于建设更具社会包容性和人与自然和谐共生的现代化，就成为新时代中国特色社会主义建设的核心性目标，这无疑是非常正确的。但问题是，我们必须更加清醒地认识到目前并不均衡的经济发展格局，尤其是自然物质和社会资源配置之间的内在张力。对此，社会主义的经济制度框架与政治追求理应扮演"供给侧重构"主导者的角色，而这将是创造与制度性地保障具有大众吸引力的社会主义美好生活的决定性元素。

三、社会主义生态文明建设的"社会愿景"及其挑战

如前文所述，古典马克思主义论域下的社会主义社会（即共产主义社会）同时意指一种特定构型的"社会关系"和"社会的自然关系"，而这种社会的自然关系既可以从经济层面或视角来理解，也可以从社会层面或视角来理解。相应地，当我们讨论社会主义生态文明及其建设时，其实蕴含着两个不可分割的前提：一是要求按照社会主义的基本价值目标与经济政治文化原则来理解、对待与处置生态环境问题，二是需要整个社会基于一种社会主义质性的"社会关系"或生存生活方式。而当代中国的社会主义初级阶段性质，使得这两个方面都呈现出明显的区域与时代特征，突出体现为马克思和恩格斯等经典作家所预设的未来社会主义社会的"社会愿景"与当前复杂的社会现实之间的巨大落差。换言之，初级阶段的社会主义社会的重要表征，就是并不完全具备一种和谐共生性质的社会的自然关系，而社会主义生

态文明建设实践则可以理解为逐步建构并达到这样一种人与自然关系的历史过程。需要强调的是，新冠肺炎疫情及其应对还凸显了我们更多是基于经典作家观点诠释推演的社会主义生态文明建设的"社会愿景"所面临的严肃挑战，即必须高度关注同时在个体、社会或国家、国际层面上努力构建一种自觉致力于人与自然和谐共生的新型社会关系。为了便于阐述与比较，这里也将从"社会愿景"的核心构成理念和它们所面临的挑战这两个方面来展开。

其一，"社会主义制度条件下的生态新人"。在马克思和恩格斯看来，"对私有财产的扬弃，是人的一切感觉和特性的彻底解放"①。也就是说，随着资本主义生产方式及其社会文化基础的废除，社会主义制度条件下的个人不仅将成为全面发展的自由个体，同时还将成为具有丰富生态感知及其践行能力的"生态新人"。对此，赫伯特·马尔库塞进一步阐释说，感性的解放意味着可以构建一种新的（社会主义的）人与人、人与物和人与自然的关系，而生活其中的新型人类个体将会实现对自然及其生命价值的认可、尊重与保护——"他们拥有新的需要，能够找到一种不同质的生活方式并构建一种完全不同质的环境"②。

对于生态马克思主义者而言，生态环境友好或生态自觉是未来社会主义社会中的个体成员的重要品性，尽管这种品性主要是由社会主义新制度所培育和形塑的。戴维·佩珀指出："人类不是一种污染物质，也不'犯有'傲慢、贪婪、挑衅、过分竞争的罪行或其他暴行。而且，如果他们这样行动的话，并不是由于无法改变的遗传物质或者像在原罪中的腐败：现行的社会经

---

① 《马克思恩格斯文集》（第一卷），人民出版社，2009 年，第 190 页。
② Herbert Marcuse, *Revolution and Utopia*：*Collected Papers of Herbert Marcuse*，Volume Six，New York：Routledge，2014，p. 344.

济制度是更加可能的原因"。① 相比之下，本·阿格尔强调了未来社会主义社会中"生态新人"对于现行生产与消费社会体制的超越特征。"我们并不仅仅需要'文艺复兴式的人'，而且需要具有广泛知识才能的人，他们要能抵制僵硬分工的限制和协调的力量。对工人来说，要批判官僚化的资本主义社会，就必须超出他们目前在生产和消费中所担当的有限角色去进行思考。我们需要一种新的社会制度（包括他们在其中所担当的新的角色）。"②

而在我国政策实践层面上，生态环境科学知识的教育普及、生态文明观念的宣传推广和绿色价值观与生活方式的培育形塑，一直是党和政府生态文明建设战略及其实施的基础性方面。无论是党的十八大报告、党的十九大报告，还是《生态文明体制改革总体方案》，都把"树立社会主义生态文明观念"和"倡导简约适度、绿色低碳的绿色生活方式"当作重要的目标任务，相信它们是社会主义生态文明不断取得进步的标志性方面与社会文化基础。

其二，"自觉致力于生态公益维护的社会与国家"。马克思和恩格斯认为，现实个体始终是社会存在物，这在未来社会主义社会也不例外。它意味着，在未来社会主义社会条件下，个体将会有着高得多的科学文化知识素质与道德伦理品质，而广泛组织起来的社会，以及至少作为一个过渡性政治实体存在的国家，将会更加自觉与有能力承担制度规约与教化平台的作用。就生态环境议题而言，无论是微观意义上的自由人联合体内部及其彼此间的生产联合，还是宏观意义上的更具科学合理性与前瞻性的经济社会发展规划和自然生态保护治理，都预设了基于公共（集体）利益至上原则民主组

---

① ［英］戴维·佩珀：《生态社会主义：从深生态学到社会正义》，刘颖译，山东大学出版社，2012年，第282页。

② ［加拿大］本·阿格尔：《西方马克思主义概论》，慎之等译，中国人民大学出版社，1991年，第514~515页。

织起来的整个社会包括国家拥有更好的共同控制与合理调节人和自然之间物质变换的能力和手段。比如,马克思就曾指出:"只有在森林不归私人所有,而归国家管理的情况下,森林的经营才会有时在某种程度上符合全体的利益,转化为农艺学的自觉的科学的应用。"①

　　基于此,生态马克思主义者进一步阐发了社会主义集体主义原则及民主国家的生态意涵。比如,保罗·柏克特重点分析了共产主义的联合劳动与生态原则的一致性。"共产主义下财富的丰富和人的全面发展是合乎生态的,因为它们在维护和改善土地及其他自然条件的共同社会责任的要求下,蕴含了自然的审美和物质使用价值。"②相比之下,詹姆斯·奥康纳则着重论述了实现对自然生态条件的调节控制需要一个积极有为的民主国家。他认为:"原则上来说,国有制和中央计划可以使国家减少资源损耗、'消极的外在性'(譬如污染)以及对环境的宜人性质的破坏。科学和科学家在社会主义计划中所处的重要地位强化了这一原则。"因而"正是这个国家——如果能处在市民社会的民主化控制之下——将会成为重建自然界,以及重建我们人类与自然界之间的关系的基础"。③

　　而在我国政策实践层面上,尽管可以想象与理解的是,无论是社会的绿色转型,还是国家及民主政治的绿化,都只能是一个逐步取得进展的渐进过程,甚至可以说,执政党及政府所主导的经济社会现代化本身就使得它们成为一股强大的经济主义或现代性力量,并对特定时期的生态环境质量退化负有政治责任,但从未被质疑或自我怀疑的是,它们也必将是领导整个国家和社会最终走出这一绿色困境的主要政治力量。

---

　　① 《马克思恩格斯文集》(第七卷),人民出版社,2009 年,第 697 页注释。

　　② Paul Burkett, *Marx and Nature*: *A Red and Green Perspective*, New York: St. Martin's Press, 1999, pp. 251 –252.

　　③ [美]詹姆斯·奥康纳:《自然的理由——生态学马克思主义研究》,唐正东、臧佩洪译,南京大学出版社,2003 年,第 412、248 页。

其三,"基于生态负责与公正的国际关系新秩序(格局)"。必须看到,我们当前所处的关于生态环境的问题国际合作或全球生态文明建设的国际环境,与马克思恩格斯基于他们时代现实所预想的图景有着巨大差别。对于他们来说,资本主义经济社会关系由于内在扩张的本性及其历史进步性——"从一切方面去探索地球,以便发现新的有用物体和原有物体的新的使用属性"①,将无可避免地扩展成为一种世界性的经济社会制度范式,而与这一历史进程相伴随的将是资本主义社会内在矛盾及其经济社会危机——当然也包括生态危机——的普遍化,并将通过随之发生的世界范围内的社会主义革命得到总体性解决。也就是说,对于马克思和恩格斯而言,社会主义对资本主义的历史性替代不仅必将是合乎生态的,还会是全球性的,而对于社会主义的新世界秩序构型的具体样态及其运行机制,他们并未作太多的探讨。

生态马克思主义者所坚持和强调的更多是对当代资本主义国家及其集团的生态帝国主义政治与政策及运行逻辑的批判,认为帝国主义的国际经济、社会政治与文化秩序的废除就像资本主义生产生活方式的废除一样,是彻底克服人类社会所面临的生态环境危机所必需的。换言之,他们虽然承认生态环境危机或挑战的全球性质,但却把政治斗争的矛头和焦点指向了资本主义性质的经济社会关系架构及其社会主义替代。对此,詹姆斯·奥康纳指出,现代生态环境问题只有考虑其全球性层面才能获得恰当理解与解决,而未来的社会主义也理应是国际主义的,"这样一种理论和实践将同时代表着对新自由主义与现在流行的许多地方主义的变种的一种取代"②。而约翰·贝拉米·福斯特则认为,生态帝国主义与追求利润一样,是资本主

---

① 《马克思恩格斯文集》(第八卷),人民出版社,2009 年,第 89~90 页。
② [美]詹姆斯·奥康纳:《自然的理由——生态学马克思主义研究》,唐正东、臧佩洪译,南京大学出版社,2003 年,第 516 页。

义发展的内在动力,正是少数发达资本主义国家借助所掌控的国际经济政治秩序及规则,通过外围国家不断加剧的生态退化来维持自身不可持续的经济增长,从而造成了人类与自然之间关系的全球性"新陈代谢断裂"。因而"名副其实的全球性生态革命只能作为更大范围的社会革命——而且我坚持认为是社会主义革命——的一部分发生"①。当然,也有人比如霍华德·帕森斯强调了向社会主义的全球社会生态秩序的转变需要采取更加现实主义的策略。他认为,社会主义国家除了通过对自然生态规律的逐渐认知与运用来提升和彰显其制度优势,迫使资本主义国家作出积极适应或回应,还要主动促进着眼于全球生态环境改善的全球团结,"今天劳动人民的斗争不仅是在社会主义存在的地方维护社会主义,和在社会主义不存在的地方去创建它们,也是为了保护和改善全球环境,反对资本主义生产和交换方式对非人类自然的破坏和剥削"②。

而在我国政策实践层面上,新中国成立之后尤其是改革开放以来,我们对于国际经济政治秩序构型的中长期判断与表述,已经从当初的推动社会主义世界变革,逐渐调整为与包括发达资本主义国家在内的世界各国的和平共处、共同发展,而后者也构成了我国大力推进社会主义生态文明建设的"全球社会愿景"。党的十八大报告和党的十九大报告所阐述的基于人类命运共同体理念的推动全球生态文明建设倡议,就是对于这一愿景的最权威性表述。

新冠肺炎疫情及其应对过程在社会层面上所提出的"诘问"或挑战,正是针对或指向了支撑我国社会主义生态文明建设"社会愿景"的上述核心性

①　[美]约翰·贝拉米·福斯特：《生态革命——与地球和平相处》,刘仁胜、李晶、董慧译,人民出版社,2015 年,第238 页。

②　Howard L. Parsons, *Marx and Engels on Ecology*, Westport: Greenwood Press, 1977, pp. 104 – 105.

理念,需要我们作出严肃的反思与回答。

其一,个体层面上的自然生态尊崇敬畏与绿色生活观念风格培育问题。经过新中国七十多年和改革开放四十多年的不懈努力,我国的经济社会现代化水平有了大幅度提高,而广大人民群众的物质文化生活水平也在迅速得到提高,尤其是在绝大部分中东部地区和大中型城市之中。这当然是一件值得庆贺的大事,标志着我国长期追求的全面建成小康社会目标的初步实现。但也必须看到,基本摆脱贫困和渐入富裕状态的普通民众,如何在遵循与自然和谐共生的前提下享受更高质量的生活,已经成为一个值得高度关注的问题。毋庸讳言,我们正在全面步入并享受高质量生活或"美好生活",其实仍主要是一种基于或仿效欧美现代生产生活方式的大众化物质文化消费。而这就意味着,从社会的自然关系的视角来说,它不可避免地体现为社会个体(特别是作为消费者)与外部自然和自身自然之间的双重关系,并且都可能呈现出彼此并不和谐甚或矛盾的一面。就前者而言,必须承认,支撑与延续一个十四亿多人口大国的现代化生产生活方式本身,就是一种庞大数量的自然资源耗费与生态环境负荷——暂且不论当前国际经济分工所决定的我国的世界制造业中心地位("世界工厂")所带来的额外负担,相应地,我们每个人与外部自然界之间其实都是一种超乎寻常的资源供给和环境承载紧张关系。当然,这并不是说要因此拒斥或放弃现代化建设和现代生活本身,而是说每一个人都要明确意识到我们享受现代生活的"生态成本",并且尽量减少这种成本或有所弥补(比如在可能条件下的本地化就业和生活)。就后者来说,不足为怪的是,衣食住行等维持生存需要得到基本满足之后,作为消费者的社会个体很容易会走向一些奢靡性、炫耀性、扭曲性的怪异、虚拟或象征消费需要及其追求,而这种消费偏好或行为的蔓延,则很可能会同时造成对外部自然和自身自然的伤害。这方面的最典型例子,无疑是在我国已经长期存在但依然屡禁不绝的野生动(植)物消费——

2003 年的"非典"疫情和 2020 年的新冠肺炎疫情也许都与对野生动物的无知无度食用和非法捕猎交易密切相关，其背后则更多是反科学的甚或病态的养生观念（"补身强体"）和错误低俗的消费观念（"炫富攀比"）。至于全国阻击疫情紧急情势下仍屡见不鲜的极少数个体的"生活丑态"（比如隐瞒旅行信息、拒绝自我隔离或佩戴口罩、硬闯防疫控制站点），更是像照妖镜般地拷问着我们这个时代的公民绿色生活认知和行为自觉。总之，"社会主义生态新人"首先是一个如何培育造就的问题，①而不能作任何理所当然意义上的前提性预设或自我宣称。

其二，社会或国家层面上的自然生态系统及其构成元素的日常制度化保护与社会成员的制度性规约问题。应该说，疫情全面暴发之后，我国的紧急情势应对充分显示了党和政府坚强领导下的强大社会动员组织能力与全国性资源调配能力，从而使国内疫情在相对较短的时间内、以相对较小的代价实现了较为理想的控制。这无疑是应该高度肯定的，尤其是在与国际比较的意义上——包括与当今世界主要发达资本主义国家的疫情应对相比。但客观地说，这次疫情发生及其应对也暴露了我国从生物安全、自然生态保护到流行性疾病防控等方面的诸多薄弱环节和制度性缺陷。从社会的自然关系的视角来说，它们主要体现在如下两个方面：一是对自然生态系统及其构成元素的日常制度化保护，既表现为相关法律法规的内容不够健全或不再适应社会现实需要，比如亟须修改的《中华人民共和国野生动物保护法》；也表现为相关法律法规的执法与司法过程中的有法不依、执法不严和违法不究，比如市场上野生动物非法交易的长期管理不到位，以及各地地方性规

---

① 参见刘海霞：《培塑新时代生态人：新冠肺炎疫情引发的理论与实践思考》，《兰州学刊》，2020 年第 3 期；欧巧云、甄凌：《习近平绿色发展观视域下"生态新人"探究》，《湖南社会主义学院学报》，2019 年第 6 期；周琳、李爱华：《新时代中国特色社会主义生态文明发展中的生态人培塑》，《齐鲁学刊》，2018 年第 5 期。

章或习俗民风的日常监管督促作用的渐趋弱化甚或消失。二是对社会成员,尤其是关键性少数成员的社会制度性规约,既表现为承担着某种社会监管职能的国家机关或公共部门职员的相应知识缺乏或能力责任缺失,也表现为社会少数消费者和经营群体的科学无知或"三观不正"。

其三,全球层面上基于"人类命运共同体"理念与价值观的重大疫情(事件)协同应对问题。按理说,无论是作为自 20 世纪 70 年代末开始的新一轮经济社会全球化的客观性结果,还是像"只有一个地球""共同的未来"等这些广泛流行口号所深刻揭示的,地球自然生态系统对于人类社会(文明)的共同家园意涵已经是更加清晰可见了,而"人类命运共同体"正是对这样一种新时代需要的理念和价值观的精准概括。但令人感到遗憾的是,国际社会对这次全球新冠肺炎疫情的应对迄今所交出的却很难说是一份合格的答卷。直到由沙特主持召开的 G20 特别峰会之前,它在相当程度上呈现为一场由中国与世界卫生组织所领导或从事的多少有些悲壮的孤军奋战,中间还弥漫着大量的不和谐甚或不友善的"弦外之音"。令人费解的是,阻碍许多欧美国家正确理解中国政府所作出的阻击疫情努力甚至重大牺牲并提供必要的国际援助协作,至少可以利用难得的时间差"机会窗口"做好自己国家的防疫工作的,竟然是毫不隐讳的国家间经济社会利益竞争、秘而不宣的国家安全考量角力和显而易见的文化观念偏见。而当这次疫情进入它的下半场或欧美"主场"后,这些国家尽管不得不改变对于中国抗击疫情努力及其战果的公开立场,但却仍不情愿作出与"人类命运共同体"理念和价值观相匹配的协同抗疫努力。因而在全球社会层面上建立更为有效的通力合作体制与机制来应对像新冠肺炎这样的重大疫情或紧急事件,已成为当代人类社会(文明)在社会的自然关系上的一个最大"供给短缺"(尤其是相对于民族国家和社会个体层面而言),而且并非不可能的是,这次疫情过后国际社会的制度化合作水平也许会走向相反的方向。①

　　而从我国社会主义生态文明建设的国际环境来看，这次全球重大疫情应对无可辩驳地成为展示不同社会制度条件下社会的自然关系的不同特质的舞台或"秀场"。这并不是说，我国在疫情的发生与应对过程中没有任何过失和缺点，但相比之下，资本主义制度体系下的大多数欧美国家显然暴露或凸显了严重得多的问题。因而理应明确，尽管对病毒及其传播本身的政治与意识形态化阐释或"污名化"是错误的，②更不能过分强调或夸大疫情当前的国际社会间的合作互助障碍或猜忌，但不同社会制度条件下的重大疫情（事件）处置，以及社会的自然关系基本构型却绝不是政治与意识形态中立的，即便它们被（人为）饰以文化甚或种族多元性的伪装或托词。③ 然而真正吊诡的是，也许恰恰因为这种社会制度框架及背后的意识形态层面上的难以弥合歧异，我们所一直期望和促动的、作为社会主义生态文明建设"全球社会愿景"的"基于生态负责与公正的国际关系新秩序（格局）"，似乎在未来变得更加不确定而不是清晰，④至少不再是一种可以轻易实现的图景。

四、社会主义生态文明建设的"进路难题"及其挑战

　　必须明确，古典马克思主义论域下的社会主义社会（即共产主义社会）不仅是作为资本主义社会历史性替代的未来社会的科学构想或愿景，还是

---

　　① 参见《新冠肺炎疫情之后，世界秩序将何去何从？》，美国《外交政策》，2020 年 3 月 20 日；李小云：《全球抗疫战：新世界主义的未来想象》，https://www.thepaper.cn/newsDetail_forward_6889995，2020 年 4 月 9 日。

　　② 参见陈培永：《马克思对"打病毒政治牌"的批判》，《北京日报》，2020 年 3 月 23 日。

　　③ 参见韩欲立、陈学明：《新冠肺炎疫情背景下国外左翼学者对资本主义和社会主义的双重反思》，《武汉大学学报》（哲社版），2020 年第 5 期；弗朗西斯科·马林乔、李凯旋：《社会主义制度应对新冠肺炎疫情的有效性：来自中国的启示及对西方的反思》，《世界社会主义研究》，2020 年第 5 期。

　　④ 参见李义虎：《无政府、自助，还是人类命运共同体？ 全球疫情下的国际关系检视》，《国际政治研究》，2020 年第 3 期。

关于如何走向这一未来新型社会的变革道路及其战略,其要义是通过基于对社会历史运动规律科学把握的广大劳动群众(工人阶级)的组织化革命性实践来最终实现。因而无论是把生态环境议题理解为这场深刻社会历史变革的有机组成部分或"薄弱环节",还是把社会主义生态文明建设本身理解为一个包含诸多层面和丰富内容的向绿色理想社会过渡或社会生态转型过程,我们都需要深入思考两个道路及其战略层面上的问题:一是施动者或代理人问题,即如何确定绿色变革者和被变革对象,尤其是绿色变革者的集体行动和个体观念行为何者具有政治优先性;二是驱动力和突破口问题,即如何把握绿色变革或转型的持续动力机制与革命时机的关系,特别是经济变革基础的决定作用和社会文化政治动力的关系,而这也就是环境政治学所指称的所谓绿色变革"进路难题"。① 对2020年新冠肺炎疫情及其应对,对于我国社会主义生态文明建设影响的思考,也应特别关注它们所提出和凸显的这样一些"进路难题"意义上的挑战,②即我们是否以及在何种意义上更认同或趋近一种社会主义生态文明的未来。与对前两个问题的讨论一样,这里也分别从既有理论认知与现实问题挑战两个方面来谈。

其一,"集体行动(或'阶级斗争')的优先性"。对于古典马克思主义而言,无产阶级政党领导下的阶级斗争是推动和最终实现资本主义社会的社会主义变革的主要方式。这其中,伴随着社会生产力的不断发展而逐渐壮大、自觉意识到其社会主义革命主体地位并诉诸组织起来的政治行动的无产阶级是至关重要的,而结果则是一个社会主义生产关系基础之上的人与人、人与自然和谐相处的新社会,因为"生产资料由社会占有,不仅会消除生

---

① 参见[英]安德鲁·多布森:《绿色政治思想》,郇庆治译,山东大学出版社,2012年,第119~172页;[英]戴维·佩珀:《生态社会主义:从深生态学到社会正义》,刘颖译,山东大学出版社,2012年,第148~159页。

② 参见郇庆治:《深入探讨社会主义生态文明建设的"进路"难题》,《毛泽东邓小平理论研究》,2020年第1期。

产的现存的人为障碍，而且还会消除生产力和产品的有形的浪费和破坏"①。

应该说，绝大多数生态马克思主义者都既承认社会主义制度条件下的生产生活方式的生态友好性质，也接受了无产阶级集体行动主导的或进一步与生态运动联合的绿色变革道路。比如，詹姆斯·奥康纳强调，一种合乎生态的社会主义应当同时实现资本和国家向更为社会化的生产方式与生产条件形式的深刻转变，而这也就意味着传统劳工运动与生态运动等新社会运动必须联合成为一种统一力量，因为"在全球资本的总体化力量面前，单个社会运动相对来说是软弱无力的"②。相比之下，戴维·佩珀不仅信奉社会主义原则本身的生态友好特质，还明确承认无产阶级集体行动在生态社会主义革命战略中的主导性意义，"作为集体性生产者，我们有很大的能力去建设我们需要的社会。因此，工人运动一定是社会变革中的一个关键力量"③。也就是说，生态马克思主义虽然并不否认个体观念与行为变革的意义，但却明确将有组织的集体行动置于政治优先地位。比如，戴维·佩珀就指出："社会主义的关注点既是个体及其潜能的实现，也是集体利益的促进。"④当然，也有一些生态社会主义者，比如安德列·高兹认可并强调了社会个体的自发行动与价值观念变革对于整个社会生态理性的形塑与支撑作用。在他看来，高度自治的市民社会能够使个体以不同的方式和目的利用自己的时间和资源，从而重塑个体的自由个性和多样化的生活方式，并根据自身需求和偏好及时调整共同体的生产，最终促进社会与自然之间的良性互动关系，而社会资源共享、自我管理与自决活动空间的不断拓展正是社会

---

① 《马克思恩格斯文集》（第九卷），人民出版社，2009 年，第 299 页。

② ［美］詹姆斯·奥康纳：《自然的理由——生态学马克思主义研究》，唐正东、臧佩洪译，南京大学出版社，2003 年，第 400 页。

③ ［英］戴维·佩珀：《生态社会主义：从深生态学到社会正义》，刘颖译，山东大学出版社，2005 年，第 284 页。

④ 郇庆治主编：《环境政治学：理论与实践》，山东大学出版社，2007 年，第 107 页。

主义的内在要求。① 因为"在复杂的制度中,所有寻求通过统一制度和真实生活、统一功能性他律工作和个人活动来消灭异化的企图,其后果都是灾难性的"②。

　　而在我国政策实践层面上,如果说生态环境保护治理还被更多视为一种主要由政府相关部门承担的公共管理政策及其落实,那么生态文明及其建设则被普遍理解为一个党和政府统领下的有组织的绿色变革或转型过程。这其中,变革主体和变革对象之间并没有截然区分的界限,因为人民群众都已直接或间接地参与到社会主义经济社会文化制度体系及其运行的管理中,而且无论是社会精英还是普通民众都可以成为不同场景下的变革(教育)者或被变革(教育)者,因为他们都拥有对于整个社会绿色转型或重构的相同的民主权利。

　　其二,"经济变革进路的优先性"。在马克思和恩格斯看来,由于资本主义生产方式对整个资本主义社会体系的决定性影响,反抗、废除资本主义生产关系从而在根本上重建现代社会的经济基础,就构成了社会主义运动的核心性目标,而建立在社会主义制度条件下的经济生产与生活将会呈现出一种本质性的不同,并为更深刻的社会文化革新奠定基础。"因此,建立共产主义实质上具有经济的性质,这就是为这种联合创造各种物质条件,把现存的条件变成联合的条件。"③

　　应该说,大部分生态马克思主义者在继承这种经济生产方式变革在生态社会主义社会创建中具有基础性作用的观点的同时,也在不同程度上意识到并承认社会政治文化动力的重要作用——同时在资本主义动力机制的

---

① See André Gorz, *Ecology as Politics*, Boston: South End Press, 1980, p.40.

② [法]安德列·高兹:《资本主义,社会主义,生态:迷失与方向》,彭姝祎译,商务印书馆,2018年,第14页。

③ 《马克思恩格斯文集》(第一卷),人民出版社,2009年,第574页。

阻碍作用和社会主义动力机制的促进作用的意义上。比如,戴维·佩珀指出:"'真正'的社会主义与共产主义的生态仁爱性的关键在于它的经济学。"①也就是说,在他看来,如果没有经济基础层面或物质生产方式上的改变,那么绿色的社会制度与价值变革就不可能成功地或内在一致地发生。相比之下,安德列·高兹更加强调精神文化革新在生态社会主义社会创建中的积极作用。他认为,未来新型社会将意味着"从一个生产主义的、以劳动为基础的社会向一个拥有自由时间的社会的转变,在其中,文化与社会被赋予了比经济更大的重要性,简言之,就是向德国人所说的'文化社会'的转变"②。当然,无论是对经济生产方式变革还是社会政治文化动力的重要性的强调,都展现出了日趋明显的环境(生态)主义思维或考量。比如,戴维·佩珀曾提到,"最终的自然限制构成人类改造自然的边界"③,认为社会主义生产方式也必须做到在自觉尊重自然限制和规律的基础上合理地利用自然,在满足不断丰富和复杂的人类需要的同时保持令人愉悦的生态环境,而安德列·高兹则明确讨论了经济理性的界限及其自然物质前提,提出"保护自然资源比征服自然资源、维持自然循环比破坏自然循环更有效率且更具生产力"④。

而在我国政策实践层面上,社会主义生态文明建设作为党和政府所积极倡导、发动与推进的重大国家战略,同时具有强烈的公共政策体系重构、治国理政方略拓展和政治意识形态革新意涵,因而也就绝不只是经济生产与生活方式层面上的渐进式变革的问题,但与此同时,一种社会主义质性的

---

① [英]戴维·佩珀:《生态社会主义:从深生态学到社会正义》,刘颖译,山东大学出版社,2005年,第145页。

② André Gorz, *Critique of Economic Reason*, London: Verso, 1989, p.183.

③ [英]戴维·佩珀:《生态社会主义:从深生态学到社会正义》,刘颖译,山东大学出版社,2005年,第283页。

④ André Gorz, *Ecology as Politics*, Boston: South End Press, 1980, p.16.

生态文明经济的创建也被普遍认为具有特别重要与基础性的意义。

那么新冠肺炎疫情及其应对过程对于我国社会主义生态文明建设实践所提出的"进路难题"意义上的挑战又是什么呢？笔者认为，如下两点也许是尤其值得关注的。

其一，社会主义生态文明建设过程中的人民主体地位及其制度化问题。无论就其最终目标还是现实推进成效来看，社会主义生态文明建设在根本上都依赖于最广大人民群众的意识自觉与创新性实践。但无须讳言，鉴于我国社会主义初级阶段的具体国情，现实中的生态文明及其建设还明显呈现为一种中国共产党及其领导下政府作为主要倡导者与推动者的"自上而下"的社会政治动员和组织，因而它的健康推进和实践效能将在很大程度上取决于能否逐渐外溢成为一种更可持续和广泛的"双向互动"。[①] 需要指出的是，从生态文明建设或绿色变革的主体视角来看，这种互动性或人民主体性包含着如下两个层面：一是社会个体的民主权益保障与作用发挥，二是社会个体的认知行为绿化与自我成长。唯有二者兼备，社会主义生态文明建设才能最终发展成为一种既符合社会历史规律要求，又具有相应的政治文化自觉的"集体行动"。但客观而言，新冠肺炎疫情及其应对所强调或彰显的却更多是"集体行动的绝对优先性"。一方面，面对突发疫情这一重大公共健康安全事件，党和政府理所当然地承担起了强力维护社会秩序、统筹调配物质人力资源、最大限度保障公民健康安全的全面领导责任；另一方面，在社会和基层社区层面上，虽然也有大量的社群和个体自主性抗疫参与行动，但最重要的则是全体市民（公民）主动遵守配合围绕疫情防控需要所制定的各种制度规定。这其中，最具根本性的是党和政府与最广大人民群众

---

① 参见郇庆治：《充分发挥党和政府引领作用 大力推进我国生态文明建设》，《绿色中国》，2018 年第 9 期。

之间的利益一致性和高度互信，而事实也充分证明，这种"准战时体制"对于应对新冠肺炎疫情这样的高风险突发事件是必要的和有效的。就此而言，这一极端性事件对于检验和推进我国公共治理体系和治理能力的现代化是大有裨益的，①但也必须看到，它对于巩固与扩大我国社会主义生态文明建设的"人民主体地位"的借鉴参考价值是有条件的，甚或是双重性的。尤其是在极端和暂时情形下，无论是党和政府的总体上高效负责的应急管理体制与能力，还是绝大多数人民群众的担当、合作与牺牲精神，都并不能取代全社会需要通过更加努力的长期性付出和改变，来逐渐创造一种资源节约与生态环境友好的社会主义生产和生活，而绝非仅仅是如何改变少数经济富裕却具有不良消费嗜好社群的观念与行为的问题。

其二，社会主义生态文明及其建设的经济基础拓展问题。依据唯物史观，不言而喻的是，社会主义生态文明的未来图景离不开一种社会主义生态文明经济的基础性支撑。而就我国的现实实践而言，这样一种生态文明经济基础的创建和中国特色社会主义制度框架的不断完善是一个相互依赖、彼此促进的动态过程。也就是说，无论是过去全面建设"小康社会"，还是进入新时代的全面建设"社会主义现代化国家"，都是在中国特色社会主义现代化发展的话语与政策框架下展开的，也是生态环境保护治理或生态文明建设意涵在其中占有日益重要的分量的过程。依此而言，社会主义生态文明建设其实就是中国特色社会主义从初级阶段向中高级阶段跃迁的一种"红绿"自我转型。② 对此，党的十九大报告从社会主要矛盾的阶段性变化视角所作的关于社会主义生态文明建设重要性的阐述，是十分正确而深刻的。

---

① 参见俞可平：《新冠肺炎危机对国家治理和全球治理的影响》，《天津社会科学》，2020 年第 4 期。

② 参见郇庆治：《前瞻 2020：生态文明视野下的全面小康》，《人民论坛·学术前沿》，2016 年第 18 期。

尤其需要强调的是,社会主义生态文明视域下的"绿色经济"必须同时是符合或趋近社会主义政治和生态可持续性原则的。但客观地说,新冠肺炎疫情及其应对所强调或凸显的更多是我国改革开放以来积累构筑起来的强大经济实力和完整工业体系。基于此,一方面,党和政府可以作出更容易得到公众理解与支持的断然性应对举措;另一方面,这一经济体系可以在相对不利的国内外环境下保持较强的抗挫韧性和自我调整能力,并保持国际社会的信心。因而可以认为,来之不易的抗疫成果在很大程度上是对我国社会主义现代化经济发展政策及其成就的验证。但也必须承认,这一巨大成功对于构建和拓展我国社会主义生态文明建设的经济基础的借鉴参考价值同样是有条件的,甚或是双重性的。这里的最大挑战还不是如何确保(促进)社会主义政治与文化对于这样一个庞然大物式的经济实体的"红色规约",而是如何继续努力直至实现对现实中的各种绿色经济样态及其运行机制的"真实绿化"。换言之,即便在大力推进社会主义生态文明建设的话语与政策背景下,"经济生态化"和"生态经济化"也并不必然会呈现为一种社会主义的生态文明经济或经济社会发展的全面绿色转型。

综上所述,社会主义生态文明理论及其研究,绝不仅仅意指马克思恩格斯的人与自然关系或生态思想的文本诠释或再阐释,更在于结合时代条件对于合乎生态可持续性原则的社会主义价值理念与制度构想的持续推进,而那些发生于特殊时间节点的重大事件往往会扮演一种"临门一脚"的助推者角色。依此而言,新冠肺炎疫情及其应对就是这样一个具有形塑社会主义生态文明建设未来潜能的重大事件。

一方面,我们更加清楚地意识到,更多是基于马克思主义生态学或广义的生态马克思主义的关于社会主义生态文明未来愿景的许多理论构想或"常备剧目",与我国的社会主义生态文明建设实践之间其实还存在着显而易见的区别甚或"级差"。这意味着,我们只能从中国特色社会主义现代化发展所处的历史阶段和国际环境出发,来扎实推进社会主义政治与生态可持续性考量的现时代和中国化结合,尤其是不能热衷于那些并不具备现实条件的社会主义和生态主义理念的普遍制度化和过于激进的社会生态转型战略。① 比如,既不能借助社会主义的政治手段或途径来激进引入推动生态主义性质的个体价值观与行为方式变革,也不能用生态主义性质的道德伦理态度与选择来评判甚至绑架社会主义的现实发展政治与政策。

另一方面,我们也更加清醒地认识到,同时基于社会主义政治和生态可持续性考量及其二者有机融合的历史和理论自觉,是社会主义生态文明建设实践切实持续取得成效并最终获得成功的前提性条件。这意味着,经历过这次疫情之后,我们既需要从一种崭新的时代语境和理论视野来思考诸如从安全健康的个体日常生活到合理正当的社会的自然关系、从科学界定的美好生活需要到公平民主的需要社会满足方式、从超大都市上海的不夜城景色到亚马孙森林的生物多样性保持等重大基础性问题,其核心是如何在创造出生态友好与负责的社区、社会与国家的同时,成为地球生命共同体中的合格"公民",②也需要深入思考并主动接纳社会主义与生态主义政治话语和政策在当代中国背景语境下的内在一致性,扎实推进中国特色社会主义生态文明建设。③ 这其中,除了不言而喻意义上的中国共产党作为马克思主义执政党领导下的对于社会主义基本经济社会与文化制度框架的政治坚持及其不断完善,同样重要的是逐渐引导最广大人民群众将人与自然和谐共生的价值伦理观念嵌入对于社会主义美好生活新意象的创造、认同和践行。相应地,"绿色"将逐渐展现为社会主义的突出表征或内在本质,而"红

---

① 参见王雨辰:《构建中国形态的生态文明理论》,《武汉大学学报》(哲社版),2020 年第 6 期。

② 参见王雨辰:《从"支配自然"向敬畏自然,回归——对现代性价值体系和工业文明的反思》,《江汉论坛》,2020 年第 9 期。

③ 参见郇庆治:《生态文明理论及其绿色变革意蕴》,《马克思主义与现实》,2015 年第 5 期。

色"则终将成为生态主义的政治趋向或实践逻辑。

本文已发表在《中国地质大学学报》(社科版)2021 年第 3 期

疫病、生命政治与现代主体的诞生
——从霍布斯到福柯的治理体系

蓝　江[*]

政治往往与正义、权利、政府、治理、政党、效率等概念联系在一起。在传统的政治哲学和政治科学的研究中，政治与疫病的关系一直是现代政治学和政治哲学中被忽视的问题。然而2020年一场突如其来的新冠肺炎疫情席卷全球，当几乎每一个遭受新冠肺炎疫情的国家都不得不动用政治力量来封城甚至封国的时候，人们才发现，疫病与政治的关系竟如此之密切。疫情的发生，迫使我们重新思考我们的生命与政治的关系。实际上，政治自诞生那一刻起就建立在一个假设基础上，即政治治理的是一个个健康个体，他们能够在十分清醒的状态下作出判断，进行理性的选择。

然而尼采在《快乐的科学》里宣称："迄今的一切哲学研究根本与'真理'无涉，而是涉及别的东西，我们称之为健康、未来、发展、权力、生命……"[①]尼采将哲学与人的健康状态联系起来，这与当时他刚刚经历了一场几乎夺走他生命的疾病密切相关。他坚信，在疾病状态下的思考与在健康状态下有着天壤之别。同样，对于政治治理来说，共同体成员的健康状态与共同体的

　＊　蓝江，南京大学哲学系教授。
　①　［德］尼采：《快乐的科学》，黄明嘉译，华东师范大学出版社，2007年，第38页。

治理和安全是密切相关的。试着设想一下,如果罗尔斯是在一个疫病横行的共同体中,他一定会将健康因素引入政治哲学的考量当中。同样,在哈贝马斯的交往行动理论中,两个人类主体之间的主体间性会多出一个他者,即病毒或细菌的存在。正是它们的存在,让人类主体不得不采用与社会隔离(social distancing)的策略。或许,一场疫情也是一个契机,让我们重新反思那些只能在健康生命的共同体的条件下得出的结论的合理性,因为一旦共同体与疫病关联起来,就会赋予我们不一样的思路。

一、《利维坦》里的医生

将医学和政治分开,恰恰是现代学科分类的产物。当我们谈论一部医学作品的时候,很少意识到这些作品与政治的关联。比如,《黄帝内经》是一部医学的典籍,但实际上也涉及大量的圣人教化和治理的中国传统智慧;张仲景的《伤寒论》和王叔和的《脉经》,也经常将身体的五脏六腑、六脉十二经,与家国天下的格局和平衡作类比,人体的健康与齐家治国平天下有着同构关系。对于西方政治来说,疫病与现代政治的诞生也有着密切的关联。尤其是作为现代自由主义政治理论之起源的霍布斯的理论,实际上与横行欧洲几个世纪的黑死病(Black Death)有着密切关系。正如阿尔弗雷德·G.基里利亚和戴兰·D.林奇指出的:"与2001年911恐怖袭击之类的现代灾难不同,黑死病并没有在共同动机或目的之下联合一个民族或一个共同体。事实上,黑死病完全相反,它对欧洲产生了颠覆的影响,并成为了霍布斯自然状态的朦胧的原型。"①按照基里利亚和林奇的说法,现代政治思想的起源不仅仅是文艺复兴和启蒙,也有一个根本的生命政治的因素,即黑死病。在

---

① Aflred G. Kililea, Dylan D. Lynch, *Confronting Death: College Students on the Community of Mortals*, Bloomington: Indiana University Press, 2013, p.223.

阅读《利维坦》这部政治哲学的经典著作时，我们不难发现，霍布斯的笔触中带有很多与疫病相关的痕迹，我们可以依循着这些或隐或现的痕迹来阅读这本影响了后来自由主义政治传统的著作，探索后来被称为生命政治学的原初线索。

和尼采的《快乐的科学》一样，霍布斯的《利维坦》也是一本在疾病期间完成的著作。有人记述道："按照 17 世纪的标准，他已经是一位风烛残年的老人，他感觉自己活不了太久——在 17 世纪 40 年代末期，他身染重病——尽管事实上此后他又活了 28 年。"①盖伦·纽威在介绍霍布斯的著作中，谈到他写作《利维坦》时期身染重病，并不纯粹是告诉我们霍布斯以极大的恒心和毅力完成了这部不朽的著作，而且在强调，一个在身患疾病时期写作的思想家，会有一些不同于健康状态下的思考，而这种思考直接体现在了《利维坦》及在同时期出版的《论公民》之中。疾病让霍布斯更有可能从病态的身体出发来思考政治哲学的问题。

不仅如此，另一部关于霍布斯的传记给出了他写作《利维坦》的另一条线索，即他不仅仅是一位纯粹的哲学家和政治思想家，在医学上和解剖学上也颇有建树。马蒂尼奇谈道："约翰·派尔博士于 1645 年把威廉·佩蒂引荐给霍布斯。他们很快就彼此喜欢上对方。他们是忘年之交——佩蒂当时大约 20 岁，而霍布斯则快 60 岁了。佩蒂是个学医学的学生，他很喜欢和霍布斯一起读比利时著名的解剖学家安德烈亚斯·维塞利乌斯的作品。霍布斯之所以对解剖学也有兴趣，是因为他想对世界作出一个完整的科学解释。所以，他需要了解感觉的机理，包括搞明白究竟是大脑还是心脏在产生感觉。由于简单的解剖书不足以解决问题，霍布斯就和佩蒂一起动手做解

---

① Glen Newey, *Hobbes' Leviathan*, London: Routledge, 2008, pp. 29 - 30.

剖。"①从这个角度来看,霍布斯对当时欧洲医学和解剖学知识是十分熟悉的,这个时期也正是他创作《利维坦》的时期。霍布斯有意无意地将他在医学和解剖学上的心得融入《利维坦》之中。

在《利维坦》中,医学和政治最显著的关联体现在霍布斯自己设计的封面之上(图1)。这张由霍布斯亲自手绘的封面,以往政治学者们往往关注的是利维坦的身体的构成,即在图的中心有一个由诸多个体构成的利维坦的身体,这是一个由契约构成的悬浮在空中的身体,意味着这种身体[代表着由人为契约构成的新的国家(commonwealth)]并非自然的,而是一种人为的产物。但是如果仔细端详这幅图,还有一个经常被人们所忽略的细节——在巨大的利维坦身体的下方,有一座不太起眼的城池。按照德国法学家卡尔·施米特的说法,霍布斯所处的时代是一个象征主义占据主流的时代,在这样的时代里,霍布斯所绘制的封面,不可能出现一个无意义的城池,所以施米特认为:"在(利维坦)的图像背后隐藏着一个更深刻,也更神秘的意义。就像他那个时代所有的伟大思想家一样,霍布斯拥有一个隐微幕布之下的意义。"②那么这个城池究竟意味着什么? 为了回答这个问题,我们需要认真考察一下《利维坦》的封面。显然,这个位于利维坦身体之下的城池,除了寥寥零星的几个人物之外,几乎是一座空城。为什么是空城? 因为臣民已经被订立的契约整合到新生的利维坦的身体里去了,而残留在城市里的只有空荡荡的建筑,以及零星的人物。我们可以在这里发现一个有趣的问题,如果说绝大多数城市的居民已经变成了利维坦的身体,那么为什么在城池中还残留少许人呢? 从《利维坦》一书展现的结论来看,我们只能推断:这些没有出现在利维坦身体上,反而残留在城池之中的人是契约之外的人物,他们

① [美]A. P. 马蒂尼奇:《霍布斯传》,陈玉明译,上海人民出版社,2007 年,第 226~227 页。

② Carl Schmitt, *The Leviathan in the State Theory of Thomas Hobbes: Meaning and Failure of a Political Symbol*, Westport: Greenwood Press, 1996, p.26.

的存在与其他订立契约加入利维坦身体之中的人物的性质不同,他们有着
不同于常人的使命。

图1 《利维坦》封面

那么留在空荡荡的城市里的人究竟是一些什么人? 显然,《利维坦》的
封面经过了精心设计,我们可以将全图分为左右两边:图左边的手上拿的是
剑,对应的是世俗君主的权力;图右边的手上所拿的是权杖,代表着神圣权
力。封面左右的区分,在设计上对应了中世纪的神圣与世俗二分,即"恺撒
的当归恺撒,上帝的当归上帝"的二元逻辑。在左边下面的图中,对应的全
部都是世俗权力的象征,如城堡、王冠、大炮、武器和战争,而在图的右边,对
应的都是神圣权力,如教堂、法冠、霹雳、权杖、宗教审判等。那座空荡荡的
城池,跨越了左右两边。实际上,在霍布斯的设定中,也蕴含了与封面主体
的左右二分的格局。在城池的最左边,是一座军营(它也代表着世俗权力),
因而出现在军营周围的几个零星的人物的身份并没有太大悬念,他们是士

兵,正在操练。不难理解,士兵是一种防御的必要存在,任何城邦和国家,都必须存在着防御外来入侵的武装力量。如果出现在城池中的人物代表着在契约关系之外的存在,那么意味着军队是超契约的绝对权力的存在物。霍布斯在《利维坦》中的论述也证实了这一点:"因为保卫臣民的力量在于他们的军队,而军队的力量则在于把大家的力量统一于一个指挥之下。这种指挥是主权者制定的,于是便也为主权者所拥有;因为国民军指挥权,无需其他制度规定,就可以使具有者成为主权者。"①

不过,这幅封面画最为奇怪的地方在于,在这个几乎空荡荡的城池中,除了必要的武装军队之外,还有两个人物。这两个人物出现在画面的中右方,在一个教堂的左边。曾经有学者指出,与军队相对应,这两个人物应该是教士,代表着神圣权力。但是很快有人提出了反对意见,如果是教士,他们不应该在教堂之外,而是应该留在教堂里,因为只有教堂之内才是神圣的国度。对于出现在教堂前的两个人物,直到20世纪出现了高倍图像放大技术之后,才解开了他们神秘的面纱。德国女历史学家弗朗塞斯卡·法尔克在将封面画放大数倍之后,发现了这两个人物的显著特征,这两个人没有带法冠或僧帽,而是佩戴了一副长长的面具。由于法尔克熟悉中世纪晚期医疗史,尤其是黑死病时期的历史,她十分敏锐地认出了这是那个时期专属于医生的独特标志——鸟喙面具,②因为中世纪时,黑死病横行欧洲,当时的医生为了避免感染,身穿泡过蜡的亚麻或帆布衫,头顶戴着黑帽,戴上可过滤空气、状如鸟嘴般的面具。鸟喙面具常为银制,中空部位塞入药草用以过滤空气。久而久之,银制鸟喙面具就成为医师的象征。根据这个特征,出现在城池中间偏右的两个人物毫无疑问是医生。

---

① [英]霍布斯:《利维坦》,黎思复、黎廷弼译,商务印书馆,1985年,第138页。

② See Francesca Falk, *Eine gestische Geschichte der Grenze, Wie der Liberalismus an der Grenze an seine Grenzen kommt*, Pa – derborn: Wilhelm Fink, 2011, p.73.

那么问题在于，为什么在契约订立的利维坦之外出现了医生？如果说军队的任务是防御和防止内乱，从而必须授予主权者在议会或契约制度之外的特殊权力，那么医生呢？医生何以成为在正常制度之外的存在？在《利维坦》中，霍布斯并没有给出明确的回答，但是他通过一系列比喻说明了医生的政治价值。在这个时期，处于疾病中的霍布斯明确地感觉到，由契约订立的公民组成的利维坦不可能永葆健康，它可能陷入疾病当中。霍布斯说："在国家的缺陷中，我首先要举出的是按约建立的过程不完善所造成的那一些，他们和人类天生躯体上先天不足所造成的疾病相类似。"①在表面上，霍布斯是在人类身体的疾病与国家的致弱的因素之间作了一个简单的类比，但如果深入考察一下就会发现，霍布斯的类比背后蕴含着一种现代国家治理的问题。例如，他将"战争来临时，难以筹款"比作"疟疾"，"在这种病症中，肌肉部分凝结、或被毒物堵塞，于是静脉管循着自然过程向心脏放空血液之后，便不能像应有的情形一样从动脉管得到供应"②。在这种情况下，主权者"不得不以暴力打开目前供应的道路，否则就要灭亡"③。由此可见，霍布斯设定了一种"国家医学"。如果说现代医学的科学性建立在一种有机的组织和器官的组合上，那么霍布斯的"国家医学"旨在建立国家的解剖学和器官学，让主权者可以像医生一样，采用强力的治疗手段让国家的机体恢复正常。

这也部分解释了为什么在霍布斯眼中，医生和军队一样，成为超公民社会的存在物。外部入侵和内部的紊乱都需要一种悬置常规公民社会的特殊力量，让权力从常规权力转化为特殊时期（包括战争和内乱）的绝对权力，主权者有权力悬搁常规秩序，从而进入一种由绝对权力直接干预的例外状态。军队用来抵御外敌，而医生用于治理内乱，它们的功能都在于让国家的机体

---

① ［英］霍布斯：《利维坦》，黎思复、黎廷弼译，商务印书馆，1985 年，第 250 页。
②③ 同上，第 258 页。

从紊乱恢复正常。这样,《利维坦》中的医生代表着对内的绝对权力,正如暴发疫情时,各个国家(无论何种制度)采取的封城和社会隔离措施就是一种悬置日常生活权利的绝对权力。在这个意义上,对疫病的思考,让霍布斯从医学上为现代国家治理奠定了理论上的准备。也就是说,在常规的公民社会秩序之外,霍布斯留下了两个契约之外的保障:军队和医生。《利维坦》中的医学上的隐喻,不仅仅让医生的形象与现代国家治理联系了起来,也让医生具有了前现代社会所不具有的特殊权威——他们是让紊乱的社会秩序恢复正常的必备力量。

二、巴斯德与卫生主体的形成

如果说霍布斯为医学和政治相结合的生命政治奠定了理论上的准备,那么巴斯特的发现则为现代社会中医学知识与政治权力的结合提供了实践上的条件。

在单纯的生物学史和医学史上,巴斯德的名字并不响亮。相对于发现细胞的罗伯特·虎克,以及提出进化论思想的达尔文,巴斯德在生物学上的成就并不是那么显著。虎克的细胞学说的确为现代生物学奠定了良好的基础,而进化论被马克思称为19世纪的三大科学发现之一。同处于19世纪的巴斯德,仅仅被视为微生物学的创始人,他提出的细菌学说和微生物学只是在生物学科学的洪流之中开辟了一个细微的分支。然而对于日常生活的每一个人来说,我们都无法忽视巴斯德所带来的影响。今天我们回到家中会用肥皂或洗手液洗手,因为我们知道,在外边我们的手触摸了不同的东西,手上会沾染外边的细菌或病毒。在厨房里,我们会用消毒液来消毒,避免食物沾染了微生物而在食用后造成不适。今天我们知道,像流感、天花、痢疾等疾病并不是邪灵作祟,不是神的惩罚,也不是身体的体液的不平衡,而是细菌或病毒等微生物造成的感染。的确,巴斯德改变了一个时代,他的细菌学说直接塑造了现代人的生活方式。他创立了微生物学，也改变了所有人的生活习惯。正如法国科学社会学家布鲁诺·拉图尔指出的：

> 没有一个时代像巴斯德的时代一样，为同代所立功业之多，让你们每天都欢迎晨曦的到来。不是每个人都能成为一个时代，都能把名字挂在法国城乡的大街上，都能禁止人随意吐痰，促使人们挖建排污系统，接种疫苗，开启血清疗法等等。他，巴斯德，单凭一己之力，或至少，凭借他的思想的力量，就完成了这一切。①

可以说，巴斯德之前的时代和巴斯德之后的时代是两个截然不同的时代。其实，巴斯德的贡献并不仅仅是为现代生物学和医学的发展带来了微生物学的新领域，而且在于他的发现产生了巨大的社会和政治效应。所以在某些人看来，与其说巴斯德带来了一场生物学或科学的革命，不如说他所带来的是一场社会革命，其价值和意义甚至不亚于 1789 年的大革命。

巴斯德究竟带来了什么样的社会变革？为了解释这个问题，我们必须了解在巴斯德之前的医生是如何理解疾病的。路易斯·罗宾斯在为巴斯德撰写的传记中提到此前医生对疾病的看法："19 世纪中叶的大多数欧洲医生认为，疾病是内部失衡和不健康的外部条件共同导致的。……这些医生认为，疾病的原因是遗传特征或个人习惯，如喜欢酗酒或营养不良造成的。"② 也就是说，在那个时代，医生给人看病，更看重的是个人性因素，比如个人生理平衡和习惯。这样，医生更多的是替染病的病人进行事后调理，让其身体

---

① ［法］布鲁诺·拉图尔：《巴斯德的实验室》，伍啟鸿、陈荣泰译，群学出版有限公司，2016 年，第 45 页。

② Louise Robbins, *Louis Pasteur: And the Hidden World of Microbes*, Oxford: Oxford University Press, 2001, p.70.

机能恢复平衡。

与这些医生的看法相反,巴斯德觉得大多数疾病是由一些肉眼看不到、无色无味的微生物所导致的。因此,对病人的治疗,与其说是要帮助病人恢复身体器官和血液循环上的平衡,不如说是在人体内消除这些微生物带来的致病因素。这也是后来一些在医学上被广泛使用的青霉素、阿莫西林等药物的主要原理——抗菌,而不是针对器官和血液循环发挥作用。不过,巴斯德更重要的贡献并不在于治疗,对于那些坚信巴斯德微生物理论的医生和生物学家来说,他们从中衍生出一个结论,即如果造成疾病的是细菌或病毒等微生物,那么与其在生病之后去用杀菌或杀病毒的药物来治疗,不如从一开始就让人们去规避微生物带来的风险,让人们远离那些可以给他们带来细菌和病毒感染的因素。这样,在巴斯德的细菌学说的影响下,之前更重视事后的药物和生理治疗的医学,转向了事先的防疫学。防疫学的理念不仅仅在于防堵,而且还在于卫生习惯的培养和卫生环境的塑造。换言之,我们对生活环境进行改造,改善卫生的环境和生活习惯,可以让人们远离细菌或病毒的影响,从而减少大规模疫病的出现,保障绝大多数人的健康。具体来说,这些措施包括:

(一)卫生习惯的养成

巴斯德的研究从一开始就指向了最容易滋生细菌等微生物的环境,比如在 19 世纪的巴黎,仍然有人在街道上大小便,随地吐痰,直接饮用没有经过消毒的水或牛奶,这些显然是造成疫病的重要原因。巴斯德派的学者将人的痰液放在显微镜下观察,发现了大量的细菌,而这些细菌会进一步在空气中传播,致使更多人感染,如痰液是肺结核传播的最重要的途径。因此,如果不能在人们的生活环境中祛除这些污浊物,就很难避免更多的人受到这些传染性疾病的影响。不过巴斯德派的研究并没有停留在纯粹医学上,而是在找到疾病流行的根源(微生物)之后,立刻向法国政府建言,要求规范人们的卫生习惯。在这个方面,巴斯德学派的医生积极地创作了一些宣传画,如不要随地吐痰,每周至少洗一次澡,保持睡眠环境的通风,经常到野外去呼吸新鲜空气,等等。① 值得注意的是,巴斯德学派的这些建议并不是单纯的倡议,他们上书法国政府,要求利用公共权力来进行配合,规范人们的卫生习惯。当时的法国皇帝拿破仑三世积极响应了巴斯德学派的建议,并用警察和其他公共手段来规范人们的行为。例如,在一幅"不准随地吐痰"的宣传画中,正中间是两个小男孩,一个小男孩正在向地上吐痰,而画的后方有一名警察,手里拿着警棍,朝着吐痰的男孩走过来。由此可见,19 世纪中期的法国卫生习惯的养成,是在巴斯德派建议和公共权力施压的双重作用下形成的,巴斯德派让人们感受到,"疾病不再是个人的不幸,而是公共秩序的危害。在舞台的正中央,一直以来只有医生和病人,但就像童谣一样,微生物、微生物的揭露者、卫生专家、市长、消毒机关,以及督察员忽然蜂拥而至,一同追击微生物。巴斯德派重新界定了社会成员,从而促成了权力的大调动,就像大地震一样,颠覆了众多行为者,医生的角色也完全翻转了"②。如果借用后来福柯的话来说,这就是一种现代规训主体的生成。不过,与传统政治哲学理解不同的是,这种现代主体既不是出自理性启蒙的内在力量的启迪,也不是源于功利算计的工具理性,而是一种很简单的理由:规避微生物,不染疾病。对疾病的害怕和担忧成为规范人们行为最重要的动力,在这个意义上,人们最原初的生存本能发挥了作用,如果希望在这个社会中更长久地活下去,就得保持卫生的环境,养成卫生的习惯,将自己生产为卫生主体。疫病的达摩克利斯之剑在威胁着人们的生理健康的同时,也积极地塑造着现代文明的规范主体。

---

① See Bruno Latour, *Pasteur*: *une Science*, *un Style*, *un Siècle*, Paris: Perrin, 1994, pp. 136 – 137.

② [法]布鲁诺·拉图尔:《巴斯德的实验室》,伍啟鸿、陈荣泰译,群学出版有限公司,2016 年,第 269 ~ 270 页。

（二）城市设计和排污系统的兴建

在德国作家聚斯金德的小说《香水》里，巴黎是一座很臭的城市。他写道："巴黎嘴臭，因为巴黎是最大的城市。而在巴黎市内，又有一个地方，即在弗尔大街和铸铁厂大街之间，也就是圣婴公墓，那里奇臭无比，简直像地狱一样臭。"①这就是巴斯德之前的巴黎，也是从中世纪到 19 世纪早期的巴黎，当时的巴黎街道并不笔直，尤其下层人居住的地方，街道弯弯曲曲，到处充满着屎溺和腥臭味，污水横流。在这样的环境中，经常会暴发一些疫病，让大量的人病倒甚至死去。这也是后来拿破仑三世时期的奥斯曼改造巴黎的一个重要原因。奥斯曼的巴黎改造除了体现拿破仑三世治下的法兰西帝国的无上荣耀和繁华，更重要的是对巴黎城进行有效的治理。治理要求帝国的治理权力具有穿透城市的效力，用奥斯曼自己的话说："我们将开辟新的道路，并且改善人口密集地区的空气和光线缺乏的问题，我们要让阳光照射到全城的每个角落。"②不过，对于巴斯德派的医生和生物学家来说，巴黎城的改造还有另一层意义，例如，他们关心"该如何设计下水道，才能让水流、排泄物和微生物以不同的方式流转？才能让下水道排污，而不污染？"③在经奥斯曼改造后的巴黎，大规模扩大的下水道的建设让原来淤着于城市街道上的屎溺和污水可以通过宽大的下水道系统排放到塞纳河中去。另外，巴斯德派的医生坚持认为，保持空气流动和通风是祛除空气中的病菌和其他微生物的有效方式。在城市的设计上，他们更倾向于笔直宽阔的街道，这种笔直宽阔的街道有利于通风。福柯后来也注意到："首先是要开辟若干条穿越城市的线路和足够宽的街道来确保……卫生、通风，打开各种口袋，

---

① ［德］聚斯金德：《香水》，李清华译，上海译文出版社，2001 年，第 2 页。

② ［美］大卫·哈维：《巴黎城记：现代性之都的诞生》，黄煜文译，广西师范大学出版社，2010 年，第 116 页。

③ ［法］布鲁诺·拉图尔：《巴斯德的实验室》，伍启鸿、陈荣泰译，群学出版有限公司，2016 年，第 207 页。

让那些人口居住过于拥挤密集的角落里汇聚的致病瘴气散发出去。"①巴黎的城市改造和下水道的建设是巴斯德派和政治权力的一次通力合作的产物。正是巴斯德派的医学专家关于细菌和其他微生物的警告，让他们获得了直接与公权力合作的可能性。巴斯德派的卫生专家"创造了一种崭新的政治权力，这是前所未有的"②。

这样，巴斯德及其追随者们实际上实现了两个不同层面的改造。一方面，他们以规范的方式养成了现代人的卫生习惯，这是一种内在的塑造，是一种现代卫生主体的生产机制，让主体以自主的生活习惯来规避与微生物接触的风险。另一方面，他们的卫生防疫的建议，直接触动了当时的拿破仑三世政府。政府出于治理的需求，积极配合卫生专家改造城市，无论是在奥斯曼的巴黎改造计划中，还是后来陆陆续续对巴黎城市规划的制定和排污系统的建设中，都可以看到巴斯德派的医学和卫生专家的身影。但是无论是个人卫生习惯的养成，还是城市环境的改造，其中最重要的目的都是实现对国家和城市的治理，保障其主要人口的健康和安全。在这个意义上，政府的治理者必须与卫生防疫专家结盟，《利维坦》封面上的医生从象征主义的画像走向了现实，他们参与治理恰恰是霍布斯所赋予医生的特殊治理职能：实现对内治理的绝对权力。换句话说，卫生防疫专家进入政治权力当中，并不是因为他们的个人魅力和政治品格，恰恰相反，他们是一种现代性知识体系的代表，尤其代表着卫生防疫和总体健康安全，也是科学定律和治理规则的象征。一旦医生和卫生防疫专家与政治权力相结合，我们就可以看到，后来被福柯称为"生命权力"和生命政治的治理技术，已经在巴斯德派医生的推动下产生了。他们用规范塑造了现代卫生主体，让处于现代治理之下的每

---

① ［法］福柯：《安全、领土与人口》，钱翰、陈晓径译，上海人民出版社，2010 年，第 14 页。

② ［法］布鲁诺·拉图尔：《巴斯德的实验室》，伍啟鸿、陈荣泰译，群学出版有限公司，2016 年，第 127 页。

一个个体不得不关注自己的生理性健康,不得不约束和规范自己的行为,从而为整体的治理创造条件。现代城市规划和排污系统的建设,实际上为这种现代卫生主体创造了有利的环境,现代卫生主体与这种整齐划一的将洁净的街区与污浊的排污系统分开的现代城市环境密不可分。同时,这种健康的城市环境进一步塑造了现代卫生主体,让他们认为自己天然地就属于这样的环境。这就是现代生命政治的奥秘,而巴斯德在微生物学上的发现,在生物学上仅仅是一小步,但在现代生命政治的治理技术上却是一大步。

三、从隔离到规训:规范主体与惩罚的社会

不过,拉图尔对巴斯德的发现还有另一个十分有趣的解读,在他的《重新凝聚社会:行动者网络理论导论》中,他提到了一个特别的现象:"突然间,巴斯德自己的细菌似乎通过传染病的新追踪剂,解释了在法兰西第二帝国期间'社会关联'的大致意义,即染病的人与没有染病的人之间基本上不能构成像富人和穷人一样的社会团结。"①拉图尔十分敏锐地观察到,在巴斯德发现了微生物才是致病的根源之后,传统的社会划分已经发生了偏移。尽管那些传统的划分社会的方式仍然存在,例如穷人与富人之间的划分,但是在疫病面前,这种划分已经变得不太重要。试想,具有攻击性的微生物,并不会遵守人类社会既定的法则,换句话说,病毒和细菌并不认识国籍、性别、种族、民族、阶级,它不会分辨谁是高贵之人,谁是贫贱之人,谁是圣贤君子,谁是宵小之辈。在传染性的微生物面前只有一个分别,即感染者和未感染者的区别,或者说,异常者和正常人之间的区别。拉图尔的这个说法,带来了一个更为根本的政治哲学问题。在以往的政治哲学中,我们往往会从性别、种族、民族、

---

① Bruno Latour, *Reassembling the Social: An Introduction to Actor - Network - Theory*, Oxford University Press, 2005, p.107.

国籍、阶级等来审视不同的对象，所谓的公正社会就是充分考察到不同政治身份的多元主张和欲求，从而产生一个公正的决定。但是这种政治哲学的基础是建立在无论什么身份，所有的人都是健康的这一假定之上的。于是，现代政治社会有一个更为根本的政治基础，我们可以称之为生命政治基础。一言以蔽之，以往政治哲学讨论的不同身份（性别、种族、民族、国籍、阶级等）之间的区别，都建立在一个更为根本的区别之上，即正常人和异常者的区别之上。在一般状况下，政治哲学仅仅表现为正常人之间的多元诉求和主张，以及他们之间的权利分配。但是在诸如疫情之类的例外状态下，常规状态下的政治诉求和主张会被立即悬置，转而指向另一个更为根本的区别：正常人和异常者的区别。譬如，在传染性疫病的情况下，首要的指标就是感染者（包括携带病毒的无症状者）和未感染者之间的区别。从政治治理的角度来看，为了保障绝大多数健康的未感染者的安全，政治权力发挥作用的方式就是通过强制手段，将具有威胁的感染者当作不正常的人加以隔离。

如果说在日常状态下，处于较低地位的性别、阶级、种族仍然能通过合法的诉求渠道来主张自己的权利的话，那么在疫病之类的例外状态下，这种权利早已被悬置。如1915年纽约的"伤寒玛丽"的案例，"伤寒玛丽"玛丽·马尔伦是一位携菌的无症状者，但是为了确保纽约市的整体安全，人们都同意在不顾玛丽的基本权利的基础上，将她隔离。普利西拉·瓦尔德评价说："马尔伦的病况包含和吸收了她的社会地位——阶级、性别及民族状况，它们比她对监禁的具体抵抗更为重要。这些情况证明了阐发新的社会和医学范畴过程中的多种决定因素，显示了决定带菌者的治疗乃至再现和赋予更多含义过程中的医学和法律的既成制度。"[①]在瓦尔德的这段话中，最关键的问题在于，在伤寒病流行的问题上，玛丽·马尔伦的阶级、性别、民族属性已

---

① 王逢振主编：《"怪异"理论》，天津社会科学院出版社，2000年，第24~25页。

经不再重要,唯一重要的是她是一位携菌者,是一个"不正常"的人,任由这个"不正常"的人自由活动,会给整个纽约市带来巨大的威胁。从治理的整体上来看,唯一有效的方式就是将"伤寒玛丽"隔离起来。通常意义上的权利和正义并不适用于"伤寒玛丽",而隔离"伤寒玛丽"正是为了保障其他正常人的政治权利和社会正义。

"伤寒玛丽"被隔离的地方,恰恰就是福柯思考生命政治的起点。拉图尔看到了巴斯德的微生物学发现带来了一种崭新的政治权力,这种权力就是霍布斯在《利维坦》封面上赋予带鸟喙面具的医生的权力。在 1976 年的法兰西学院的讲座中,福柯也隐晦地提到了霍布斯的《利维坦》。他说:"当法学家说:当人们订立社会契约的时候,也就是说集合起来任命一个君主,赋予君主以针对他们的绝对权力的时候,他们为什么这么做? 他们这么做是因为受到危险或生活需求的逼迫。因此,他们这么做是为了保护他们的生命。正是为了生存,他们才任命一个君主。"①这显然是霍布斯的契约论的观点,正是霍布斯提出人们可以通过订立契约将权利让渡给一个绝对君主。不过,福柯对这种政治哲学的假设并不感兴趣,用他自己的话说就是:"这一切都是政治哲学的讨论,我们可以把它搁置一边。"②福柯马上笔锋一转,谈到了另一个问题。在他看来,重要的不是那个居于统治地位的君主,即利维坦的头颅,而是构成利维坦身体的臣民。福柯认为,在 17—18 世纪,诞生了一种新的权力技术,这种技术不仅仅缔造了一个绝对权力,③也缔造了一种

①② [法]福柯:《必须保卫社会》,钱瀚译,上海人民出版社,1999 年,第 228 页。
③ 值得注意的是,福柯并不将这种绝对权力视为一个人格化的君主。福柯指出,现代社会也是一种绝对权力的体制。他写道:"在政治思想与分析中,人们一直没有砍去国王的脑袋,因此,在权力理论中,人们还是认为有关法律与暴力、合法与非法、意志与自由、国家与君权(即使主权不再作为君主个人所有,而是作为一种集体的存在受到质疑)的问题是重要的。从这些问题出发来思考权力,就是从当今社会特有的一种历史形式——法律的君主制——出发来思考它们。这一法律的君主制是独特的,而且是短暂的。"参见[法]福柯:《性经验史第一卷:认知的意志》,佘碧平译,上海人民出版社,2016 年,第 75 页。

规范,也即按照一种法则将人们区分为正常人和不正常的人,而其中影射的就是巴斯德的微生物学中的感染者和未感染者的区分。易言之,现代社会或者说现代政治哲学假设的前提就是作出类似于感染者和未感染者的区分,在排斥感染者的基础上,建立未感染者的治理范式。在《安全、领土与人口》中,福柯十分明确地指出：

> 最终基于此,它作了一个划分,划分出无能的、不适合服兵役的人。也就是说,以此为基础,它划分出正常的人和不正常的人。规训的规范化就是要首先提出一个模式,一个根据某一目标而确立的最优模式,规训的规范化操作就是要让人和人的举止行为都符合这个模式,正常的人就是可以与这个规范相符合的人,而不正常的人就是无法做到这一点的人。换一种说法,在规训的规范化中,最根本的、首要的,并不是正常的人和不正常的人,而是规范。也就是说,规范是最初确定的,对正常的人和不正常的人的确定和定位只有根据这个规范才有可能。①

福柯这段话的要旨在于,有一个事先存在的规范,这个规范天然地将正常人和不正常的人区别开来。不难看出,福柯的这段文字实际上也指向了疫病问题,在几段话之后,福柯紧接着谈到了流行疾病的问题。他说："流行疾病是由疾病与地域,疾病和特定人群之间的总体关系来界定和描述的。当人们对接种的成功和不成功进行定量分析的时候,当人们计算死亡或传染的各种可能性的时候,流行疾病的特征就不再表现为与地区和环境之间

---

① ［法］福柯：《安全、领土与人口》,钱翰、陈晓径译,上海人民出版社,2010年,第46~47页。

的联系,而是表现为在一个特定时空中人口的案例分布。"①在福柯看来,流行疾病最重要的治理原则就是在染病案例与人口总体之间确定总体关系,这种总体关系可以表述为一种统计图表,即染病病例在总人口中的数量、各个区域染病的案例数和对应的比例。这些统计图表的出现,就是为了将不正常的人(染病案例)从数据上统计出来,并从总体上加以控制。而这样做的时候,每一个体不再是活生生的人,而是人口统计学中的一个数字。于是,疫病不仅仅将人区别为染病病例和正常人,而且也从个体的人变成病例统计的数字,成为现代社会总体控制技术的对象,这种技术有效地将染病者与正常人隔离开来,并在隔离状态中对染病者进行治疗,让其恢复正常,而无法治疗的案例则会像"伤寒玛丽"一样被永久地隔离。

显然,在这里,我们已经触及了福柯生命政治学的一个重要的关节,即隔离并不是最终目的,将不正常的人隔离开来的目的是通过规范让不正常的人能够变成正常人,从而将他们生产为现代的规范主体。在疫病隔离中,生产规范主体的过程就是治疗,这种治疗并不是主体恢复健康,而是无菌。在"伤寒玛丽"的案例中,从个体角度来看,马尔伦是健康的存在,在这个意义上她是正常的。但问题是,她是携菌者,即无症状感染者,她的存在会威胁其他个体的安全。换句话说,唯有当感染者不再具有传染的威胁性的时候,她才能回归社会,进入正常生活状态之中,否则她终身隔离。

实际上,福柯将疫病的区分模式应用到了一些更为根本的社会区别上,例如理性与疯癫、正常人与罪犯之间区别。和传染病的感染者一样,疯人和罪犯同样具有对社会的威胁性,不过,对疫病的感染者的治疗在这里变成了规训技术,即将不正常的人转化为正常人。福柯说:"我们了解托管机制是

---

① [法]福柯:《安全、领土与人口》,钱翰、陈晓径译,上海人民出版社,2010 年,第 46 ~ 47 页。该处译文根据法文原版有所改动,参见 Michel Fou - cault, *Sécurité, territoire, population*: *Cours au Collège de France 1977—1978*, Paris: Gallimard, 2004, p. 66。

怎样把个人固定在生产机制上的：通过强制力和惩罚、学习和处罚从而养成习惯……在社会中定义了个人的社会从属。它制造出某种类似于规范的东西；规范，就是把个人连接在这些生产机构上的工具。"①在这里，福柯已经看到，18世纪的治理技术的独特性在于，它是一种强制性的规范技术，将不合乎规范的个体生产为适宜于现代治理的规范主体，在医学上体现为免疫技术的广泛应用。免疫的意义在于，不断生产出适宜于新的社会规范环境的生理主体，让主体可以在面对新的微生物的环境中活下来。同样，现代社会的规训的意义也在于生产出适宜于现代社会规范的主体。就像巴斯德在塑造出勤洗手、不随地吐痰等良好的卫生习惯的主体的同时，也营造出适宜于这种主体生活的城市卫生环境。也就是说，在巴斯德派那里，卫生主体和现代干净整洁的城市之间存在着不可分割的关系。同样，在福柯这里，主体是一种规训的规范主体，在严格的托管和规训技术之下，将社会既定的规范养成为个体的习惯，让每一个主体将规范视为自然而然的东西(如卫生习惯、性取向、礼貌的行为等)。与此同时，现代社会也生产出适宜于这种规范主体的社会环境，福柯称之为"惩罚的社会"——一种将边沁的全景敞视监狱带入现代城市和生活环境中的社会，让所有的规范主体在全景无死角的监视下，始终保持着规范的行为模式，让自己彻底臣服于社会的控制。

总而言之，福柯为我们展现的是一个高度监控的"惩罚的社会"，这是一个以全景监狱为原型的现代生命政治治理的模式。在这个模式中，一方面将社会中的绝大多数个体生产为规范主体(或巴斯德意义上的卫生主体)，并依附于规训他们的体制；另一方面，这种高度控制的"惩罚的社会"不断地加强监控的能力，尤其在数字技术的配合下，我们可以描绘出每一个主体的数字轨迹，告诉我们这些主体曾经去过哪里，和什么样的人接触，一旦出现

---

① [法]米歇尔·福柯：《惩罚的社会》，陈雪杰译，上海人民出版社，2018年，第304页。

不正常的状况,可在最短时间内加以隔离和管制。这就是疫病与政治相结合产生的生命政治的模式,现代疫病的发生不断加强"惩罚的社会"的绝对权力,让它可以凌驾在一般权力之上,来实施对规范主体的治理。我们看到,《利维坦》封面上那两个不起眼的戴着鸟喙面具的医生,不再是教堂前两个孤立的身影,在今天的疫病和生命政治的治理中正在变成无所不在的"幽灵"。

本文已发表在《求是学刊》2020 年第 3 期

国外批判视野下的新冠肺炎疫情与资本主义

焦 佩[*]

2020 年新冠肺炎疫情的全球暴发，资本主义经济、政治、社会和生态的诸多软肋同时呈现，经济上的新自由主义和消费主义无法破解所有制与生产方式之间的矛盾，政治上的自由民主掩盖不了价值的虚幻和治理的低效，进而导致社会不平等普遍存在下的人权差序性和社会分裂性，这些又是生态问题久拖不解的根本原因所在。这些环环相扣的资本主义问题与我国的抗疫实效相比，"再次彰显了中国共产党领导和中国特色社会主义制度的显著优势"[①]。包括法国学者阿兰·巴迪欧、斯洛文尼亚学者斯拉沃热·齐泽克、意大利学者吉奥乔·阿甘本、美国学者大卫·哈维、美国学者朱迪斯·巴特勒、美国共产党主席乔·西姆斯等左翼在内的人士站在批判的角度上，对新冠肺炎疫情与资本主义的关系进行思考，引发了对 21 世纪马克思主义的新思考和新探索。

---

* 焦佩，山东大学马克思主义学院教授。
① 习近平：《在统筹推进新冠肺炎疫情防控和经济社会发展工作部署会议上的讲话》，《人民日报》，2020 年 2 月 24 日。

一、新冠肺炎疫情与资本主义经济

为了实现增值的目的,资本在市场的调节下选择进入某领域,完成生产、交换、分配后决定是否去留,此间循环往复,这是认识资本主义经济结构的关键。在此模式之下,不受约束的资本和没有止境的交换是资本无限膨胀的助力。新自由主义和消费主义即是提供这两大助力的理论基础。包括左翼在内的一些国外人士发现,新冠肺炎疫情放大了资本主义经济体制的缺陷,使资本无限增值的模式陷入困境。

（一）新自由主义的危机

长期以来,在公共卫生领域,关于资本主义国家的政府责任主要有国家主义和自由主义两大流派。国家主义强调政府在公共卫生领域担负主要责任,并可按需扩大权力。自由主义反对政府以公共卫生事件为由扩大权力范围。二战后,在凯恩斯主义的影响下,国家主义一度占据主导地位,20 世纪 70 年代以后开始急转直下,新自由主义逐渐占据上风。70 年代,石油危机促使福利国家进行改革,国家的责任范围大幅收缩。80 年代,拉美国家和东欧转轨国家推行新自由主义经济改革甚至休克疗法,市场的作用被进一步放大。21 世纪以来,发达国家出现产业空心化下的金融危机,新自由主义的弊端显现,它们开始从治理的角度强调国家、市场、社会和个人之间的责任分担,但并未改变新自由主义的底色,甚至某些国家还增加了民族主义和孤立主义的色彩。

国外人士发现,面对新冠肺炎疫情,新自由主义的应对逻辑并无改变。它更关注企业而不是个人在公共危机中的利益,乐于通过税收货币等经济调节手段来刺激企业的抗疫积极性,担心疫情造成的经济危机甚于病患本身。具体看来,他们主要从政府能力、公共卫生水平和个人风险承担范围三个方面,揭示新自由主义对疫情防控的负面影响。

首先,国外人士在批评新自由主义对政府权力限制的同时,削减了它的责任和能力。在他们看来,随着市场逐渐取代政府的各项职能,优秀的人力资源也不再流向政府,有效的行政管理让位于政客对选民的把控。加拿大学者拉获卡·德塞针对英国和美国这两个最主要的新自由主义国家应对新冠肺炎疫情的行动指出:"四十年的新自由主义削弱了国家能力,摧毁了关键机构,并失去了最优秀的人员。在英国和美国,政治阶层都失去了信誉,政治制度也变得混乱不堪,以至于允许彻头彻尾的骗子占据最高的政治职位。这种枯竭的制度如何能够产生政治意愿和国家能力以应对正在发生的危机?"①

其次,国外人士指出新自由主义对公共卫生经费的削减,造成了医疗资源的短缺和分配不公。他们认为,在强调利润优先于人本身的情况下,新自由主义对公共卫生经费多年采取紧缩政策,公立医院的等待时间变长,住院病房和重症室变少,导致疫情之下出现医疗资源总量不足和弱势群体未覆盖的状况。美国学者阿比盖尔·尼利和帕特丽夏·洛佩兹抨击美国近三千万没有医疗保险的人不得不放弃检测和治疗,"这种在保护公众健康和保护经济健康之间的选择,暴露了美国新自由主义逻辑面临的危机:政府开支的缩减和社会福利计划的削减使最脆弱的人最无力应对"②。

最后,国外人士认为新自由主义暴露了资本主义国家的脆弱性,特别是个人承担风险的乏力。他们强调,新自由主义使临时工成为常态,月结、周结甚至日结成为普遍现象,为应对新冠肺炎疫情采取的隔离措施,使这些非正规就业人员更易失去工作。比利时学者瓦莱丽娅·普利尼亚诺和克劳迪娅·玛拉看到新冠肺炎疫情下新自由主义对经济体系的扭曲,指出"没有稳

---

① Radhika Desai, The Unexpected Reckoning: Coronavirus and Capitalism, *Canadian Dimension*, Mar 17, 2020.

② Abigail Neely & Patricia Lopez, Care in the Time of COVID – 19, *Antipode Online*, Apr 4, 2020.

定工作的人最有可能受到这一流行病的威胁。这些不能工作的人（失业者），有工作但不能保证工作时间的人（待命和小时合同工），以及所有低收入的人，大多是移民、妇女和青年，又大多在清洁、招待和零售等受隔离政策影响的行业工作"[①]。

（二）消费主义的危机

消费主义是一种通过树立消费至上的文化价值观来增加社会消费总量，进而推动资本主义生产得以循环并上升的经济理论和实践。它起源于资本主义国家通过刺激消费来提速经济和摆脱危机的实践。马克思在批驳施马尔茨的政治经济学时就已经注意到消费主义，认为它是在谈论"浪费的经济效用"[②]。把消费主义变为大规模现实的是 20 世纪的美国。20 世纪 20 年代，美国在一战后成为世界第一经济强国，百货公司、影剧院和夜总会对普通大众敞开大门，享受当下、及时行乐的消费主义开始在现实中出现。50 年代，美国在二战后成为世界霸权国家，夸张的广告和露骨的杂志放逐着人们的欲望，消费主义开始在欧美蔓延。消费主义赋予消费太多本身之外的意义，消费能力与自由程度挂钩，消费数额与成功程度匹配。

国外人士发现，新冠肺炎疫情导致消费主义支撑的资本增值过程的断裂。一方面，是不能消费造成的断裂。应对疫情采取的隔离政策，阻断了与旅游观光、酒吧夜店、餐饮酒店等相关的消费行为，航空公司、客运公司、景区酒店、主题公园、美容健身、剧院影院等行业资本沉没、濒临破产。另一方面，是无力消费造成的断裂。服务和文化产业在新冠肺炎疫情的冲击下开始裁员，而从事这些产业的劳动者又大都是临时工，本来就没有多少积蓄的失业人群在病毒和面包之间艰难抉择。有经济学家期待疫情过后的补偿性

①　Valeria Pulignano& Claudia Marà, The Coronavirus, Social Bonds and the 'Crisis Society', *Social Europe*, Mar 25, 2020.

②　《马克思恩格斯全集》（第 33 卷），人民出版社，2004 年，第 373 页。

消费能拯救经济,但是在疫情中已经花光仅有积蓄甚至负债累累的民众又怎有能力进行补偿性消费呢? 具体看来,他们主要在消费的价值和影响两个方面反思消费主义作为资本驱动力的缺陷。

首先,国外人士发现新冠肺炎疫情下消费主义赋予消费的额外价值被剥离,消费回归获取使用价值的本意。疫情下的隔离切断了人际交往,蜗居在家的消费无法拿来炫耀,使消费回归本真。英国学者威廉姆·戴维斯指出,新冠肺炎疫情使迎合消费者的灵活生产不再奏效,不可避免地出现消费支出的大量蒸发,使资本主义经济衰退甚至接近战争状态,因为"如果人们不再走出家门,那么货币流通也会逐渐停止"①。同样,意大利学者弗兰克·比弗·贝拉迪在疫情日记里表示,资本主义经济不再被刺激政策激活,必须摆脱经济可以无限增长且必须无限增长的资本主义公理,接受经济停滞是一个长期的状态,习惯节俭和分享,学会将快乐和消费分开。②

其次,国外人士发现隔离措施下的消费被局限在有限的领域之内,消费主义造成的人与人之间和人与自然之间的张力被大幅缓解。暂时的抢购潮过后,各国都出现了社区志愿者和邻里互助组织,捐献物资、减免租金,人与人之间的团结程度增强。英国记者杰克·申克写道:"具有讽刺意味的是,社交距离使我们中的一些人比以往任何时候都更亲近。"③同样,英国学者亚当·夸西一边警告互助是无政府主义理论的核心原则具有局限性,一边认为疫情中的互助不仅可以填补国家责任缺失的空白,而且可以帮助我们重

---

① William Davies, The Last Global Crisis Didn't Change the World, But this One Could, *The Guardian*, Mar 25, 2020.

② See Franco 'Bifo' Berardi, Diary of the Psycho – Deflation, https://www.versobooks.com/blogs/4600 – bifo – diary – of – the – psycho – deflation.

③ Jack Shenker, Cities After Coronavirus: How Covid – 19 Could Radically Alter Urban Life, *Desi Speaks*, Mar 31, 2020.

新思考社会。① 另外,荷兰学者米里亚姆·梅斯纳和费德里科·萨维尼指出,资本主义经济体系将每个人或是看作消费者或是看作竞争对手,然而"在危机时期,人类经济充其量对卫生纸行业有利"②。

总之,新自由主义放任的是资本的权力,削弱的是国家提供公共服务的能力。疫情来临,弱势群体不仅更易失去本来就不稳定的工作,而且更易被追求利润的医疗服务体系排除在外。同样,消费主义异化了人的消费心理和行为,使劳动者囿于资本主义经济模式中,从生产和消费两个层面为资本的不断增值而献身。新冠病毒在切断消费链的同时,引发对资本主义增长模式的反思。这些经济层面的批判为政治、社会和生态批判奠定了基础。

二、新冠肺炎疫情与资本主义政治

自由民主是资本主义政治制度的"光环",美国学者弗朗西斯·福山在冷战结束后抛出的历史终结论将这一"光环"的亮度调到了极致。在晕轮效应之下,直选投票制度、分权制衡制度、地方自治制度、司法独立制度成为救世良方。西方资本主义国家手持此方,到处扮演救世主的角色,而不顾"自由"和"民主"的真谛又在现实中究竟兑现几许,正是"资产阶级口头上标榜自己是民主阶级,而实际上并不如此,它承认原则的正确性,但是从来不在实践中实现这种原则"③。包括左翼在内的一些国外人士发现,新冠肺炎疫情将资本主义掩盖的政治矛盾集中暴露出来,将自由民主送上了风口浪尖。

(一)自由民主价值的虚伪性

自由民主是支撑资本主义政治制度的核心价值,但如果缺少安全、责

---

① See Adam Quarshie, Solidarity in Times of Crisis, https://www. versobooks. com/blogs/4619 – solidarity – in – times – of – crisis.

② Miriam Meissner & Federico Savini, Corona and the Climate: 5 Lessons We Can Lear", https:// planetamateur. com/2020/03/20/corona – and – the – climate – 5 – lessons – we – can – learn/.

③ 《马克思恩格斯全集》(第 10 卷),人民出版社,1998 年,第 692 页。

任、平等、效率、团结、参与等价值的支撑，就只能成为一部分特权阶级享有的奢侈品。具体看来，国外人士主要从自由和民主两个维度来揭露资本主义价值的虚伪性。

第一，国外人士发现资本主义的自由与安全、责任、平等之间存在矛盾。美国学者大卫·拜恩观察到资本主义的自由正在与安全发生矛盾，那些为阻止感染蔓延而采取的措施会破坏自由，但是能够保证民众的健康和安全并尽快恢复工作，对此提出"为了改善包括我们自己在内的每个人的健康、安全、经济和福祉，我们要在多大程度上放弃我们作为个人的权利和自由？"[①]的问题。对此，阿甘本以"赤裸生命"的概念来批评政府针对新冠肺炎疫情的干预措施，认为恐惧正在合理化政府的紧急状态政策，将社会变得除了生存而没有其他价值，这引发了一场围绕生命与自由关系的辩论。[②] 但是阿甘本并没有正确区别新冠肺炎与普通感冒的差异，生命政治学的矛盾和局限被新冠病毒放大，选择"常规"任由新冠肺炎疫情蔓延到"集体免疫"，还是选择"例外"来保护人们的健康和生命，这个显而易见的问题成为辩题。对此，法国学者让-卢克·南希认为新冠肺炎疫情下只有"例外"，自由应该与责任同行。[③] 同样，意大利学者塞尔吉奥·苯汶努托主张更应关注"例外"的"非例外性"，普遍隐居将成为习惯，保持距离才是表达爱意的方式。[④] 另外，美国学者戈登·赫尔反证说，如果将隔离等同于"赤裸生命"，那么正中特朗普的心思，因为这样我们就可以继续出门工作让资产阶级变得更加富有。[⑤]

[①] David Byrne, The World is Changing—So Can We, https://reasonstobecheerful. world/the – world – is – changing – so – can – we/.

[②] See Giorgio Agamben, L'invenzione di un'epidemia, *Quodlibet*, Feb 26, 2020.

[③] See Jean – Luc Nancy, Eccezione Virale, *Antinomie*, Fed 27, 2020.

[④] See Sergio Benvenuto, Benvenuto in Clausura, *Antinomie*, Mar 5, 2020.

[⑤] See Gordon Hull, Why We Are Not Bare Life: What's Wrong with Agamben's Thoughts on Coronavirus, https://www.newappsblog. com/2020/03/why – we – are – not – bare – life – whats – wrong – with – agambens – thoughts – on – coronavirus. html.

第二,国外人士发现资本主义的民主与效率、团结、参与之间存在张力。首先,他们发现资本主义的民主只能解决授权的问题,并不能保证权力的有效行使。美国学者大卫·伦西曼指出,民主政治被看作政党为争取选民支持而进行的竞争,政党和领袖获得权力后如果不能正确有效地使用,选民只有等待下一次选举的到来,但是当疫情让生命岌岌可危时,等待下一次选举显得过于漫长,即便日后政客得到惩罚,他们至多是失业,而许多民众却为此付出了生命。① 其次,他们发现资本主义的民主缺乏团结和参与。英国学者克莉丝汀·贝瑞警示,民主主义正在与新自由主义结合以巩固选举同盟,指出资本主义国家的经济与政治都没有实现权力的下放,缺乏民主参与,危机过后将迎来一个更好时代的想法,这与2008年金融危机时乐观左派的预测一样,是一种危险的、过时的观点。② 最后,资本主义民主正在让位于社会主义的想象。美国学者李·琼斯认为,新冠病毒正在终结资本主义的民主,冷战结束以后资本主义国家的民主就开始崩溃,空洞化的民主观念无法应对新冠病毒,英美两国"在短短一个月的时间里都放弃了数十年来被视为不可改变的政策,转而走上几天前被指责为'社会主义'或'共产主义'的道路"③。

(二)自由民主制度的局限性

提出历史终结论的福山,在新冠肺炎疫情中发表多篇文章反思资本主义制度。他在《决定一个国家对抗新冠病毒能力的因素》一文中认为:"决定政府绩效的关键因素将不是政体的类型,而是国家的能力,尤其是对政府的

---

① See David Runciman, Coronavirus Has Not Suspended Politics – It Has Revealed the Nature of Power, *The Guardian*, Mar 27, 2020.

② See Christine Berry, The COVID – 19 Pandemic Will Change Everything – For Better or Worse, https://www.versobooks.com/blogs/4613 – the – covid – 19 – pandemic – will – change – everything – for – better – or – worse.

③ Lee Jones, Coronavirus Is the End of the End of History, *Tribune*, Mar 25, 2020.

信任程度。"①此后，他发表《流行病与政治秩序：国家的必要性》一文，虽然继续强调资本主义的自由民主制度具有变革和适应的能力，但是不得不承认美国在危机管控中表现不佳，"当危机来袭时，这个国家唯一的不幸是，它的掌舵人是现代史上最无能且最分裂的领导人"②。事实上，这种将责任推给总统个人的说法，本身就暗含让其当选的制度具有局限性的意思。具体看来，国外人士主要从选举和治理两个维度来揭露资本主义政治制度的局限性。

第一，国外人士发现投票选举并不能保证优质领导力的出现。选举是资本主义国家权力的产生方式，由选举产生的社会精英代替民众行使国家权力。这里有一个前提假设，候选人中有胜任的领导，民众能够分辨出候选人的能力高低，并相信当选者能担负起代表的责任，如若不然，民众将通过罢免和下次选举实现权力更迭。然而不断增加的选举费用使参选门槛变高，特朗普胜选、英国脱欧等一系列"黑天鹅事件"又消解了民众理性投票的假设。对此，戴维斯指出，当前的西方自由民主制度正在面临信任缺失的危机，即大众对记者、专家、政治人的公信力不断质疑，怀疑他们是一群希望通过公权来谋取私利的人，转而支持反建制的"新型的英雄式的说真话的人"③。在此脉络下，美国学者史蒂芬·沃尔特用"令人尴尬的惨败"一词来形容美国政府应对新冠肺炎疫情的结果，指出"特朗普更像是一个表演者而不是领导者"，"当面临需要成熟的领导才能解决的突发性复杂问题时，他必然会处理失当，然后推卸责任"。④

---

① Francis Fukuyama, The Thing That Determines a Country's Resistance to the Coronavirus, *The Atlantic*, Mar 30, 2020.

② Francis Fukuyama, The Pandemic and Political Order: It Takes a State, *Foreign Affairs*, July/August, 2020.

③ William Davies, Why We Stopped Trusting Elites, *The Guardian*, Nov 29, 2018.

④ Stephen Walt, The Death of American Competence, *Foreign Policy*, Mar 22, 2020.

第二,国外人士发现权力制衡并不能保证国家治理能力的提高。资本主义的权力制衡只限于精英集团内部,大众对精英集团的牵制却乏善可陈,不仅不能防止权力的滥用,而且会导致效率低下。对此,法国学者马塞尔·戈谢在接受《观点报》采访时表示,西方民主制度具有软弱性和无序性的劣势,社会缺乏凝聚力,从而无法有效应对疫情。① 相反,这种傲慢使他们"习惯拿着放大镜对中国挑毛病"②,拒绝吸取社会主义的抗疫经验。德国学者马吕斯·梅恩霍夫认为正是这种后殖民主义的偏见,将疫情与非自由主义制度的失败强行联系起来,才给西方国家造成巨大损失。③ 另外,权力牵制均衡下的党派竞争和地区竞争导致西方国家的抗疫能力被进一步削弱。美国记者罗纳德·布朗斯坦指出,共和党主张放宽管制恢复经济,民主党主张加强管控并挽救更多弱势群体的生命,这种政策差异只是因为选票来源的不同,共和党的选票主要来自地广人稀的小城镇和乡村,是否管制与感染程度相关性不高,民主党的选票主要来自人口密集的大城市,管控缺失将造成大规模群体感染。④ 同样,美国学者诺姆·乔姆斯基在接受《阻力》媒体的采访时指出,美国的联邦政府和各州政府在抗疫中不是形成合力,而是相互竞争,在州政府遇到抗疫困难时,特朗普只会袖手旁观。⑤

总之,资本主义的自由民主政治只停留在原则的层面,而不考虑是否践行。疫情之下,政府无法切实担负责任、有效保证公民安全时,自由民主就

---

① See Sébastien Le Fol et François - Guillaume Lorrain, Marcel Gauchet:《Avec le Coronavirus, on Redécouvre la Souveraineté》, *Le Point*, Mar 17, 2020.

② 焦佩:《海外习近平新时代中国特色社会主义思想研究:观点比较及其启示》,《探索》,2020年第1期。

③ See Marius Meinhof, Othering the Virus, *Discover Society*, Mar 21, 2020.

④ See Ronald Brownstein, The COVID - 19 Crisis Reveals an Old Divide Between the Parties, *The Atlantic*, Mar 26, 2020.

⑤ See Aaron Maté, Chomsky: COVID - 19 Strikes, Solidarity Can Help Defeat Trump and the Neoliberal Assault, *Pushback*, Apr 29, 2020.

成了低效无能的遮羞布；金钱政治和权力制衡使公民不能通过选举代议的方式来保障自身权利时，自由民主就成了遭受不平等待遇的边缘人群的安慰剂。在不摆脱资本主义经济模式的情况下，追求政治上的自由民主与水中捞月无异。

三、新冠肺炎疫情与资本主义社会

受资本逻辑和市场逻辑支配的资本主义经济体制必然导致两极分化，新自由主义和消费主义却对两极分化乐见其成。两极分化的经济状况导致资本主义社会的不平等，疫情放大了这种社会的不平等。包括左翼在内的一些国外人士对疫情下的资本主义社会的不平等予以猛烈抨击，暴露了资本主义人权的虚伪和社会的撕裂。

（一）人权的差序性

资本主义的人权观重视政治权利忽视生存权利，认为生存权利属于经济范畴，对发展中国家的人权横加指责。然而新冠病毒威胁的不仅是经济范畴的生存和发展，而且是生命能否存续的本身。国外人士发现，新冠病毒看似在传染方面一视同仁，但是蕴含着极端的不平等。具体看来，他们主要从经济和社会的不平等两个方面来揭露资本主义人权的差序性。

第一，国外人士看到经济不平等造成的资本主义人权的差序性。建立全面覆盖的高质量医疗卫生服务体系只在政治家描绘的理想蓝图中存在。事实上，在医疗卫生事业交由市场规则决定的情况下，因贫致死、因病返贫的情况普遍存在，新冠肺炎疫情只是放大了这种危机。首先，是对丧失劳动能力的老人的歧视问题。英国学者马西莫·德·安吉利斯批评因为经济原因而放弃救治老人的行为，"死亡人数最多的是老年人，当医生不得不决定谁可以生存或死亡时，差别就变得尖锐起来，因为医生必须优先考虑仅剩的用于复苏的呼吸机"①。其次,是贫穷歧视问题。美国学者迈克·戴维斯将新冠病毒比喻为怪物,一方面主张免费获得疫苗、抗生素和抗病毒药物应该是一项基本人权,认为"如果市场不能为廉价生产此类药物提供激励,那么政府和非营利组织应该对其生产和分销负责。穷人的生存在任何时候都必须比大型制药公司的利润更重要";另一方面批评西方记者和社会忽视了新冠肺炎疫情对全球穷人带来的危险,特别提醒"新冠病毒可能在非洲和南亚的贫民窟走上一条不同的、更致命的道路",因为"富裕国家和富裕阶层将把重点放在拯救自己之上,而忽视国际团结和医疗援助"。②

第二,国外人士注意到社会不平等造成的资本主义人权的差序性。新冠肺炎疫情下,隔离政策及随之而来的经济停滞和失业增加给资本主义国家带来前所未有的压力,为了转移压力,资本主义国家将健康问题政治化,将疾病和公民的身份联系在一起,通过污名化特定的外部群体来缓解压力。首先,是对华裔甚至是亚裔的种族歧视。英国学者蒂姆·克雷斯韦尔指出,虽然世界卫生组织试图避免使用"武汉"或"中国"的字样来给病毒命名,但是仍不可避免特朗普将它称为"中国病毒",不能避免华裔和亚裔被歧视。③其次,是对移民的排外歧视。比利时学者米妮娅·塔那塞斯库认为,欧洲有将移民看作传播疾病的人的传统,如果生活在欧洲边境肮脏环境中的难民感染了新冠病毒,各国政府一定会进一步收紧边境。④ 最后,是对女性和同性恋等其他群体的歧视。尼利和洛佩兹注意到公共护理的性别问题,感慨"在新冠肺炎疫情暴发期间,构成医疗一线的大多数人都是有色人种妇女,

---

① Massimo De Angelis, The Political Use of Parasites, *Undisciplined Environments*, Mar 31, 2020.

② Mike Davis, The Monster Is Finally at the Door, *Socialist Resurgence*, Mar 12, 2020.

③ See Tim Cresswell, Turbulence and COVID - 19, https://tjcresswell.com/2020/03/21/turbulence - and - covid - 19/.

④ See Mihnea Tanasescu, Viral Political Ecolog, *The Civil Animal*, Mar 10, 2020.

但是其中许多人还生活在该国反移民气候的不确定性中"①。另外，英国学者安吉拉·莱斯特认为，虽然新冠肺炎疫情中女性和同性恋不会被当作女巫而烧死，但仍会受到指责和迫害。②

（二）社会的分裂性

资本主义社会中人权的差序性导致权利和义务的不平衡，"因为它几乎把一切权利赋予一个阶级，另一方面却几乎把一切义务推给另一个阶级"③。针对这种不平等，资本主义社会或是归于个人能力的差异，或是通过社会福利制度来加以缓和，其实不过是不愿意放弃资产阶级的特权。事实上，恩格斯早已指出，对无产阶级而言，"平等应当不仅仅是表面的，不仅仅在国家的领域中实行，它还应当是实际的，还应当在社会的、经济的领域中实行"④。具体看来，国外人士主要从新冠肺炎疫情催生的各种社会运动入手，揭露资本主义社会的分裂性。

第一，国外人士指出新冠肺炎疫情催生大规模反对包括种族歧视在内的社会运动。2020 年 5 月 25 日，美国明尼苏达州一名黑人犯罪嫌疑人遭受白人警察长时间膝盖压迫后死亡，引发美国各地爆发近几十年以来波及范围最广的反对种族歧视的街头抗议和骚乱。表面看来，这是一起暴力执法案件。其实，这与新冠肺炎疫情放大了的美国社会长期以来存在的种族歧视相关。新冠肺炎疫情在美国暴发以后，各地都出现一系列警察和治安维持会成员的杀人事件，封锁和隔离措施并未消除对黑人的压迫，反而是增强了这种压迫，使工人阶级，尤其是黑人成为病毒的最大受害者。美国共产党、美国自由道路社会主义组织、美国世界工人党、美国争取社会主义和解

---

① Abigail Neely, Patricia Lopez, Care in the Time of COVID – 19, *Antipode Online*, Mar 10, 2020.

② See Angela Last, "COVID – 19, 'European Science' and the Plague, *Discover Society*, Mar 24, 2020.

③ 《马克思恩格斯全集》（第 28 卷），人民出版社，2018 年，第 206 页。

④ 《马克思恩格斯全集》（第 26 卷），人民出版社，2014 年，第 112～113 页。

放党都先后发表声明,谴责警察暴行,声援示威游行。美国社会活动家格洛丽亚·鲁巴克发表对休斯敦哈里斯县监狱状况的调查报告,发现黑人囚犯的比例远高于该地区成年黑人的比例,监狱未采取任何隔离措施,每周只发放一个口罩,新冠检测阳性比例超过半数,还有许多囚犯没有得到检测或检测后未被告知结果,保释工作暂停。① 其实,即便可以保释,大多数黑人也没有保释金。

第二,国外人士指出新冠肺炎疫情促使美国左翼运动力量增加。"生产者阶级的解放是不分性别和种族的全人类的解放"②,美国明尼苏达州针对黑人暴力执法引发的反对种族歧视运动不会止步于此,将激发新冠肺炎疫情中各种受压迫群体的各类反抗运动。对此,美国工人运动家汤姆·索托表示:"命令工人重返工作,但却不能治愈由病毒引起的肺炎,而且也没有提供预防接种疫苗,这就等于判处成千上万工人的死刑。许多人的悲伤很可能会变成愤怒,社会政治生活物质条件的变化将成为大众意识变化的先导。"③美国学者伊莲·戈弗雷指出,自2020年3月以来,估计已有1万人加入民主社会主义者分会,目前该组织的成员总数达到约6.6万人。④ 正是美国社会的分裂性使各类受压迫的大众投身社会运动,而特朗普的言行又进一步加剧了这种分裂,因为正是社会分裂才促使他上台,进一步分裂才能对其连选连任有利。因此,西姆斯认为大众必须组织起来,将民主斗争与阶级斗争结合起来,团结起来投身到竞选运动中击败特朗普,将社会的发展方向

---

① See Gloria Rubac,COVID－19 Hot Spot, https://www.workers.org/2020/06/49346/.

② 《马克思恩格斯全集》(第25卷),人民出版社,2001年,第442页。

③ Tom Soto, The COVID－19 Pandemic：A Historic Event That Will Intensify Global Working－Class Struggle, https://www.workers.org/2020/06/49094/.

④ See Elaine Godfrey, Thousands of Americans Have Become Socialists Since March, *The Atlantic*, May 15, 2020.

变得有利于工人阶级和民众。①

总之，在资本主义社会中人人享有权利，却时时处处不平等。财富和社会地位处于弱势的群体不仅感染新冠病毒的危险更大，而且接受检测治疗的机会更小，甚至会成为社会泄愤的替罪羊。对此乐见其成的资本主义国家必然催生社会的分裂和动荡，各种反对歧视的社会运动促进了左翼的联合和影响力的提升。

四、新冠肺炎疫情与资本主义生态

新冠肺炎疫情强制暂停资本主义的经济和社会运作模式后生态环境的好转，暴露了资本主义生态矛盾的不可调和性。新自由主义和消费主义注重效率、提倡浪费，将自然放在无限索取的位置，关注气候变化却不愿意降低经济发展速度，关注生态问题却不愿意降低消费水平，使气候和生态问题变为碳交易和政治秀。包括左翼在内的一些国外人士开始反思资本主义生态问题。

（一）生态问题的原因

新冠肺炎疫情显示，生态环境变化导致新型病毒的频繁出现。在生态问题上，发达的资本主义国家习惯将原因归结为发展中国家对自然的盲目开发，忽视资本主义发展模式造成的根本影响。此次，虽然国外人士还是将发展中国家的城市化和工业化进程看作生态危机的驱动力，但是也开始注意到资本主义制度才是根本原因。具体来看，他们主要从资本主义的增长方式和分配方式两个方面来分析生态问题的原因。

第一，国外人士揭露资本主义增长方式对生态环境的影响。英国学者

① See Joe Sims, From Uprising to Elections and Beyond, https://www.cpusa.org/article/from-uprising-to-elections-and-beyond/.

彼得·琼斯、里克·斯塔福德和马克·马斯林认为,新冠肺炎疫情期间人们已经清晰地看到经济增长放缓和环境问题改善之间的强相关,但是资本主义经济增长方式如果不发生根本变化,疫情过后这种强制性的经济放缓措施也不可能延续,相反考虑到经济复苏的优先地位和经济衰退导致对绿色能源技术开发投资的不足,可能还会导致碳排放量的进一步增加。① 另外,克雷斯韦尔讽刺道,虽然环境变化对人的健康和生命危害更大,但是我们从不考虑改变资本主义增长方式,"一些人估计,由于空气污染的减少,挽救的生命比死于新冠病毒的人数还要多——也许是死亡人数的二十倍"②。针对是否可以通过绿色技术的开发来化解资本主义增长方式与生态环境之间的矛盾,法国学者卢卡·帕尔特里涅利的回答是,虽然绿色资本主义在集体意识的层面是全球可持续发展的良方,但是事实上却行不通,因为资本主义不愿意自觉作出改变。③ 同样,梅斯纳和萨维尼也认为应该抛弃绿色增长的幻想,"在气候危机的背景下,刺激经济进一步增长就像是举办野生的新冠病毒派对,同时给所有参加派对的客人提供美味的、可能会降低感染率的维生素丸"④。

第二,国外人士批评资本主义分配方式对生态环境的影响。英国学者詹妮弗·约翰逊认为,长期以来资本主义右翼政客都错误地将生态环境的恶化归结于人口的增加,控制所谓的低端人口的增长,试图建立专制的、白人主义的世界,是生态法西斯主义。其实,在资本主义分配方式中处于有利地位的发达国家和资产阶级才是气候犯罪的主犯,单就交通排放来看,"全

---

① See Peter Jones, Rick Stafford, and Mark Maslin, What COVID – 19 Can Teach Us About Governance, *Ecologist*, Apr 8, 2020.

② Tim Cresswell, Turbulence and COVID – 19, https://tjcresswell.com/2020/03/21/turbulence – and – covid – 19/.

③ See Luca Paltrinieri, Prove Generali Di Apocalisse Differenziata, *Antinomie*, Mar 1, 2020.

④ Miriam Meissner, Federico Savini, Corona and the Climate: 5 Lessons We Can Learn, https://planetamateur.com/2020/03/20/corona – and – the – climate – 5 – lessons – we – can – learn/.

球前10%的消费者使用的能源中，一半以上与移动有关。也就不难理解为什么随着收入的增加，人们会购买汽车，开始到国外度假。但超级富豪们不会乘坐拥挤的廉价航班前往最近的温暖海岸线，而是包租私人飞机。据估计，私人飞机每个乘客一英里的二氧化碳排放量是商业客机的二十倍。考虑到全球大约80%的人从未踏上过飞机，大约10%的人没有电用，可见认为人类是地球上的瘟疫似乎极不公平，因为我们中的一些人比其他人的毒性要大得多"[1]。针对国家之间的生态环境差异，美国学者罗伯·华莱士等人继续分析不公正的国际经济秩序在其中的作用，认为不平等的生态交换将工业和农业造成的环境问题转移到发展中国家和欠发达国家，例如大豆跨国公司在玻利维亚、巴拉圭、阿根廷和巴西的大量出现就是跨国资本的产物，正是"资本的异化正在向病原体的有利方向发展"[2]。

(二)生态问题的方案

既然绿色资本主义行不通，那么社会主义道路便成为不二的选择。哈维将新冠肺炎疫情中暴露的所有问题连同生态问题的解决都直指社会主义，并提醒道："如果唯一可行的政策是社会主义，那么执政的寡头无疑会采取行动，确保他们是国家社会主义者，而不是人民社会主义者。反资本主义的政治任务就是要防止这种情况的发生。"[3]具体看来，国外人士主要从增长方式和所有制两个方面来分析社会主义是解决生态问题的对策。

第一，国外人士发现生态社会主义的理想可以解决资本主义增长方式的缺陷，实现绿色发展。生态社会主义将当代生态学的研究成果与社会主

---

[1] Jennifer Johnson, We Are Not the Virus, https://www.versobooks.com/blogs/4622 – we – are – not – the – virus.

[2] Rob Wallace, Alex Liebman, Luis Fernando Chaves, and Rodrick Wallace, COVID – 19 and Circuits of Capital, *Monthly Review*, Apr 1, 2020.

[3] David Harvey, Anti – Capitalist Politics in the Time of COVID – 19, http://davidharvey.org/2020/03/anti – capitalist – politics – in – the – time – of – covid – 19/.

义的构想结合在一起,在批判资本主义造成生态危机的基础上,重新梳理人与人、人与技术、人与自然之间的关系。在人与人的关系方面,认为穷人不应该吞下富人因敛财和享乐造成的生态危机苦果;在人与技术的关系方面,认为技术不应该为资本利润的最大化服务;在人与自然的关系方面,认为资本主义的生产和消费模式是生态危机的根源。生态社会主义虽然提出了推翻资本主义才能解决生态问题的思路,但是没有将社会主义革命落实在行动中,仅仅停留在一种话语策略和话语政治的层面,反对转基因、建立生态农场、提倡清洁能源才是他们具体的实践。

华莱士认为,在生态社会主义之下,工农业的生产模式将被彻底改变,生态与经济、城市与农村、开发地区与未开发地区之间断裂的新陈代谢将得到修复,生物的多样性和自然选择被重视,进而从源头阻止病原体的出现,不仅各类人群之间的团结在增强,而且国际合作也变得更加现实。[①] 同样,拜恩也认为必须打破资本主义的相互竞争模式,只有跳出竞争对手和贩卖对象的思维定式,才能解决生态问题,"为了让资本主义以任何形式生存下去,我们必须变得更社会主义一点"[②]。这些观点都具有共同之处,认为经济增长并不是社会发展的必要条件,生活环境的改善并不等同于生态环境的改善,面对疫情,人类必须反思资本主义本身的诸多缺陷。虽然这些观点在一定程度上改变了已经出现萎缩乏力态势的生态话题的关注度,但仍然没有摆脱浪漫主义乌托邦的范畴。

第二,国外人士承认国有化是解决资本主义分配不平等的有效方式,进而可以解决生态问题。南希认为,通过新冠肺炎疫情的有效应对,中国特色社会主义制度的优越性得到彰显,而这种制度正是公有制和私有制的谨慎

---

① See Rob Wallace, Notes on a Novel Coronavirus, *Monthly Review Online*, Jan 29, 2020.

② David Byrne, The World Is Changing—So Can We, https://reasonstobecheerful. world/the – world – is – changing – so – can – we/.

结合。① 在此脉络上，诸多国外人士将疫情的蔓延归结于医疗保健事业的私有化。美国社会运动家安德烈·马尔科夫斯基指出，美国加州早在 2006 年就意识到必须对重大公共卫生危机的到来作好准备，计划国家投资四亿美元以增强政府应对重大流行病和自然灾害的能力，先后建立了三家移动医院并购置大量应急医疗设备，但是 2011 年加州通过了一项紧缩预算的法案，导致该计划搁浅，使其无法有效应对疫情，因为以营利为导向的私立医院在疫情中只会关门谢客。②

总之，资本主义的经济结构和价值观念是生态问题产生的根本原因。在资本主义的框架下，通过科技的进步和生态危机的海外转嫁来寻找出路只是饮鸩止渴。只有在社会主义的框架下，通过树立健康的生产消费观念，评估科技的生态效应，重视经济增长的质量，专注分配的全民普惠，才能破解此题。

综上所述，资本主义的各种问题并未因不断调试而消失，只是暂时缓和，一有危机就会加倍显现。对此，齐泽克表示"冠状病毒给共产主义带来了新机会"③，巴迪欧甚至还呼吁"希望整个改变这个国家的政治状况的人，必须利用这一流行病的间歇期"，以努力开启共产主义的第三个阶段。④

最后，疫情之下，这些国外人士对资本主义的批判对我国社会主义理论和实践的丰富和完善具有积极意义。一方面，坚定了习近平新时代中国特色社会主义思想的指导地位。哲学社会科学工作者应该自觉深入研究新发展理念，关注发展的不平衡和不充分问题，丰富社会主义范畴下的技术理论、贫困理论、生态理论、开放理论、全球治理理论，为繁荣中国化的马克思

---

① See Jean – Luc Nancy, Communovirus, https://www.versobooks.com/blogs/4626 – communovirus.

② See Andrej Markovĉiĉ, Capitalism Caused the COVID – 19 Crisis, *Jacobin*, Apr 6, 2020.

③ Charlie Nash, 'What I Like About Coronavirus' by Slavoj Žižek, *Spectator*, Mar 14, 2020.

④ See Alain Badiou, On the Epidemic Situation, https://www.versobooks.com/blogs/4608 – on – the – epidemic – situation.

主义理论做贡献。另一方面,增强了中国特色社会主义建设的信心和决心。以资本主义的教训为镜,自觉抵制新自由主义和消费主义等错误思潮的侵蚀,推行供给侧改革,提倡勤俭节约,做大做强国有企业,完善社会主义分配体制,建设社会主义生态文明制度体系,提高医疗保障的覆盖程度和质量,推进国家治理体系和治理能力现代化,构建共商、共建、共享的全球合作体系。

本文已发表在《马克思主义研究》2020 年第 10 期

生命政治理论视域中的疫情

——从"例外状态"到"'新'自由主义治理术"

夏 巍 高 伦*

意大利哲学家吉奥乔·阿甘本是当今最富影响力的哲学家之一，他与法国哲学家阿兰·巴迪欧、斯洛文尼亚哲学家斯拉沃热·齐泽克等人并称为激进左翼哲学代表人。阿甘本基于生命政治理论鞭辟入里地分析了"奥斯维辛集中营""9·11"事件和"欧洲难民危机"等现实问题，新冠肺炎疫情无疑是其生命政治理论切入现实的又一契机。然而他的疫情观点却不尽如人意，甚至引燃了一场"反对阿甘本"的论争。阿甘本在 2020 年 2 月 25 日发表于《宣言报》的《由无端的紧急状态带来的例外状态》一文是此次论争的导火索，文中阿甘本声称"例外状态"已逐渐成为常规政治范式，意大利政府旨在借"病毒"之名宣布例外状态，因此新冠肺炎疫情只是一场"发明"的流行病。显然，阿甘本的疫情观点与社会现实相距甚远，这不禁让我们深思，新冠肺炎疫情的生命政治理论反思何以可能？笔者的见解是，理论反思既然以社会现实为对象，那就必须要回到社会现实本身中去，所以"新"自由主义治理术这一现实前提，必然是生命政治理论介入新冠肺炎疫情的现实出发

* 夏巍，复旦大学马克思主义学院教授；高伦，复旦大学马克思主义学院博士研究生。

点,唯有在此前提下,我们才能充分理解西方政府的防疫政策,才能准确把握疫情防控上"中国之治"和"西方之乱"的深层原因。基于此见解,本文将从阿甘本的疫情观及其现实纰漏出发,进而揭示出生命政治理论介入新冠肺炎疫情的现实可能性。

一、论争的导火索:"发明"出的疫情?

阿甘本在疫情期间发表了《由无端的紧急状态带来的例外状态》等一系列文章,其中见解可总结为以下四点:

第一,新冠肺炎疫情只是被发明出的流行病,政府别有用心地伪造着真相。所谓的疫情只是政府协同媒体捏造的谎言,一方面意大利政府使用含糊不清的数据渲染事态的紧急,另一方面"媒体在没有任何科学依据的情况下传播数字,他们不仅没有将这些数字与同一时期的年死亡率联系起来,而且没有说明具体的死亡原因"①。究其根源,是主权者难以借"反恐怖主义"之名宣布例外状态后,便以"公共卫生安全"为借口继续延续例外状态。

第二,以"公共卫生安全"为由延续例外状态,揭示着资本主义政治范式已然改变。实质上任意颁布紧急法令的行政机构已取代立法机构,适用于常态的宪法也被例外状态暂时悬置,因而资本主义民主政治已是名存实亡。此外,科学在新冠肺炎疫情中发挥着衔接主权(Sovranita)②和"公共卫生安全"的功效,它与主权一道合理化着"公共卫生安全"准则,致使例外状态的常态化有据可依。科学家们自愿为政府的防疫政策辩护,他们可以为了科学理性及自身利益违背道德准则,实则他们与指导"优生政策"及在"集中

---

① Giorgio Agamben, Sul vero e sul falso, *A che punto siamo? L'epidemia come politica*, Quodibet, 2020.

② "Sovranita"一词,阿甘本用以指主权者的至高权力,中译有"主权""至高权力"和"主权权力"等多种,本文统一译为"主权"。

营"中进行致命实验的纳粹科学家已并无二致。另外，科学是我们时代的宗教，例如医学就宣扬"健康"和"疾病"二者类同于上帝和撒旦二元对立的教义，加之医生不断向公民布道着"生命首要性和疾病不可根除性"[1]，从而驱使着公民逐一皈依于"医学宗教"。

第三，公民因循"公共卫生安全"准则而悬置生命，结果却只能保存"赤裸生命"。公民的"健康"权利被主权者置换为必须履行的社会义务，主权者便可将他们视为"潜在的病毒携带者"并施以"监禁"般的隔离。由此可见，他们已无异于《约婚夫妇》中的"涂油者"[2]，甚至类同于被布什政府任意收押的"9·11"事件嫌疑人，布什政府"根本地抹消了这些个人的任何法律地位，因此创造出了一个法律上无法命名与无法归类的存在"[3]，新冠肺炎疫情中的公民同样是被排除在法律之外的赤裸生命。再者，互相指认为"涂油者"的公民，不仅被剥夺了政治与法律的维度，而且主动放弃了人性和情感的伦理信念，"他们不惜一切代价地维持着同社会相抽象分离的赤裸生命"[4]。换言之，他们为了保存纯粹生物性的生命已抛弃一切政治伦理维度。耐人寻味的是，重症监护室里的植物人与疫情中的公民共同表征了身体与精神相割裂的纯粹生物性生命，而保存纯粹生物性生命的另一典型场所居然是"纳粹集中营"。因而悬置生命以保存生命、放弃自由以维系自由皆是虚假而矛盾的谎言。

第四，因疫情而宣布的例外状态正趋于常态化，"社交隔离"政策正构建

---

① Giorgio Agamben, La medicina come religione, *A che punto siamo? L' epidemia come politica*, Quodibet, 2020.

② "涂油者"是阿甘本在《论感染》中所举的事例，出自意大利作家亚历山德罗·曼佐尼的《约婚夫妇》，指的是，在1576年意大利鼠疫期间，因为故意在公共场合涂抹致疫油膏，而为政府及被号召的全体居民所抓捕之人。

③ ［意］吉奥乔·阿甘本：《例外状态》，薛熙平译，西北大学出版社，2015年，第7页。

④ Giorgio Agamben, Polemos epidemio, *A che punto siamo? L' epidemia come politica*, Quodibet, 2020.

出新的社会管理模式。"社交隔离"政策绝非仅仅指向现在,正如"战争之后的和平中仍然存留着一系列杀伤性技术,例如有刺铁丝网和核电厂"①,与战争同为例外状态的"大流行病"同样会遗留下大量的异常装置。例如,主权者依旧会利用科学与媒体的权威任意捏造谎言以宣布例外状态,人和人之间的交流仍会被数字渠道介入,基于社交性的政治、文化讨论会也仍有可能被禁止。

上述四点见解掀起了一场学术论争,其中对阿甘本的质疑与批评主要围绕以下五个方面展开。

其一,涉及阿甘本疫情观的哲学基础。他们指认阿甘本罔顾社会现实,将自身的哲学体系先验地架构于对新冠肺炎疫情的现实分析之上。

阿甘本企图将意大利政府的防疫政策纳入其生命政治理论,似乎主权与生命的纳入性排除原则网罗了全部政治行为,如此不考察事实地习惯性思考充分地显露出其思辨哲学倾向。齐泽克指出:"阿甘本的反应只是一种极端左翼的立场,即认为病毒传播所引起的'过度的恐慌'是政府的社会控制和彻底的种族主义因素的混合物。"②事实上,恐慌不仅蔓延在公民之中,而且主权者本身也因无法处理疫情防控和经济复苏之间的必然矛盾而恐慌不安。法国哲学家雅克·朗西埃的判断是:"从例外状态理论、对控制社会的批判、大数据极权主义,一直到需要自上而下地重新思考人与非人之间的关系,这些学说旨在应对当前形势和准备预测未来,实际上却只是事先准备的分析理论。"③若是使用预先创造的理论体系草率地解码现实,必然只会将特殊性的事件粗暴地装进设定好的"因果关系"之中。

---

① Giorgio Agamben, Contagi, *A che punto siamo? L'epidemia come politica*, Quodibet, 2020.

② Slavoj Žižek, Monitor and Punish? Yes, Pleas, *PANDEMIC COVID – 19 Shakes the World*, OR Books, 2000.

③ Jacques Rancière, Viralità /Immunità: due domande per interrogare la crisi, *Institut français Italia*, 20 Apr., 2000.

其二，涉及阿甘本疫情观的现实前提。他们强调，新冠肺炎疫情并非如阿甘本所言是"发明"的流行病，而是不容置疑的现实。

数据显示，在阿甘本声称新冠肺炎疫情为"发明"的流行病时，欧洲国家已经有五百多例确诊患者；在其改口为"所谓的流行病"时，意大利就已确诊一万多例患者。就阿甘本确信新冠病毒与普通流感并无不同这一方面，法国哲学家让-吕克·南希声称："尽管如此，'普通'流感尚且会杀死许多人，没有疫苗的冠状病毒的死亡率显然要高得多。据与阿甘本同一信息来源，两者的差异约为 1 比 30，我认为这是一个很大的差异。"①

其三，涉及阿甘本疫情观的理论主旨。他们声明防疫政策并不能一概以例外状态来阐释，事实表明政府管理并非只呈现出主权这一个维度。

南希的观点是，阿甘本并未领会到权力已不能简单地用主权来概括，各种技术性权力装置已渗透至日常生活的各种微观领域，主权和公民生命的二元对立已不能解释被病毒侵扰的社会文明，政府也不过是防疫政策的被动执行者。巴迪欧认为："权力仅仅是因为这些现象的本质而做出必要的反应……这种流行病的考验似乎消融了理智的内在活动，迫使人们回归到中世纪瘟疫蔓延时一贯存在的神秘主义、杜撰、祈祷、预言和诅咒等悲惨结果。"②也就是说，政府自身并不知道如何渡过经济停滞和疫情蔓延这一双重危机，若盲目断定疫情的政治根源或是预言疫情对政治伦理的绝对影响，只能暴露出理智能力的丧失。事实是各大政府在面对疫情时也并非只显露出管控这一个方面，例如，英国政府出于遵循以最小代价度过经济停摆状态的资本理性，就曾试想并推行过"群体免疫"政策。

其四，涉及阿甘本疫情观的理论延伸。他们批评阿甘本对于科学及医

---

① Jean Luc Nancy, Eccezione virale, *Antinomie*, 27 Feb., 2020.

② Alain Badiou, A Sur la situation épidémique, *Quartier Général*, 2020.

学存有误解,科学既不是政府的附庸,也未曾展现出宗教向度。

南希以自身经历为例,充分展示出阿甘本对于医学的不信任:早在三十年前,阿甘本就曾劝告过南希不要听从医生的移植心脏的建议,南希认为如果他接受了阿甘本的提议,他自己可能早已病发身亡。意大利哲学家马西莫·卡奇亚里断定:"科学,只是在面对危机时试图找出'治愈'的可能,且它并不能保证一定能摧毁危机。倘若科学给出了彻底摧毁的承诺,那么它将不再是科学,而是救赎宗教——科学只是努力让我们能够在疾病和健康这一互相缠绕的游戏中继续生活和运作。"①因此,阿甘本关于医学宗教化的论断并不正确,一方面,疾病与康复并不是医学内部构造的正邪信念,新冠病毒只是自然的产物,绝非宗教臆想;另一方面,医学也未曾预设治愈疾病的绝对性,因而它并未向患者宣扬宗教救赎般的"治愈"理念。此外,科学不但未与主权者狼狈为奸,而且在疫情期间敢于挑战权威。由于权力机关在资本力量和医疗机制之间踌躇不定,医学专家必须时刻向权力机关提醒新冠病毒的致命危险,防止其因维持市场秩序而放任疫情蔓延,而且处于抗疫第一线的医疗机构,还需为争取医疗设备不断与各级权力机关相抗衡。

其五,涉及阿甘本疫情观的未来指向。他们否认"社交隔离"意味着放弃政治伦理维度,而是疫情时期的"共同体生活"。

意大利哲学家罗伯托·埃斯波西托强调:"隔离政策没有剥夺制度化生命。即使众多社会关系处于暂停状态,为了生活的继续,我们也必须维持共同体生活,即社交隔离政策也能被赋予共同体的意义,只因隔离反而能使我们所有人相联结。"②换言之,社交隔离不曾悬置一切政治伦理关系,反而可构建出相互尊重和爱护彼此生命的共同体生活。倘若忽视疫情现实而一味

① Massimo Cacciari,Il coronavirus e l'illusione di chiudere tutto,*L'Espresso*,2 Mar.,2020.
② Roberto Esposito,Instituting Life,*The Quarantine Files:Thinkers in Self-isolation*,The Los Angeles Review of Books,2020.

要求社交自由,只能凸显出对社交关系理解的狭隘性。并且社交隔离政策不一定是主权者的强制行为,也可能源自公民主动向政府施压以求安全的防疫环境。齐泽克认为,只有少数特权阶层才能够退回到类似于佛罗伦萨郊外的别墅的隐蔽区域,继续握手拥抱并畅谈着《十日谈》的故事,而普通人只能暴露在人群密集处从而时刻面对着病毒的威胁。

综上所述,这场"反对阿甘本"的论争始终围绕着阿甘本的疫情反思形式展开,即他未深入考察疫情现实便将其糅合进自己的学术框架中。阿甘本在论述过程中也不可避免地呈现了"循环论证"的姿态,亦即他的生命政治理论既呈现为疫情反思的理论前提,又是疫情反思的结论。阿甘本的疫情观与社会现实的出入之大可谓不可思议,令人费解的是,即使在疫情蔓延的时候,阿甘本依然不改立场。诧异之余,也引发了我们对阿甘本的疫情观一探究竟的欲望,从而把握其不改立场的理论缘由。由此,我们便要进入阿甘本生命政治理论及与之交相缠绕的政治本体论。

二、阿甘本疫情观的理论内核:政治本体论

阿甘本强调,"人文学科,只有从根本上反思了一种存在论锚定的观念,并因此把存在视为一个本质上属于历史的张力之领域后,才能够抵达其决定性的知识学门槛"①,亦即认识的可能性在于拒绝将实体视为存在的本原,并领会到存在本身的结构性矛盾。至于如何把握存在本身的结构性矛盾,他认为须借助范式、签名(Signatura)和哲学考古学三种方法。

首先是范式,阿甘本将它视为集合的一个组成部分,集合是指具有某种特定性质的事物的总体,范式在集合中"充当了一个范例,由此取代了明确

---

① [意]吉奥乔·阿甘本:《万物的签名:论方法》,尉光吉译,中央编译出版社,2017 年,第 138 页。

的法则,并允许一种特殊的、连贯的探究传统的形成"①。阿甘本还指出了范式的现实意义,"为理解特定的历史结构,我会用这种范式来建立一组现象"②。换言之,范式作为具有某种规律的现象集合中的一个特殊组成部分,它可以表征这个现象集合所具有的那种规律,范式的首要意义在于构建出一种可连贯探究的传统,从而使得由现象集合构成的特定历史结构可以被连贯理解。

范式正是阿甘本疫情观的理论起点。他指出,"例外状态"是新冠肺炎疫情期间的常规政治范式,此范式使得意大利政府的全部政策得以被理解:一方面,"例外状态"是一种具体的政治现象,即意大利政府因新冠肺炎疫情而宣布进入"例外状态";另一方面,"例外状态"作为单一现象又能概括意大利政府在疫情期间的全部政策,如"卫生与公共安全法令""社交隔离政策"和"紧急封城措施"等。"潜在感染对象"范式是疫情中的另一范式,它使得公民的生存状况得以被连贯理解:一方面,"潜在感染对象"是疫情中公民的一种特殊形象,表述着疫情政策下公民身份的具体转变;另一方面,"潜在感染对象"作为公民的单一形象又定义着疫情期间公民的整个生命,它能表征"失去人身自由""人际关系恶化"和"陷入恐慌状态"等公民形象。

其次是签名,阿甘本认为签名是一种"标识与记号"③。当我们给万物签名时,即意味着它们拥有了名称和意义,万物也就因此可被理解。签名还能被"移置到了另一个领域,由此把它定位在了实用关系和解释关系的全新网络里"④。也就是说,它可以在不同历史结构的范式间维持自身,反之,把握不同语境的范式之间的普遍性也就把握了签名。例如,当我们给"颈上有

①　[意]吉奥乔·阿甘本:《万物的签名:论方法》,尉光吉译,中央编译出版社,2017 年,第 6 页。
②　[意]吉奥乔·阿甘本:《阿甘本访谈录》,王立秋译,载于汪民安主编:《生产(第 7 辑)》,江苏人民出版社,2011 年,第 52 页。
③　[意]吉奥乔·阿甘本:《万物的签名:论方法》,尉光吉译,中央编译出版社,2017 年,第 42 页。
④　同上,第 45 页。

鬃,尾生长毛的哺乳类动物"签名为"马"时,"马"所包含的"名称和意义"就不仅只存在于被签名的那一刻,还可以跨越时空被大家所理解;反之,当我们把握某一类哺乳动物的"颈上有鬃,尾生长毛"共同特征时,也就可以把握到"马"这一签名。简而言之,范式被用于理解特定历史结构的现象,签名则被用于领会历史的普遍性。

正如阿甘本在建构其疫情观时,他将例外状态范式、潜在感染对象范式用于理解新冠肺炎疫情这一特殊历史结构,借助"签名"来深入探究新冠肺炎疫情的历史普遍性。正因如此,阿甘本才将新冠肺炎疫情时期的意大利政府类比于"纳粹政府"和"大革命时期"的法国政府等,将新冠肺炎疫情时期的公民类比于"涂油者""集中营中的犹太人"等。在上述不同历史结构之范式的类比中,他便可把握住其中的签名——"主权"与"生命"。阿甘本认为主权即决断例外状态,所以意大利政府的"卫生与公共安全法令"与法国大革命时的"法国禁止聚众戒严法"、纳粹政府的"国会纵火案法"在"主权"签名下可相通约。同样,在"生命"签名下,"潜在感染对象"与纳粹集中营中的犹太人、《约婚夫妇》中的"涂油者"可共通理解,因为这些范式指向的都是例外状态下公民的赤裸生命。

最后是哲学考古学,阿甘本界定考古学的目标是"历史先天性"(Historical a priori),它是"既具体又先验的范式矩阵,其功能是把形式、规则和标准赋予内容"[1],此外,"一段历史中铭刻的先天条件只能相对于这段历史后验地建构自身,而研究——正如福柯的考古学——必须在这一历史中发现它"[2]。一句话,历史先天性一方面预先规定了经验现实的发展方向,另一方面又必须通过感知经验才能被揭示出来。然而探究历史先天性的"目的不

---

[1] ［意］吉奥乔·阿甘本:《万物的签名:论方法》,尉光吉译,中央编译出版社,2017 年,第120 页。

[2] 同上,第117~118 页。

是返回它的内容,而是返回那道通过压抑将之建构为本原的裂隙所处的种种模态、环境和时刻"①。换言之,历史先天性虽然需要通过经验现实才能被发现,但这并不是指经验的简单回溯和整理,而在于挖掘出历史经验中隐藏着的"先验本原"。本原不同于签名,它不是赋予杂乱无章的历史经验以普遍性,而是要取消签名的有效性,因为签名赋予历史经验以普遍性的同时,也遮蔽了隐藏在历史经验"裂隙"中的结构性矛盾。总而言之,考古学就是要重新把握到被"签名"赋予的历史普遍性所掩盖的结构性矛盾。

具体而言,"主权"和"生命"是阿甘本在政治领域中捕捉的签名,考古学工作就是取消它们的有效性,从而重新把握到政治的结构性矛盾。

一是"主权"签名,它的合法性通常被置于保全公民的生命之上。霍布斯认为,"在没有一个共同权力使大家慑服的时候,人们便处在所谓的战争状态之下"②,所以公民会让渡权力给主权者以谋求和平。阿甘本则指出,主权者也会以保障公民生命为借口决断例外状态,从而用紧急法令取代作为社会契约的宪法。中断社会契约即意味着主权的合法性不再来自保全公民生命,并且弱肉强食的自然状态会重占主导地位,因此代表着至高力量的主权者便可肆意惩治、虐杀公民。所以阿甘本声称"当例外状态成为法则,政治体制也就变成了死亡的装置"③,这便是主权的结构性矛盾,主权一方面以保全自然状态下的公民生命获取自身合法性,另一方面却又试图恢复自然状态以戕害公民生命。

二是"生命"签名。阿甘本指出,早在古希腊时,生命就被划分为自然生物共有的纯粹生物性的"Zoe"(自然生命)和指向共同体生活的"Bios"(政治

---

① [意]吉奥乔·阿甘本:《万物的签名:论方法》,尉光吉译,中央编译出版社,2017年,第128页。

② [英]托马斯·霍布斯:《利维坦》,黎思复、黎廷弼译,商务印书馆,2017年,第94页。

③ [意]吉奥乔·阿甘本:《紧急状态》,王立秋译,载于汪民安主编:《生产(第7辑)》,江苏人民出版社,2011年,第32页。

生命),亦即生命被政治一分为二。接着,阿甘本在对古罗马刑法中的"神圣人"这一刑罚现象加以考察后发现,"神圣人"只能被献祭给"冥府之神"而非"上天之神",并且"神圣人"已不再受到城邦保护,任何城邦之人都可以处死他而不受惩罚。阿甘本指出,这种既不能为宗教接纳又不为法律所安置的"神圣人",表征着政治生命重新被降格为自然生命,换言之,他们在共同体生活中除了保有纯粹生物性生命外被剥夺了一切政治权利,法律也不再保障他们的人身安全,因此阿甘本将之命名为"赤裸生命"。上述便呈现了生命的结构性矛盾,自然生命被政治归置成为政治生命,又被排斥成为赤裸生命。

在分解"主权"和"生命"签名后,阿甘本指出政治从来就是生命政治,它的结构性矛盾便是主权对生命的纳入性排除,主权一方面订立契约将自然生命纳入政治生命中,另一方面又决断例外状态以排除政治生命为赤裸生命。政治从来就与本体论相交织,阿甘本指出:"通过被带到纯粹存在的界限处,形而上学(思想)跨入了政治(跨入进现实),正如在赤裸生命的界槛处,政治跨出了它自身而成为理论。"[1]阿甘本认为,政治的本质即是人的"存在"被主权排斥为"赤裸生命",换言之,他将政治本体论置于"主权对生命的纳入性排除原则"之上。正如澳大利亚学者马修·阿伯特所说:"阿甘本发展了一种批判性的政治本体论,其旨在强调并实际利用主权概念中固有的形而上学悖论。"[2]

探究至此,我们便可知晓阿甘本疫情观的理论内核就是政治本体论,他认为主权对生命的纳入性排除原则先验地规定了全部社会现实,"现代性只

---

① [意]吉奥乔·阿甘本:《神圣人:至高权力与赤裸生命》,吴冠军译,中央编译出版社,2016年,第244页。

② Mathew Abbott, *The Figure of This Word:Agamben and the Question of Political Ontology*, Edinburgh University Press,2014,p. 182.

不过宣告了它自己对这个形而上学传统的根本结构的忠诚"①。事实却是，阿甘本疫情观与现实经验相去甚远，换言之，经由新冠肺炎疫情中介的政治本体论遭遇了其理论困境。这一理论困境也暴露了阿甘本以先验的政治本体论规范经验现实的理论局限性，我们可以从两个方面来揭示：

第一，概念之于现实世界的先验性。阿甘本认为政治本体论已经规定了全部社会现实，所以他只需将完成的概念体系先验架构于疫情现实之上，便可把握疫情背后的全部真理。如此一来，经验现实在阿甘本疫情观中便丧失了其有效性。因此，当意大利政府因疫情而宣布例外状态之时，阿甘本便理所应当地推断出意大利政府正在借病毒之名悬置国家宪法以行独裁之事，公民也被剥夺了基本权利而成为丧失政治伦理维度的赤裸生命。

如此不经考察前提就随意运用的原则，在面临现实生活时必然会遭遇挫折。马克思在批判青年黑格尔学派的塞利加时说，"哲学家借助感性直观和表象从一个对象过渡到另一个对象时所经历的过程，说成是臆想出来的理智本质本身即绝对主体所完成的过程"②，即是说以理性演绎统摄真实的社会历史进程只能脱离真实的社会历史，只能将"对象的最偶然性的和最个体化的规定臆造称绝对必然的和普遍的规定"③。正如马克思对塞利加的批判，"他不在任何地方掺入现实的内容，所以他的思辨结构没有任何碍手碍脚的附加物，没有任何模棱两可的掩饰，这种思辨结构让我们看到的是赤裸裸的美"④，也就是说，不掺杂任何经验现实的先验体系反而能维持理论的完整性，因此即使阿甘本意识到了其政治本体论与疫情现实间有着巨大的裂隙，他仍可以不改立场、不顾批评地将社会现实塞进先验范畴的演绎中去。

---

① ［意］吉奥乔·阿甘本：《神圣人：至高权力与赤裸生命》，吴冠军译，中央编译出版社，2016年，第12页。

② 《马克思恩格斯文集》（第一卷），人民出版社，2009年，第280页。

③ 同上，第281页。

④ 同上，第280～281页。

第二，去语境化分析的反历史主义。阿甘本在继承并改造米歇尔·福柯的谱系学、考古学方法后，不可避免地会进入福柯视为方法论立足点的历史现象分析中。他们的区别是，福柯将各历史阶段的社会现实本身当作分析的前提条件，阿甘本则用政治本体论先验地分析各历史阶段。

福柯拒斥一切不顾历史差异性的"互换性分析"。在他眼中，"一旦通过某种超历史的视点去掌握历史感，那么形而上学就会使其迁就自己的目的"①，如果不从特殊性去理解历史结构，便无从领会为概念体系所遮蔽的真实历史经验。与福柯相反，阿甘本则试图将其政治本体论置于历史分析之上。他认为，如果不从主权对生命的纳入性排除结构出发，便无法理解整个社会历史。因此，在阿甘本的语境中，资本主义代议制和古希腊的城邦政治除了在主权扩张程度的深浅外并无本质的区别。

总而言之，阿甘本在分析疫情时，并未澄清其预设的政治本体论中抽象政治概念的具体现实基础，也没有把握资本主义的历史特殊性，因此他的疫情观必然会无视疫情现实中资本主义政府的不同治理方式、抗疫中的阶级分化，从而将一切政治权力和生命形式抽象还原为主权和赤裸生命。因此，在深入探析阿甘本的政治本体论及其在疫情现实中的运用后，生命政治理论介入疫情的可能性也逐渐明了，也就是说，只有当我们摆脱从概念到概念的思辨演绎，重新将新冠肺炎疫情的"现象实情"当作生命政治理论反思的支点，新冠肺炎疫情的生命政治理论反思才得以可能。

三、新冠肺炎疫情的生命政治理论反思："新"自由主义治理术及其衰败

既然生命政治理论对新冠肺炎疫情的反思的可能性在于，摆脱概念内

---

① ［法］米歇尔·福柯：《尼采、谱系学、历史》，卢德平译，载于江怡主编：《理性与启蒙：后现代经典文选》，东方出版社，2004 年，第 278 页。

部的推演并回到社会现实本身,那我们就必须深入至疫情现实中。一个显而易见的事实是,在新冠肺炎疫情的防控上,只有中国成功且高效地完成了任务,绝大多数西方国家仍然围困于疫情及其引发的恶果中。

为何疫情防控上会出现"中国之治"和"西方之乱"这一现象?其中外因似乎不难发掘:在政府机构方面,被资本限制治理权力的西方政府,无法像我国一样具有制定全面防疫政策的治理权限,很难应对突发性公共卫生危机;在医疗卫生系统方面,西方国家早已放弃了福利国家的构想,设备齐全的公共医疗机构,不断被削减开支以致被私人医疗机构所取代;在社会管控层面,西方国家不会垫付底层民众检测及治疗新冠的巨额费用,所以底层民众在居家防疫和外出谋生之间左右为难。

这一问题的内因则有待我们更深一步地思考,在笔者看来,如若不从"新"自由主义(Neo-liberalism)①解析此问题,便无法参透其中症结。不同于阿甘本将历史各阶段的社会现实简单同质化的态度,笔者认为,对于西方国家防疫政策的生命政治理论反思必须结合"新"自由主义这一历史性前提。因为"新"自由主义治理术在西方国家的政治和经济实践中已独霸四十年之久,为了避免新自由主义(New Liberalism)政策下的滞胀危机,"新"自由主义者反对政府的过度管控,他们规定政府权力只能用于维持自由市场的稳定运作,他们还将市场经济规律定义为社会各领域的真理尺度。

正如福柯所说,"新"自由主义治理术的生命政治实践"要构建的经济人不是交换之人,也不是消费之人,而是企业之人和生产之人"②。换言之,"新"自由主义政府的全部目的,都在于促成与自由市场机制和现代生产机

① Neo-liberalism,通常被译为新自由主义或新古典自由主义;New Liberalism,通常被译为自由主义或新自由主义。为区分两者,本文采用全国科学技术名词审定委员会制定的"新"自由主义(Neo-liberalism)和新自由主义(New Liberalism)二词。

② [法]米歇尔·福柯:《生命政治的诞生》,莫伟民、赵伟译,上海人民出版社,2011年,第129页。

器完美契合的"经济人"的诞生。从此目的出发，"新"自由主义政府的生命政治实践可归纳出以下两条原则。

第一，"新"自由主义政府必须保证人口数量和质量以维持社会再生产所需劳动力。"新"自由主义政府必须以自由市场的稳定运作为行政准则，他们必须督促人们积极从事生产和再生产以提供自由市场所需的社会生产力，人口问题也就成了他们制定政策的第一要素，因此与促进社会生产力息息相关的生育率、健康率等统计数字成为政府管控市民社会的准绳。

为保证劳动人口的数量，"新"自由主义政府必须制定一系列人口保护和鼓励生育政策，例如施行医疗保险政策确保劳动力的健康水平，施行生育奖励政策以促进劳动力的再生产。正是在这个意义上，"免疫"才显得格外重要。埃斯波西托认为，"免疫者是躲避涉及其他人的义务和危险的人。免疫者是打破社会流通而置身其外的人"①，也就是说，政府必须保证常规劳动力不受自然性病毒的侵蚀，也不受社会性反劳动思潮的荼毒。因此，"新"自由主义政府实施防疫政策的最终目的是为了确保劳动力不为病毒所感染，尽快恢复社会再生产。

为保证劳动人口的质量，"新"自由主义政府努力构建出一个优胜劣汰的"企业社会"体系。福柯对"企业社会"的定义是："'企业'形式在社会机体内部的这种繁殖就是'新'自由主义政策的关键之处。重要的是要把市场、竞争以及随之而来的企业当成我们所称的社会塑形力量。"②企业社会的表现形式是，每个独立的个体即是一个企业，他严格遵从着"投资—成本—利润""供给与需求"的模式。具体而言，每个人都必须使用已有的资源向教

①　［意］罗伯托·埃斯波西托：《免疫和暴力》，陈永国译，载于汪民安主编：《生产（第7辑）》，江苏人民出版社，2011年，第210页。

②　［法］米歇尔·福柯：《生命政治的诞生》，莫伟民、赵伟译，上海人民出版社，2011年，第130～131页。

育、健康等进行投资以提升自身的劳动力价值,再将自己当作商品出售以换取利润。此外,"新"自由主义政府还需保障市民的自由选择和自由竞争,以促进劳动力资源在互相竞争中优化升级,因此当某些劳动力资源所供给的劳动力商品无法满足市场的需求时,他们便只能处于失业状态。换言之,贫富不均、阶级分化问题在企业社会中都已失去实际价值,它们只是自由竞争下个体企业之间营利数额的差距而已。因此,疫情期间无法支付防疫、治疗费用者,与政府政策、阶级分化毫无关系,他们只是因为自身劳动力价值过低,以致无法创收足够的利润以对自身健康继续投资。

第二,"新"自由主义政府制定的政策必须经济有效且以市场发展为首要原则。福柯声称"要把'新'自由主义①当作使治理活动合理化的方法和原则来分析。这种合理化要服从经济最大化的内在规律,而这也是其特殊之处。治理活动的全部合理化的目标是让治理活动的效果最大化,并且尽可能地减少成本(经济和政治双重意义上的)"②。换言之,"新"自由主义者出于市场至上主义,他们既要求政府政策需以自由市场的稳定运作为首要目标,又要求政府在市场理性的"边际效用"原则下,以最小成本最有效地合理化治理实践。这一原则也解释了西方政府的防疫表现。

首先,在政策施行前"新"自由主义政府必须充分平衡成本与收益。遵循"新"自由主义治理术,政策在制定前必须通过计算建模来确认是否具有施行的必要性,以及要达到预期目标所需的最小成本。就疫情而言,英国政府在探讨以最小经济损失最快速解决病毒的可能性后,为了保障自由市场的继续运作,他们采取了"群体免疫"政策,因为他们断定病毒只会致使少部

---

① 为区分 Neo-liberalism 和 New Liberalism,本文将《生命政治的诞生》译文中的新自由主义一词改为"新"自由主义。

② [法]米歇尔·福柯:《生命政治的诞生》,莫伟民、赵伟译,上海人民出版社,2011年,第280~281页。

分体弱人士的死亡。与之相反，意大利政府在确认了病毒的危害程度，并比较了暂停市场运作和继续市场运作对经济的长期影响后，第一时间施行封国封城、社交隔离政策。

其次，政策的最终目的必须是保障市场。在"新"自由主义治理术指导下，政策的制定必须以保障自由市场的继续运作为第一目标，"新"自由主义政府作为资产阶级的代理人，必须保卫资本逻辑和市场理性的主导地位。疫情之下，面对市场运作和资本流通的部分停滞，政府必须保卫劳动人格化的工人的生命安全，因为对工人进行保护就是对社会再生产和自由市场的继续运作进行保护。

在探讨了"新"自由主义政府的生命政治实践的特征后，我们也就能理解西方国家在制定防疫政策时畏畏缩缩、市场运行在与疫情防控的博弈中屹立不倒的原因。由此，疫情防控上会出现"中国之治"和"西方之乱"的内因也得以被揭开："新"自由主义治理术一方面将政府的治理权限定位在维持自由市场的稳定运作之上，从而使得政府无力应对新冠肺炎疫情；另一方面从抽象的市场理性出发，将公民定位为可计算化的抽象"人口"，以致忽视新冠肺炎疫情对公民生命的巨大威胁。

反之，"中国模式"已然内在地超越了"新"自由主义治理术。不同于西方国家在政府干预和市场调节中绝对性地倒向市场，将市场的自由运行视为社会治理的首要目标，中国模式坚持"以人民为中心"的发展思想，"把人民群众生命安全和身体健康放在第一位"①，全力应对新冠肺炎疫情以维护人民的生存权和发展权。并且中国模式"构建了一种市场和政府互补并重

---

① 《要把人民群众生命安全和身体健康放在第一位，坚决遏制疫情蔓延势头》，《人民日报》，2020年1月21日。

的治理模式"①,发挥了"集中力量办大事"的制度优势,致力于调动各方面积极性以应对新冠肺炎疫情,在政府和人民齐心协力下,疫情防控阻击战得以取胜。

疫情防控上的"中国之治"和"西方之乱",也呈现出了新冠肺炎疫情中生命政治实践的不同类型。首先是"新"自由主义政府的生命政治实践,他们将公民生命仅视为服务于自由市场机制和现代生产机器的可计算性"人口",公民生命在新冠肺炎疫情前就退变为一个个简单的数字,只要这个数字还处于社会再生产的需求范围内,"新"自由主义政府便可放任疫情蔓延。换言之,"新"自由主义政府忽视公民对于生存权利的诉求,将公民的生命变为被外在资本权力支配的、与其对象性本质力量相背离的异化存在。

其次是中国政府的生命政治实践,中国政府把人民的生命安全和身体健康视为疫情防控的首要目标,回应人民对于最基本的生存权的诉求。中国政府还调动广大人民群众积极参与到疫情防控之中,将人民视为疫情防控阻击战的主体力量,积极保障了人民的发展权。换言之,中国政府的生命政治实践以维护人民生存权利、满足人民生活需要为治理目的,呈现出一种新型的建构性的生命政治实践。

总之,新冠肺炎疫情的生命政治理论反思必须回到社会现实本身,任何妄想依靠既定的概念体系反推出社会现实的做法,只能遮蔽社会现实本身。理论反思既然以社会现实为对象,那么就必须彻底进入社会现实本身,以社会现实为真理的唯一寄存地。因而只有在"新"自由主义治理术这一"现象实情"中,疫情防控上的"中国之治"和"西方之乱"才能被理解,生命政治理论介入新冠肺炎疫情的现实可能性才能被揭示。

---

① 黎贵才、卢荻、赵峰:《理性的限度:新自由主义的嬗变与反思——兼论中国模式对新自由主义的超越》,《马克思主义研究》,2019 年第 12 期。

根源与出路：反思新冠肺炎疫情与全球性危机
——俄罗斯学者访谈

郭丽双*

一、现象与本质：新冠肺炎疫情的原因与全球性危机

郭丽双　自新冠肺炎疫情暴发以来，截至北京时间 2020 年 11 月 15 日，全球累计确诊新冠肺炎病例已超过 5000 万例，俄罗斯确诊新冠肺炎病例已超过 190 万例，位列全球第四，新冠肺炎疫情仍在加速扩散。请问，您认为新冠肺炎疫情暴发的原因及快速传播的原因是什么？新冠肺炎疫情是否引发了全球性危机？这给世界带来了什么样的影响？

布兹加林　作为一名马克思主义的社会科学家，我虽然无法指出新冠肺炎疫情大流行医学方面的直接原因，但我可以指出它加剧全球性危机的原因，包括与微生物学领域现代技术有关的威胁也在加剧。从这一观点出发，我们能看到与这一次新冠肺炎疫情大流行有关的许多重要问题，包括它的根源、后果及其对世界经济和社会生活造成的影响等。这次全球金融和经济危机始于首例新型冠状病毒暴发前的 2019 年冬季，只是当时没有被观察到。长期以来，我们仅从未来学或社会哲学研究的层面上来考虑全球性

＊　郭丽双，复旦大学马克思主义学院教授。

问题,而此次疫情大流行中的疫情预防、自我隔离、治疗等环节都暴露了严重的不平等问题,这阻碍了疫情的有效防控。当前,我们正处于由新自由主义为主导形式的全球资本创造的一种不足以应对全球威胁的社会关系体系下,即市场的统治、全球资本的霸权加剧了对全球的灾难性威胁。加剧的原因包括资本追求利润、公共生活的军事化和外交政策冲突等,当然其中最主要的原因是:资本主义固有的和仍然存在的主要矛盾——大多数人(即劳动人民)通过生产活动创造的整个社会价值与日益高度集中的资本之间的深刻矛盾。新冠肺炎疫情大流行已经清楚地表明:这些矛盾的加剧、社会两极分化不仅造成了对人类健康的威胁,而且造成了它自身无法解决的全球性问题。

科尔加诺夫 新冠肺炎疫情的影响显然是通过打击各国经济,进而导致其政治局势恶化而展开的。我不能从医学角度来判断,但在我看来,导致新冠病毒快速流行传播有两个主要因素:第一,世界上大多数国家不愿意立即采取严厉的检疫措施来有效控制潜在的感染源(过境人员);第二,国家卫生系统没有准备好应对大规模的感染。事实证明,医疗保健系统的有效性被经济的有效性牺牲了,这在美国和一些欧洲国家都是显而易见的。只有像中国这样的社会主义国家才愿意不惜牺牲经济利益,立即采取严厉的检疫措施,把普通民众的利益放在第一位。

达维多夫 我无法判断到底什么原因导致了新冠肺炎疫情的暴发。关于这个问题有很多意见。不幸的是,在后真理时代寻找事件的真相成为一项艰巨的任务。我比较赞同典型的看法:该病毒是从动物有机体变异并传播给人类的。在这种情况下,系统性的全球问题变得显而易见:地球上的人口正在增长,但是似乎所有人的福祉没有同时得到改善。新冠肺炎疫情最初可能是由于不卫生条件而发生的,至今其在全球范围内快速传播的状况仍未得到有效抑制,从表面上看这是医疗卫生问题,而实质上是世界政治、经济发展不平衡所致，是资本主义体系本身固有矛盾在一个新条件下的暴发。这种不平衡使成千上万的人处于生存的边缘，处于完全不卫生且野蛮的环境中，越来越多的病毒或其他类似逆境的出现是不可避免的，如埃博拉病毒是非洲人民生活在糟糕条件下的结果。许多专家预测，新冠病毒仍不是未来等待我们的最严重的威胁。如今，很明显，世界资本主义的真正"杀手"不再是武装的革命者，而是一个来自地球上最贫穷地方的受苦、垂死、衰败的人，这听起来很可怕，但却是真正的事实，"每个人的自由发展是一切人自由发展的条件"，马克思在《共产党宣言》中的经典论断曾深刻地揭示了这一点。新冠肺炎疫情肆虐全球，只有社会主义中国控制得最好，原因就在于其马克思主义的价值立场。

科里亚科夫采夫 新冠肺炎疫情并不是这次全球性危机的根源，但它加速了危机的暴发，疫情对世界的影响在经济方面表现得最为突出。资产阶级媒体急于将2020年经济危机的原因归结于疫情，为其政府施行的新自由主义路线辩护。但危机的迹象在2019年底就开始出现，那时疫情还没有成为一种全球性现象。例如，早在2019年10月至12月，日本经济就同比下降了6%以上。新冠肺炎疫情对全球社会发展的影响具有两面性，"甲之蜜饯，乙之砒霜""因祸得福"这两句俄罗斯谚语能恰当地描述当前的全球性公共危机。新冠肺炎疫情不仅加剧了全球经济和社会危机，同时也使新自由主义制度潜在的缺陷浮出水面，例如在公共卫生和保健领域。这里的负面例子是美国、巴西和南欧国家，它们是受害者人数最多的国家。2020年春末夏初，在美国发生的社会暴乱尽管与种族主义意识形态上的斗争相关，但主要是由许多与新冠肺炎疫情有关的社会问题引起的。而另外一些国家在外部政治压力下，为避免大规模动乱的冲动促使政府果断放弃了新自由主义政策，转向加强国家对经济、社会和贸易等的监管。而俄罗斯和中国已经采取了这方面的措施，达到了较好的效果。

丘马科夫 关于新冠肺炎疫情暴发的原因,涉及科学研究的伦理性问题。有很多关于新冠病毒是否源于"人工"性质的讨论,这是有原因的,因为美国在本国及其他国家设有许多病毒研究中心和实验室,而且经常进行秘密的实验,包括在医学、生物、化学等领域。在以个别集团利益优先的资本主义国家,谁能保证在实验室里不会故意或无意地制造出失控的生物或化学武器呢?这涉及的是科学的伦理性问题。随着全球化进程的加快,其所产生的全球性问题的威胁正日益增加。因此,从抗击新冠肺炎疫情的现实可以得出结论,无论是单个国家还是整个人类,都需要以严谨的科学精神和全面的价值理性来客观审视全球化进程中突显的问题,将科学研究的伦理性放在第一位,重视科学家肩负的重大道德责任,同时从正反两方面充分评估人类改造世界的有限能力。

苏博金 2020 年的这场全球危机实质上是资本主义经济危机以新冠肺炎疫情为导火索的一次暴发。20 世纪 20 年代,苏联经济学家康德拉蒂耶夫提出世界经济周期性理论,已提前预测到了 2020—2022 年的危机。他从经济学视角提供了预测危机的工具,并指出在作为发达经济体的资本主义社会,其社会动荡和战争源于经济生活的节奏和压力,以及为争夺市场和原料而进行的斗争。现代资本主义社会的发展证明,这种类似于多神教共鸣的社会现象对社会和整个世界都是极其危险的,因为它加剧了资本主义制度的错误和社会紧张局势。此次新冠肺炎疫情大流行暴露了西方国家严重缺乏医疗保障的弊端,这威胁了社会和经济的安全。

郭丽双 在新冠肺炎疫情的影响下,关于全球化"终结"的讨论愈演愈烈,甚至出现了一个新的"去全球化"术语和一系列新论题:"新冠肺炎疫情杀死了全球化吗?""全球化的终结:新冠肺炎疫情将如何改变世界经济?"新冠病毒大流行与全球化有关吗?您怎样看待这些问题?

丘马科夫 以上判断明显对全球化的理解仅限于现象层面。应当指出,全球化是客观自然历史过程的后果之一。马克思是最早开始思考全球化范畴的人之一。马克思的世界历史思想已经揭示了,全球化不是某人的发明或某人专门开发的项目,而是社会关系从地方和地区层面提升到全球范围的客观历史趋势。新冠肺炎疫情与全球化当然有关系,但二者如何关联需要进一步解释。让我们从这样一个事实开始:全球化进程引发并加剧了全球规模的各种问题,这些问题被称为全球性问题。其中之一包括健康/医疗问题,新冠病毒作为人类所遭受的众多疾病之一,当它在全球范围内流行时,就成了一个普遍的全球性健康/医疗问题。新冠肺炎疫情暴发以来流行速度之快、范围之广,与全球化进程密切相关。我们要客观认识全球性健康/医疗问题,并且在人类历史上,新冠肺炎疫情不是第一场全球性的传染病。在全球化进程的初始阶段,1918—1919 年,西班牙流感使大约 5.5 亿人丧生,约占当时世界人口的 1/3(29.5%)。从那时起医疗保健问题就开始具有了全球性。一百年过去了,全球化进程非但没有终结,反而使各国经济、政治、文化获得了世界性轮廓,所有公共生活领域都直接或间接地参与到全球化进程中。因此,新冠肺炎疫情不会导致全球化终结,但它会提醒人们矫正全球化进程中的负面效应,使其趋向多维性的公正。

二、影响与变化:重塑世界政治新秩序

郭丽双 新冠肺炎疫情肆虐全球,这对国际关系产生了怎样的影响?它们会给国际关系格局带来什么样的新变化?

康德拉绍夫 首先,抗击新冠肺炎疫情的实践表明,类似于欧盟这样以资本主义为基础的国家联盟在全球灾难中是不稳定和无用的。最明显的例子是意大利,在危机中,欧盟和北约伙伴拒绝帮助,而援助它的是建立在信任基础上的国家——中国和俄罗斯。其次,抗击新冠肺炎疫情的实践还表

明，集体、国际和超国家团结体系是一种脆弱的现象。随着全球性威胁的出现，资本主义国家变得孤立和片面，它展开对其他国家的恶意攻击，忽视了流行病具有全球性的性质，没有在宝贵时间内采取有效措施。这让人想起1914 年第一次世界大战爆发时，第二国际议会中的社会民主党人投票支持军事贷款，而抛弃马克思主义和无产阶级的国际主义。最后，尽管新冠肺炎疫情的大流行带来了悲惨的后果，但它对国际关系产生了一些积极的影响，随着流行病的结束，新的国家联盟将不再建立在经济资本主义（自私的）、政治（通过意识形态对抗其他联盟）和军事基础上，而是基于团结、互助和信任。当然，这种新的国际关系体系并不排除经济方面的可能性。但在我看来，新国际关系中最重要的联系因素将是文化、教育、扶贫、集体安全、人道主义援助。

布兹加林　新冠肺炎疫情引起了国际关系的变化，一方面，它加剧了国际社会本已非常尖锐的矛盾——解决全球性问题需要国际社会的团结与政治、经济民族利己主义之间的矛盾。实际上，这种政治、经济民族利己主义在很大程度上只不过是 20 世纪初第一次世界大战期间列宁和卢森堡等人所揭示的帝国主义本质的体现。资本的过度积累与帝国主义内在本质的矛盾日益加剧，前者受到后者的限制。这一矛盾首先表现在金融投机领域，当这一领域引发危机时，如第一次世界大战前夕和21 世纪初发生的那样，它将引发军事化竞争和武装冲突。这种威胁仍然存在，唯一的解决办法是通过真正的国际团结。这次新冠肺炎疫情特别迫切地表达了这一需要，人类只有团结起来才能解决这类问题。具体而言，这涉及许多世界公众人物和国家领导人应该采纳的措施，包括：首先是为了解决全球性问题，特别是为了治疗新冠病毒感染而放弃知识产权；其次是加强建设解决全球问题特别是公共健康问题的国际组织，完善其工作职能和提高效率。该项任务应该由极具影响力的国际组织提出，并且必须对现有的国际合作机构进行深层改革，强化其作用，增加其民主、透明度，并减少其对资本和民族国家的依赖。

科里亚科夫采夫 新冠肺炎疫情反映了公众期盼国家关系发生变化的需求：一方面，它再次表明，大国需要在社会和科学领域内进行合作，以对抗疫情；另一方面，这种合作明显不足，不仅阻碍了经济发展，而且导致各种形式的"混合"战争，加剧了大国间的矛盾，并且在短期内，这些矛盾不会得到缓解，而是会加剧。

卡尔塔绍夫 新冠肺炎疫情大流行表明华盛顿共识已被破坏，旧的资本主义中心转而对抗新的发展中心（特别是欧亚的中心）。在 2014—2016 年美国明确表示，它将取消国际社会的旧游戏规则，权力的对抗和国际紧张的新时代开始了。这对很多人来说都是不愉快的结果，但是这种局势昭示了一种积极因素：多发展中心的竞争可以促进人类的进步，这是技术、社会关系和社会知识的全面进步。在曾经是人类文明起源的欧亚旧大陆，我们必须努力为人民的经济、文化繁荣创造一个安全的空间。这是否有可能，它根据什么样的历史规律？对于社会科学家来说，这是一个重要的问题。在旧的资本主义领导集团和新崛起的中心之间进行激烈斗争的气氛中，必须给出切实可行的答案。同时，重要的是，要使人民摆脱新自由主义盎格鲁－撒克逊精英阶层的影响，形成以保障人民的发展权为目的，且独立于美国、英国和欧盟的欧亚共识，这一切都应得到明确阐述，并最终获得世界各地人民的支持。

苏博金 2019—2020 年世界局势非常紧张，可能会暴发第三次世界大战。新冠肺炎疫情引起的公共卫生危机暴露了国际金融体系的缺陷，国际组织的无能越来越突显，它们只关注保护金融市场和利润的最大化。抗击新冠肺炎疫情是一项全球特别行动，旨在缓解资本主义社会的社会紧张局势，从而暂停全面的全球冲突，并将金融重新分配给新的参与者。因此，新冠肺炎疫情将促使构建新的国家关系和国际秩序，改组无力的国际组织。

郭丽双　您认为,在全球抗击疫情中,不同政治制度的国家采取的价值立场、反应方式和收效是否存在差异? 面对美国政府对中国和俄罗斯的责难,您如何评价美国、中国、俄罗斯在应对疫情中的表现?

布兹加林　对于这一问题,回答是肯定的。不同政治制度的国家对这场全球危机的反应与应对方式是不同的。美国作为世界上最富裕的资本主义国家之一,尽管它拥有巨大的经济、科学和技术潜力,但由于其资本主义性质把资本利益放在第一位,因此仍无法解决抗击新冠肺炎疫情、保护其国民健康的问题。相比之下,即使在不利条件下,人均收入大大低于美国的国家却能够为这一问题提供优质的解决方案,并最大程度上减少这种全球威胁造成的人员伤亡。这里指的是像中国、越南、古巴等社会主义国家,这些国家的民众对政府采取的措施充满信心并取得了良好的结果,这些国家主动组织解决问题的良好运作机制表明,一个国家的价值立场决定了它是否可以克服或至少部分消除灾难的负面后果。

布洛夫　西方和东方国家对新冠肺炎疫情确实由于不同政治立场持不同看法,西方国家以美国为首试图利用各种借口,包括不恰当的借口,无理指责东方国家(中国和俄罗斯)无视新型冠状病毒大流行这个全球性灾难,纵容、煽动甚至组织大流行。美国不仅没有在国内采取积极行动来抗击疫情,而且在国际社会中也没有负担起大国的责任,为了本国的利益弃自己的地缘政治盟国于不顾,以指责他国为手段转移自己抗疫失败的国内矛盾。美国以惨痛的事实表明了资本利己主义的严重危害。总之,在新冠肺炎疫情期间,美国政府的国际形象大打折扣,美国内部不断发出反抗政府的声音并发生了一系列的暴力事件,其他国家也不断抨击美国现政府和领导人狭隘的利己主义和以维护资本利益优先的价值立场。

新冠肺炎疫情在全世界暴发后,通过对比人们认识到,中国在国内抗击疫情是非常成功的:首先是中国有强大的经济安全保障,即使自我隔离期间也能确保人们的生活必需品；其次是中国政府把保证每一个人得到及时救助放在第一位，如武汉后期的拉网排查，入境人员的隔离和医护监管；最后是中国人民信任政府，且组织纪律性强，严格按照政府的要求进行自我隔离，采取佩戴口罩、消毒等必要措施。俄罗斯政府面临着复杂的问题：一方面是为了保障人民的健康，另一方面是为了维持经济稳定。客观上看，虽然俄罗斯政府学习中国的成功经验采取了一系列抗击疫情的措施，但是没有收到很好的效果，原因在于，俄罗斯的人民不像中国人民那样有纪律性，尤其是年轻人不遵守隔离制度，大多数被感染的病人年龄在 40 岁到 50 岁之间；另外，由于俄罗斯经济基础薄弱，疫情对俄罗斯人的生活水平造成的伤害比中国更大，俄罗斯的消费水平已经大幅下降。即使在经济非常艰难的时期，中国和俄罗斯仍然展开了大规模的对外人道主义援助。美国与中国、俄罗斯在抗击疫情中的表现形成了鲜明的对比，这必将引起国际关系格局的新变化。国际社会必须果断地改变国际关系的原则：以团结取代分裂，以合作（贸易和政治方面）取代战争。有必要举行一场以"在新型冠状病毒条件下国家间的合作"为主题的世界各国领导人峰会。虽然必须发挥世界卫生组织的潜力，但是不能完全依靠它来解决新冠肺炎疫情的流行问题。

布拉夫卡-布兹加林娜 新冠肺炎疫情已成为现代世界中由地缘政治优势之争引起的国际关系体系中敌对矛盾的催化剂，同时，新冠肺炎疫情也揭示了每个国家的真正目标和优先事项：是以拯救公民的名义与新型冠状病毒进行斗争，还是以维护世界统治地位的名义对这一话题进行政治猜测与攻击。一些国家（像中国、古巴、俄罗斯）在抗击疫情方面已拼尽全力，不仅为自己的国家付出了努力，而且也为其他国家的人民提供了积极的援助。例如，古巴是整个加勒比海地区唯一接受英国游轮 MS Braemar 的国家，在该游轮上的 600 名乘客中有新型冠状病毒病例，相比之下，美国对自己地缘政治的老盟友英国不施以帮助。我们不应忘记，古巴在过去半个多世纪以来一直受到来自美国经济封锁和制裁的压力,尽管如此,古巴由于其自身的社会主义性质,在危机时刻帮助其以往的政治对手。另外,古巴还派遣了 52 名医生组成的小组前往意大利,那里有许多病人死于感染。①

在新冠肺炎疫情国际援助中表现最为突出的是中国,它对世界主要国家都给予了巨大的帮助:向希腊就运送了 50 万只口罩和 18 吨其他人道主义物资,向俄罗斯、意大利、西班牙、法国、塞尔维亚、比利时、波兰等国提供了大量医疗援助。虽然俄罗斯本国经济受到了疫情的严重打击,但还是对中国、意大利、美国、朝鲜、苏联国家等国提供了很多国际援助。与这些国家的积极援助形成对比的是,以美国为首的西方国家不仅没有团结互助,反而集中精力以新型冠状病毒为工具展开了对他国的攻击,来压制其经济和政治的竞争对手。意大利没有得到欧盟、美国和英国本应提供的援助,这是很自然的,因为资本主义的统治是建立在为自己私人利益而不是普遍利益基础上的。因此,资本主义不创造团结而导致竞争。而且在疫情期间,西方资本主义国家试图将所有麻烦归咎于中国和俄罗斯,这表明,西方正试图利用一切力量,甚至是利用与新冠状病毒的斗争来压制其经济和政治竞争对手,在世界范围内把维护其地缘政治优势作为主要目标,服务于资本利益。而中国、古巴和俄罗斯已成为团结、援助各国人民抗击新冠肺炎疫情的领导者,其原因就在于他们拥有的社会主义经验为全世界(无论是过去的俄罗斯,还是现在中国和古巴的社会主义)提供一个突破 21 世纪资本主义陷阱的机会。

丘马科夫　新冠肺炎疫情引起的国际关系变化的典型例子是,在欧盟内部已经出现的各国在抗击疫情互动和互助方面的分歧、不满,以及中美之

---

① Гасюк. А. Пандемия COVID-19:Какие страны помогли, а какие повели себя, как эгоисты. https://rg.ru/2020/03/26/pandemiiacovid-19-kakie-strany-pomogli-a-kakie-poveli-sebia-kak-egoisty. html.

间的"贸易战"升级为更复杂的矛盾。毫无疑问，新冠肺炎疫情加剧了这些矛盾。美国在没有邀请中国的情况下，几乎邀请了中国的所有邻国参加即将举行的七国集团首脑会议，暴露了美国想进一步巩固全球世界旧秩序的愿望，即在全球世界中争取势力范围和在斗争中拿到更有利地位，形成反华联盟。以竞争和斗争为核心的国际关系旧秩序已经不适应现代社会的发展，新冠肺炎疫情将加速其改变。在当今相互依存的全球世界中，求同存异的团结合作比任何强制性的解决方案或"独自生存"的政策都要好。在全球化背景下解决人类共性问题的方式，应该从马克思主义理论出发，因为在马克思主义理论中，个别国家的利益与全人类的普遍利益是和谐共存的。

三、问题与出路：替代资本主义的社会主义全球化方案

郭丽双　在反思新冠肺炎疫情加剧的全球性危机中，您认为马克思主义学者应该重点关注哪些问题？是否存在资本主义向社会主义过渡的可能？

康德拉绍夫　随着新冠肺炎疫情的暴发与结束，新自由主义全球化的时代将会结束，全球化进程将采取何种新形式进行还有待观察。马克思主义学者应该把重点放在预测和制定各种替代方案上。由于现代资本主义是一个充满活力和高度适应性的体系，它将努力采取新的变通方案以适应新的全球化。因此，所有国家的马克思主义者都必须齐心协力，制定出替代资本主义的社会主义全球化方案，使世界各国都能受益。马克思主义哲学家要在制定这种替代全球化方案中发挥重要作用，必须制定和阐明该方案的基本意识形态原则。在全世界抗击疫情的实践中，我们发现，当今世界缺乏各国间的团结是比以往任何时候都更加危险的。因此，今天所有的努力都必须致力于创造新的合作、信任、互助的世界条件。也许疫情后的世界将成为一个新起点，为真正的全球社会主义社会创造最初的条件。中国哲学家

在这方面做了大量工作,近些年,与马克思主义有关的大型学术活动经常在中国举行,如在北京举行的"世界马克思主义大会",在上海举行的"复旦大学当代俄罗斯马克思主义研究前沿国际论坛"。

布兹加林 对于马克思主义学者和社会科学家来说,首先,要清醒地认识到,2020 年这场全球危机的性质是晚期资本主义社会经济体系的系统性危机,即使没有新冠肺炎疫情,世界仍将陷入这场深重的危机。新冠肺炎疫情大流行表明,全球问题是最紧迫的实际问题之一,在此类威胁加剧的情况下确保整个人类社会(每个国家、每个人)的可持续性发展是最为紧迫的任务,政府和社会机构及所有人都必须作好准备来完成该任务。因此,全世界的马克思主义学者要致力于研究更新并振兴现代经济、社会政治结构、意识形态和文化领域的基本问题,重建政治、社会、经济、生活和社会关系的逻辑,使世界发生根本性的变化,使整个世界中存在的社会关系足以应对未来的诸如新冠肺炎疫情大流行这样全球性的严峻挑战。此外,马克思主义学者还应该对比不同政治制度的国家应对疫情的价值立场和结果,向全世界揭示马克思主义致力于全人类福祉的真理性。

布拉夫卡-布兹加林娜 马克思主义学者应该揭示最大的资本主义国家美国在抗击新冠肺炎疫情中的失败,揭示资本主义国家的虚伪性。充分认清,美国最初阶段解决新冠肺炎疫情问题的方法主要基于商业和资本利益的考量,其价值立场是非人道的。席卷全球的新冠肺炎疫情展示了每个国家在医疗和社会保障体系方面的情况。适当的病毒检测是这次抗击疫情的主要环节,但是疫情初期,在美国每个人都要自己承担新冠病毒检测的费用,完全由患者财务资源来决定人的命运,这大大地影响了对疫情的预防与控制。预防和治疗新冠病毒费用对于中等收入的美国人来说都是极高的。因此,中等收入的美国人只有在最极端的情况下才去医疗机构。美国国会直到 2020 年 3 月 18 日才批准了关于新冠病毒免费检测的法案。然而正如

《大西洋》所指出的那样，美国丧失了控制疫情传播的宝贵时间。由于原来检测需要交费用，因此美国进行的新冠状病毒检测的人比其他国家都少。①这就是为什么美国在新冠病毒感染人数排名世界第一的原因。事实证明，美国是世界最富裕的国家之一，但医疗保健系统还是无法在经济、社会和医疗方面迅速、有序地确保其公民的安全，这是由资本主义的本质决定的。

布洛夫 马克思主义者必须认真考虑疫情背后的复杂问题——社会经济、政治、意识形态——这意味着本次疫情将影响国家、地区、世界的经济发展，应重点关注：医疗危机是否会影响政治和社会的稳定，不同的利益集团在意识形态斗争中怎样利用疫情达到自身目的。

科尔加诺夫 马克思主义学者应该明确地揭示：以私人企业机构为主体的国家无法有效应对紧急情况（如此次全球性的疫情），只有使用国家机构和计划方法才能稳定经济和社会局势；公民的迫切倡议和积极主动的行动是基于反对私人利己主义的团结一致；经济不平等对获得医疗救助和预防感染的后果有重大消极影响，贫困阶层的人口受到的保护最少。

卡尔塔绍夫 在新冠肺炎疫情加剧全球危机和国际政治紧张的气氛中，马克思主义学者应注意所有这些现象的起因，重点研究全球资本主义发展的问题。我从经济角度的研究认为，在 20 世纪只有两个国家经历了伟大的现代化革命，分别是俄罗斯和中国。我们的注意力应放在我们在 2008—2020 年经历的此类危机的性质上，以及分析俄罗斯国家革命的发展上。有一个关于革命的神话：革命的根本性变化意味着革命的结束——在革命达到顶峰之后这不再是一场革命。因此，我认为，俄罗斯和中国已经生活在革命后时代。但是我们可否说国家现代化的任务已经完全完成了呢？我们的

---

① Названа стоимость лечения коронавируса в США. https://iz.ru/995843/2020 – 04 – 05/naz-vana – stoimost – lecheniia – ot – koronavirusa – v – ssha.

市场改革是一种恢复,现在面对来自美国、英国和其他旧资本主义中心的新敌意,已经出现了公开的挑战。这需要中俄两国的马克思主义者联合起来,共同研究和批判现代西方资本主义,共同应对它提出的挑战,以自己的方式完成国家现代化的任务。

苏博金 面对疫情和新一轮的全球性危机,对马克思主义学者来说,首要的任务是,进一步发展马克思列宁主义理论。列宁曾强调马克思主义理论教条化的危险,他指出了应根据特定历史文化条件的不断变化而发展马克思主义理论的必要性。科学共产主义是一门需要持续发展的科学,其核心要义是充分利用经济为战略发展服务、以马克思主义的价值立场正确处理社会和政治关系,而不是片面强调经济发展的重要性。值得注意的是,共产主义的科学理论还没有被真正地开发出来,它还没有被创造性地实现。其次,要运用马克思列宁主义理论来揭露这次全球性危机的根源在于资本主义自身的矛盾。在资本主义社会中,社会关系是建立在竞争和持续的统治斗争之上的,其目标是实现利润最大化。全球化时代的社会化大生产与资本主义私人占有之间的矛盾日益加剧,造成了大规模的冲突,各国和各利益集团为分配资源而斗争。正如列宁在其著作《帝国主义是资本主义的最高阶段》中曾指出的,帝国主义战争是不可避免的。再次,要充分展现社会主义的优越性。在社会主义生活方式发生多样性转换的条件下,经济斗争的原则已经被互助的原则所取代。因此,在社会主义国家的性质保障了其经济可以持续、稳定地增长,而战争和社会动荡是资本主义国家产生社会压力的指标。被国际社会公认的积极例子是:社会主义国家制度的苏联和中国在科学技术、文化、艺术发展等方面取得的重大成就,创造和互助的社会行动极大地加强了人们彼此的交往与团结,为社会发展提供了强大的动力。最后,在宣传方面,不仅要强调俄罗斯-印度-中国的战略三角国家,它们将建立可靠的贸易、社会和人道主义合作,以确保世界和国家安全,还要强调所有国家的人民都正处于同一个问题域中——资本主义世界的宣传给他们带来了巨大压力和灾难。资本主义是一个系统，不管它以什么模式演进，都创造了一个内部紧张的社会。对所有国家来说，社会主义是人类生存的客观需求，将资本主义模式转变为社会主义模式是必要的，变革不能在一个国家或一个地区发生。建立世界各地的社会主义模式是唯一能消除资本主义周期性危机的有效工作机制。下一场危机可能会更加严重，这对整个地球的生命构成了威胁，因此国家现代管理模式转换尤为重要：从资本主义转变为社会主义，并进一步转变为新的共产主义制度，这是国际社会科学界的共同使命。

达维多夫 我认为，新冠肺炎疫情这场全球性危机为左翼世界，尤其是马克思主义者提供非常有价值的经验教训。首先，应该批判几十年来左派政治思想中的无政府主义、地方主义倾向。近年来，通往下一个社会形态的途径是通过网络自组织的想法，各种"自下而上的倡议"在西方发达资本主义国家已经变得非常流行。"资本主义通往共产主义之路"的概念已经广泛传播，按照时髦的说法，当人类征服了"必然王国"时，"国家的消亡"不再是遥远的未来。"不劳动的后资本主义"、社会主义为人类提供普遍的机器人化，人类将无条件获得永恒幸福等不同版本相当流行。新冠肺炎疫情摧毁了这些由西方空想主义者建造的"海市蜃楼"，他们梦想着自动地过渡到后资本主义。而实际情况截然相反，人类还在遭受资本主义矛盾引发的灾难性伤害。显然，过渡到社会主义的方法并不在于全面放弃的权力和陷入自发无限制性的混乱中。新冠肺炎疫情在全球传播以惨痛的教训警醒左派思想家，其主要任务不应是与国家作斗争，而是应该将所有努力转向重新思考国家应该成为什么样的国家。其次，应该积极探索如何利用现代高科技重组全球政治新秩序和国际组织。今天，我们拥有巨大的技术潜力，区块链为以最直接的形式重塑民主创造了前所未有的机会。以直接的全球民主形式参与世界性决议,并与国际组织的监督相结合可以解决人类缺乏反身性的问题。最后,我们需要重新思考社会上必要的劳动在社会中的作用,重新重视马克思关于劳动的学说,人在劳动中实现自己的创造性和价值,劳动是人自我实现的方式。必须批判和抛弃西方意识形态学家宣扬的关于后劳动社会的幻想。人类需要大量的教师、医生和其他高水平的专家,实际上,在今天的全球范围内都存在劳动力的短缺。新冠肺炎疫情大流行清楚地表明了这一点,由于缺乏医疗专家导致了成千上万人的死亡,这不仅是经济落后国家的单一现象,而且在发达国家中也普遍存在该现象!

本文已发表在《马克思主义与现实》2021 年第 1 期

技术政治、承认政治与生命政治
——现代主体性解放的三条进路及相应的政治概念

罗　骞　滕　藤*

在国内学术界和思想界，尤其是哲学界，政治哲学研究近年来持续升温并产生了广泛的影响，甚至成了一个较为任意的叙事范式。从规范性的意义上说，这意味着政治哲学这个学科的基础还没有完全确立起来，不论是对政治哲学本身的理解，还是因此对政治哲学史的研究，我们都还没有形成较为成熟的理论架构。比如，国内有英美政治哲学和大陆政治哲学两条不同的研究路径，显然是从思维方式、表达风格等着眼的一种形式的区分；又比如，依据西方哲学、马克思主义哲学和中国哲学的学科背景展开对政治哲学的研究，根本上也不是从政治哲学的本质问题和内在逻辑出发的。全面地提出一种政治哲学的阐释框架不是本文能够完成的任务。本文仅就现代政治及其话语逻辑提供一条分析路径，希望有助于现代政治哲学研究视域的拓展。立足现代被理解为主体性的确立这一思想原则，本文从主体性解放的三重维度重新规划现代政治哲学的总体框架，在将现代政治同传统政治区别开来的同时，勾勒现代性政治的展开逻辑。一方面，这一研究将对现代

---

* 罗骞，中国人民大学哲学院教授；滕藤，中国人民大学哲学院博士研究生。

政治解放的理解拓展到生存世界的全部领域,现代政治概念不再停留于抽象权利得到等同承认的交往活动空间,这就为政治概念走出狭隘的规范性领域、向事实性和感受性领域的拓展奠定了基础;另一方面,这一研究通过揭示现代主体性政治及其逻辑的内在展开,为反思现代解放的局限性从而提出一种超越现代主体性解放的政治话语提供了基本前提。

一、现代主体性的三重维度

大体说来,以 15 世纪的文艺复兴为发端,现代是通过一系列历史事件最后在法国大革命中被本质地确立起来的。法国大革命不仅用资产阶级的经济和政治制度取代了封建阶级的专制制度,而且确立了人成为自己命运的主人这一条现代解放的"人本论"原则。经历艰难跋涉,度过了长期经受自然和社会力量奴役和压迫的漫长时期,人类最终将自己发展成为独立自由的理性主体。[1] 所以现代常常被称为主体性的时代、自由的时代,亦即人的自身被理解为目的并且被理解为动力,因此要在经验的世俗生活中得到自我展开和自我实现的时代。所谓人是主体,亦即人在观念中被理解为根本目的的同时被理解为自我决定者。曾经被中世纪神学和形而上学所压抑或忽视的理性、利益和欲望得到充分肯定,并且成为现代人自我确证的核心。一旦个体的理性、利益和欲望都获得了正当性,世界也就不再从超越的、存在于彼岸世界的上帝那里获得存在的指令,上帝不再成为价值根据,[2]人被理解为自身存在的根据,即马克思所说的"人的根本就是人本身"[3]这样一个现代的命题。

---

① 参见[美]马尔库塞:《理性和革命》,程志民等译,上海人民出版社,2007 年,第 19 页。
② 参见[美]尼尔·波斯曼:《技术垄断:文化向技术投降》,何道宽译,北京大学出版社,2007年,第 95 页。
③ 《马克思恩格斯全集》(第 3 卷),人民出版社,2002 年,第 207 页。

正是通过批判宗教神学，现代基本确立了世俗社会的基本立场，对人类存在的理解回到了现实的人类世界本身。首先，现代崇尚经验和规律，反对迷信，推崇人的创造能力，坚信通过各种进步可以革新一切社会弊病。在现代，科学技术代表了人类的理性能力并且成为人类前进的动力。其次，现代强调"人生而平等"，反对传统的专制主义和等级制度，自由、平等、民主成为现代的基本价值，并衍化为现代民主政治的基础。最后，现代否定了中世纪宗教神学，否定超越的彼岸世界，以人自身为根据重建人的世俗生活。在钢筋水泥构筑的城市丛林中，在实用血液肆意流淌的现代文化中，彼岸超越的上帝之城让位于此岸的尘世喧嚣。从各种束缚中解放出来，人在被理解为自身的目的的同时被理解为自我满足的动力。现代的主体性意识就是这样一种领会到了自己作为存在主体的生存意识。人的主体性在生活世界的各个领域得到充分展开和实现，分别形成了不同的主体概念和主体性意识。从人类生存活动的不同指向和不同原则来看，主要有三种基本的主体概念。

第一，人被理解为认识主体。人以观念的方式把握对象，形成揭示对象本质、规律和特征的正确认识，人就是这种观念活动中的认识主体。人的主体性体现为一种理性的认识能力。人作为主体的自由被理解为对必然的认识，也就是通过掌握事物的必然规律，摆脱对象盲目的统治以实现人的目的。人通过必然性的科学和可行性的技术利用和改变对象，摆脱自然的束缚而成为支配自然的主体。因此，在现代思想的发端处，培根宣称知识就是权力，即一种正确地认识对象因此利用和支配对象的力量。正是在这个意义上，科学成为现代启蒙的基本口号，它以理性的认识反对愚昧无知，反对封建迷信和自然崇拜，实现了人的自由解放。认识的主体性就是一种通过认识对象来利用对象的主体性。对一些现代性批判者来说，这种主体性就是建立于工具理性基础上的统治和支配逻辑，因此对现代主体性批判的基本主题就是工具理性批判。法兰克学派的社会批判理论、福柯的理性权力批判,以及生态主义者对人类中心主义的批判等,大都是从这个方向上展开的主体主义和理性主义批判。

第二,人被理解为权利主体。作为权利主体的主体性意识主要在人与人之间的交往活动领域展开,因此是规范性层次的主体性概念。在现代,人被理解为拥有权利的主体因而需要被等同对待,"我是我自己""人生而平等"成为普遍的意识。主体性的自由就表现为,人作为人的权利得到等同承认和实现,我被看作社会生活平等的参与者。自由即这种权利得到肯定和实现。这个意义上的主体性直接针对着传统社会的等级制和专制主义。人成为主体意味着人在现代成为独立的社会公民,现代是一个民主参与的时代,自由、民主、平等在抽象权利的意义上成为现代的基本原则,人成为拥有抽象法权的权利主体。

第三,人被理解为欲求主体。作为欲求主体的主体性意识来源于人对自身物性实在的理解,人肯定自己的生物性生命,将自身看作物性欲求需要得到肯定和实现的主体。在欲求主体概念中,人的主体性不再被理解为理性的认识能力或交往活动中的平等权利,而是被理解为作为物性的利益、本能和欲望。人被看作拥有和实现诸种存在物性的物性存在。人的自由就是诸种物性欲求的满足和实现。从这种欲求主体性意识出发,人的理性精神被看作肉体的牢笼,主体的自由就是摆脱各种理性的束缚满足自己的欲求,而不是摆脱肉体欲求的束缚实现灵魂自由和精神的自由,用超物性的原则来压制物性。人被理解为自我实现的欲求主体这一现代意识,颠覆了肉体是灵魂的牢笼这一柏拉图主义的基本主张,[①]成为现代主体性解放的基本维度。在这一维度上,人对自身的理解回到了最为坚实也是最为原始的存在基础,现代主体性的解放获得了更加具体的实体性内容。

---

① 参见《柏拉图全集》(第 1 卷),王晓朝译,人民出版社,2015 年,第 63～64 页。

现代主体性解放的三重维度形成了对自由的不同理解，分别涉及事实性认识活动、规范性交往活动和感受性体验活动的不同自由观念。现代解放被理解为主体性的解放，也就是在不同生存活动中自由的实现。理解主体性自由实现的不同维度，形成了不同的政治理解路径。我们将其概括为三种不同的政治概念：以科学的认识主体性为基础的技术政治、以平等的权利主体性为基础的承认政治和以物性的欲求主体性为基础的生命政治。其中，生命政治概念对欲求的肯定回到了人最原始的物性，将现代主体性解放推到了物性实在的底线，因此成为现代主体性解放的逻辑终结。

二、认识主体与技术政治

在现代社会，随着人的生存和实践方式的革命性改变，人的存在论意识发生了根本性变化。人们以新的存在论意识领会自身在世界中的位置和自身与对象性世界的关系。在现代主体性解放中，首先是随着科学技术的发展，人类的认识能力不断提高，人被理解为从自然的束缚中解放出来的认识主体。人作为认识主体而存在，与之相对的是按照自身的客观必然性逻辑运行的能够被认识的对象世界。认识就是依据对象自身的逻辑把握对象并形成相应观念的过程。在这个意义上，认识主体所领会的世界不再是绝对超验的彼岸世界，而是通过科学能够认识并且通过技术能够服务于人的物性世界。世界展开的逻辑不再是神意，而是独立于主体之外的必然性的客观规律。人作为认识主体就是要揭示这种客观规律并依据这种客观规律与世界打交道。在这个意义上，自由被理解为对必然性的认识，也就是在正确认识对象的基础上充分利用和支配对象，在遵循必然性规律的同时利用必然性规律服务于人的生存实践。

由于主体将世界看作按照必然性规律运行的客观世界，主体的自由也就变成了利用事物的规律实现自我的目的。换言之，科学认识并不是最终的目的。主体的目的在于,依据世界本身的规律改变世界以自我实现和自我展开。这里存在基本的环节。首先,依据客观世界的可认识性,主体通过认识形成关于世界的必然性图景。其次,主体的知识图景必须具有可实证性的特征,科学认识采用实验实证的方法,而不是思辨的抽象或诗意的联想,①实证研究成为现代认识的基本范式,真理被本质地理解为符合论意义上的正确知识。最后,实用性成为科学研究的根本动力和指向。现代科学正是在技术的实用性促进下迅速发展,科学成为以技术为导向的一个环节。技术对于世界的改变成为现代认识主体性的根本体现。世界的可计量性、知识的实证化与实用化构成了现代科学世界观的基本特征。

　　实证性和实用性成了现代科学的本质要求。正是在这个意义上,海德格尔将技术阐释为现代科学的本质。科学指向技术,在技术的指向中自我实现。科学知识的技术化应用先行规定了科学知识本身的生产和再生产。技术就是依据科学对世界的量化计算、订制、生产世界的能力,科学则降格为技术生产的一个环节。海德格尔曾经说:"我们不能把机械技术曲解为现代数学、自然科学的单纯的实践应用。机械技术本身就是一种独立的实践变换,惟这种变换才要求应用数学自然科学。"②实践中技术规定了科学的意义和本质,成为科学活动自我确立的根据。世界也通过技术被生产,因此日益远离自在的自然,成为技术化的世界,一个被技术塑造和统治的世界。这里所谓技术统治的世界,就是技术依据必然性规律对自在世界的翻转和再造,因而世界已经本质上成为人造的。立足科学必然性和技术可能性的世界,现代就是以科学知识为基础的技术时代,利用知识创造和改变世界的时代。依据科学技术对世界的生产和创造就是现代领会主体性及其自由的一

---

① 参见《马克思恩格斯文集》(第一卷),人民出版社,2009 年,第 329 页。
② [德]海德格尔:《林中路》,孙周兴译,商务印书馆,2016 年,第 83 页。

个基本维度。

以必然性的科学和可行性的技术为基础的生产逻辑并非局限于物质世界，这一套逻辑全面拓展到了整个生活世界，也被看作社会历史自我展开的逻辑。马克斯·韦伯用合理性概念准确说明了服从于合理标准的社会领域扩大的趋势。与各个领域不断拓展的"合理化"趋势相一致，科学技术内含的工具理性不仅成为改变世界的手段和力量，而且成为理解世界的思维方式。以科学认识中的必然性世界为基础，现实世界变成了技术生产的世界。人被看作在依据必然性规律改造自然的同时能够改造社会历史的主体。这种生产自然且生产社会的观念，在当代的极端表现就是技术对认识主体本身的生产和再生产。这就像萨特说的，人和事物的互为"中介"①。立足科学和技术，人按照对待物的方式来看待和生产自己，在基因编辑中我们看到了这一点；同时按照人对待人的方式来看待和生产物，人工智能是最充分的表现。这意味着物人化的同时人本身也物化了。正如海德格尔用"坐架"对技术的比喻那样，②技术掌控了人-物之间的存在关系，成为一种客观的力量。在19世纪大工业时代，马克思曾预言人将演进为监督、调节生产过程的主体。③ 然而随着现代社会技术的发展，人不断被整合进技术系统，成为被技术监控和统治的对象。在这一过程中，人实现自我超越的同时悖谬性地导致了自我否定，也就是使用工具的人客体化，而劳动力分离并主体化④的过程。人类利用自身禀赋完成技术创造却最终解构了自身的独特性，在实现自由超越同时也意味着自我解构。

在这一世界图景中，社会被看作按照必然性规律运转的机器，人能够操

---

① ［法］萨特：《辩证理性批判》，林骤华、徐和瑾、陈伟丰译，安徽文艺出版社，1998 年，第215页。
② 参见孙周兴选编：《海德格尔选集》，上海三联书店，1996 年，第937～938 页。
③ 参见《马克思恩格斯全集》（第31卷），人民出版社，1998 年，第100 页。
④ 参见［美］马尔库塞：《单向度的人》，刘继译，上海译文出版社，2006 年，第36 页。

控、修理和利用这一机器。以此时代意识为基础，政治就被看作按照科学的必然性和技术的可行性对社会进行的有效治理，从而确保社会机器运转得顺畅和高效。曾经作为超越价值领域的信仰、德性等范畴不再是政治的核心概念，政治挣脱了宗教、道德和审美观念的束缚，被理解为以科学认识为基础的技术治理。这种从认识主体性角度形成的政治概念，我们称之为技术政治，也可以称之为技治主义（technocracy）。技术政治成为现代政治的基本形态。技术政治概念在现代性思想中尽管没有成为主流，但一直都存在，并且在政治实践中具有充分的体现。培根提出了由科学家和技术专家管理社会的乌托邦设想；圣西门也主张由牛顿委员会执行最高统治权，实现对社会的科学化管理；①当代的哈贝马斯明确将专家治国看作当代政治的基本特征，并将这一点同他的晚期资本主义理论有机地结合起来。合理化的技术统治成了现代政治正当性的基础。在这样一个技术统治的时代，人的自我客体化似乎已经通过物化、"有计划的异化"②等形式完成了。这也就是哈贝马斯所担忧的技术统治和"生活世界的殖民化"。

政治实践不再追求与神性教条、德性观念的耦合，而是将科学技术和科学精神作为基础，合理、客观、高效成为政治实践的基本要求。与此同时，政治叙事也沿用自然科学的范式，政治活动的认识和分析方法服从于自然科学的逻辑。政治叙事不再以政治神学、政治诗学或政治哲学的方式展开，占据主导地位的是政治科学，是对政治现象和政治经验的科学化研究。政治研究不再关注超越性的思想，转而寻求稳定可靠的实用知识。社会的管理人员不再是柏拉图的哲学王，而是善于利用技术工具、掌握科学理论的工程师和专家。政治不再追求超越现实的伦理价值，而是着力于展现非凡的治

---

① 参见刘永谋：《论技治主义：以凡勃伦为例》，《哲学研究》，2012年第3期。

② ［德］哈贝马斯：《理论与实践》，郭官义、李黎译，社会科学文献出版社，2004年，第379页。

理能力和治理技术。

然而主体的存在并非仅受必然性约束,必然性只是主体与世界打交道的一种原则。必然性规律构成了主体自由的边界和底线,但主体自由并不只是对必然性原则的服从。科学技术的合理性运用还需要合目的性的中介,科学技术总是在主体的交往活动中展开的。技术政治只是现代政治概念的一个层面,会受到其他因素的影响和中介。海德格尔就曾经提出如何给技术时代安排一个恰当的政治制度的问题。① 事实上,科学和技术都是现代的根本现象,②科学技术统治地位的确立只是现代主体性解放的一个层面,科技不是也不应成为统治人的力量,其本身还应该受到超越必然性和可能性的更高原则的中介。主体生存实践除了必然逻辑的限制外还必须受到规范性原则的约束,事实的必然性逻辑需要规范性的约束才能成为现实的生活原则。现代主体性的解放也不只是表现为认识主体性地位的确立。在人与人之间的交往活动领域,人被理解为拥有抽象权利的行为主体,抽象人格的等同承认成为主体间的基本原则,相应的政治概念就不是技术政治,而是以平等参与为基本活动的承认政治。

三、权利主体与承认政治

当人被理解为解放了的认识主体时,自由被理解为认识、服从并利用必然性规律。必然性规律为主体的自由划出了底线。但是必然性规律所确立的行为边界也只是主体存在的诸多边界之一。我们不能认为人只是以必然性的方式生存在世,对必然的认识和利用就是自由生活的全部。人不仅仅与作为"物"的对象打交道,而且与同样作为主体的人打交道。在人与人打

---

① 参见孙周兴选编:《海德格尔选集》,上海三联书店,1996 年,第 1303 页。
② 参见[德]海德格尔:《林中路》,孙周兴译,商务印书馆,2016 年,第 82 页。

交道的交往活动领域,遵循的原则显然不只是客观的必然规律,还包括交往活动中形成的规范。① 规范之所以成为规范,意味着不是自在的客观规律性,而只是生活实践中"人为"的约定或共识。因此,在这一存在层次上,人不再是认识的主体,而是相互间交往活动着的主体。在交往活动领域,现代人作为主体从前现代社会中解放出来,解除了传统道德伦理、等级门第等观念和制度的束缚而成为自由独立的人。在这个意义上,人成为以自我为根据的权利主体,主导人际交往的根本原则是对个体抽象人格的等同承认,核心的范畴就是平等。权利主体就是主体之间被等同承认的抽象人格,承认对方法权人格的同时,自己独立的法权人格得到等同承认。因此,以这种权利主体为叙事核心的政治概念,我们称为"承认政治"。"承认政治"是现代政治哲学话语中占据主导地位的政治概念,核心是人从各种传统的社会束缚中解放出来成为抽象的权利主体,成为公民。公民就是承认政治中的权利主体。

权利主体意味着现代人在交往活动领域中的解放,主体自由的边界向上和向内提升了一个层次,用规范性的原则扬弃了必然性。主体的在世活动不仅要有事实的合理性,不违背客观必然性规律,而且要有价值的正当性,应该遵守平等主体之间共同认可的规范和共识。所以"承认政治"是以主体间平等权利的承认为基础的政治概念。政治的职能就是保障主体在公共生活中的权利平等,并以此为基础实现和展开主体间的共同意志。通过在等同承认的基础上制定各种法律制度,形成各种程序规范,权利主体对这些规范制度的服从就是服从自己被实现了的意志,因此也就是主体自由的实现。主体自由不再只是对必然性规律的遵守,更重要的是服从体现主体

---

① 参见[德]哈贝马斯:《作为"意识形态"的技术与科学》,李黎、郭官义译,学林出版社,1999年,第23页。

性意志的各种法律制度和其他规范。政治就是以民主参与和法治约束的方式捍卫主体权利，确保主体的各项权利得到等同承认，因此能够自由地参与公共生活。在这个意义上，完全不同于以认识主体性为核心叙事的技术政治，在"承认政治"概念中人被理解为政治生活的能动参与者，而不单纯是技术治理的消极对象。

人被理解为具有平等地位、享有平等权利的主体，行为规范作为主体交往活动的产物，不仅是主体自我意志的体现，而且以捍卫主体权利和实现主体利益为根本目的。被平等地对待同时平等地对待他人是主体行为的根本原则。这里讲的平等指的是权利主体作为抽象的独立人格被平等地对待，只是一种形式上的抽象权利，①而不是人与人之间事实上的无差异。以抽象的平等权利为核心，主体将自己看作与他者一样在人格上具有等同地位的独立个体，捍卫自身的平等权利和个体利益是主体的基本权利。所以自由就是对体现自身意志、捍卫自身权利的各种规范的遵从。主体的公共生活领域就是权利主体捍卫平等和实现平等的政治空间。权利主体平等地参与公共生活，制定各种公共规范，达成广泛的公共共识。人作为权利主体就是在现代社会中的公民。公民作为抽象人格拥有平等参与政治生活的权利。抽象的公民概念，意味着政治生活和私人生活的分离。个体的身份、信仰、财产、职业等作为私人生活的因素不再是参与公共生活的限制。作为多元差异的私事领域，政治权力非但不得干预，而且还必须通过民主法制等形式保障私人生活的独立和自由。关于这一点，马克思在《论犹太人问题》中谈到现代生活的二重性时有深刻的论述。②

以权利主体为核心叙事的承认政治，其现实的基本形式是形式民主。

---

① 参见《马克思恩格斯选集》（第三卷），人民出版社，1995 年，第 304～305 页。
② 参见《马克思恩格斯全集》（第 3 卷），人民出版社，2002 年，第 172～173 页。

承认政治要求权利主体能够平等地参与公共生活,以抽象人格的等同承认为核心的平等权利获得程序上的保证。因此,从"承认政治"概念来看,现代社会从参与的角度讲是民主社会,从程序和制度约束的角度讲就是法治社会。民主和法治是现代承认政治展开的两个基本环节。民主权利是现代承认政治的内在灵魂,法制约束是现代承认政治的形式保障。在这个意义上,承认政治扬弃了前现代神学政治的先验性,不再以宗教戒律和信服作为原则;也扬弃了传统社会德性政治的人治特征,不再以伦理教化和道德典范作为维护社会和谐的根本手段,而是以民主法制保障权利主体平等权利的实现。

承认政治不仅与前现代的政治不同,虽然同属于现代主体性的政治概念,承认政治与技术政治也存在明显差异。承认政治扬弃了技术政治单纯的事实合理性,使得政治在事实合理性的基础上还要具有价值合理性。在事实层次上,人被看作认识主体,基本的原则就是服从必然性规律,确保认识的正确和技术的可行,以及对社会有机体的科学认识转化为治理技术的必要基础。在技术政治中,被管理者被视为技术治理和支配的"物",而不是参与公共政治生活的权利主体和行为主体。与之不同,承认政治将被管理者看作得到等同对待的权利主体,是依据权利行事的公共生活的参与者和构成者。承认政治将政治活动理解为对话协商、投票选举等形成共识、实现共识的过程。这一过程充分保障了主体的自由意志和自由权利。当然,必然性规律作为主体自由的行为底线,承认政治也必须建立在事实性的基础之上。在这个意义上,承认政治是对技术政治的扬弃,而不是对技术政治的抽象否定。

认识主体和权利主体只是现代主体性确立的两个维度,主要涉及的是人与物和人与人之间的关系,人被理解为拥有理性和权利的主体。以这两种主体性为基础的技术政治和承认政治,也只是现代性政治的两个基本环节。在现代解放中，人不仅是成为拥有理性因此能够认识世界和改造世界的认识主体，或者是拥有抽象权利因此能够平等参与和改变公共生活的权利主体，而且是自己的物性生命得到承认因此各种物性需求得到满足的欲求主体。当人被理解为摆脱了各种宗教、道德、审美束缚的欲求主体，满足欲求成为主体的基本目的时，工具理性和抽象权利就被看作欲求满足的方式和手段。与欲求主体相应，政治也就从利用必然性规律的技术政治和保障抽象权利的承认政治，过渡到以满足自身欲求为根本的生命政治了。从技术政治和承认政治过渡到生命政治，政治概念进一步获得了实体性的内容，现代主体解放也就深入到了被理解为物性存在的生命概念本身。

四、欲求主体与生命政治

我们将现代主体性的解放区分为三个不同的维度，认识的主体性解放意味着人将存在的世界看作按照必然性规律运行的物质世界，人作为主体的自由就是对必然性规律的认识和利用，因此形成了技术的政治概念；权利的主体性解放意味着人在交往活动中将自身看作拥有抽象权利的平等公民，人作为主体的自由就意味着抽象权利得到等同承认，因此能够平等地参与公共的政治生活，相应的政治概念被我们称为承认政治。现代主体性的解放还意味着人的物性生命得到肯定和承认，作为存在物性的欲求成为主体性概念的核心，人被理解为欲求主体。在这一主体性概念中，欲求成为存在的根据和叙事的中心。由于欲求的解放和实现成为叙事的中心，相对于技术政治和承认政治，与欲求主体性解放对应的政治概念被我们称为生命政治。这里的生命概念是指作为物性实在和实在物性相统一的人的存在概念。因此，生命政治概念的本质是对人的物性生命的承认和捍卫。

现代启蒙强调理性和权利，科学与民主成为时代的基本精神。但是知识和权利等并不构成主体存在的最终目的，而是主体自我实现的装备。如果脱离了主体之为主体的根本目的,这些装备也就沦为空洞的形式。能够使得这些装备之为装备的基础就是得到解放的物性欲求。在欲求主体性的解放中,不论是主体自我保存的生存意志,还是自我满足的物性欲望,都被理解为存在之根本目的和内在动力,物性欲求被看作存在基础和意义来源。倘若将理性与权利看作脱离了现实物性欲求的抽象绝对,看作"无肉身的理性"和先验原则,现代解放就只是一种形式的抽象解放。这样的视角当然不能理解现代解放的实质及其历史限度。超越抽象理性和抽象权利概念,以人的实在物性作为理论叙事基础的政治概念就是生命政治。马克思的经济利益,①尼采自我张扬的权力意志,弗洛伊德被理性掩盖和遮蔽的本我欲望,经历了这一系列思想环节的生命政治,自 20 世纪下半叶以来成为重要的政治叙事路径。这些思想家虽然使用的概念和强调的理论重心各有差异,但是都关涉将感性的欲望、本能或利益等人的存在物性作为政治叙事基础的生命政治。人被看作物性的欲求主体,人在世的基本活动就是满足自身的物性欲求。欲求就是我作为主体的主体性之本质,既是我的目的又是我的动力。生命政治从肯定人的欲求的角度理解政治的基础、本质、特征和使命。这一概念将现代主体性解放推进到了人的物性存在的层面。

在生命政治中,人作为主体从沉重的宗教、道德束缚中解脱出来,生命的意义回归实在物性这一现实的基础,个体最初的、最原始的属性获得了正当性并且成为最终的根据。换言之,主体对现代主体性解放的领会从理性、权利过渡到欲求,主体由此彻底挣脱各种异化的宗教戒律和道德律令,肯定自身存在的最直接、最原始的物性,将自身的原始属性、自然属性领会为主体的根本规定,政治服务于物性欲求的满足和实现。生命政治立足正当化了的物性生命,批判各种权力和制度的异化,将主体性的自由解放看作欲求

---

① 参见《马克思恩格斯全集》(第 31 卷)人民出版社,1998 年,第 412 页。

的展开和实现,反对任何政治权力和制度对物性生命的蔑视、征用和践踏。

政治不仅围绕作为物性的欲求旋转,而且被物性的欲求规定。生命政治认为,政治就是从人作为物性的生命存在中产生出来,并且以维护和改善物性生命为根本目的。政治不再轻视、遮蔽或否定本能欲望、物性欲求以便符合抽象观念的宰制,而是成为物性欲求自我实现的工具和方式。物性欲求成为政治的起点、目的、对象和动力,体现物性欲求的利益、欲望和身体可以被看作生命政治自我展开的基本环节。在生命政治看来,技术政治与承认政治作为现代主体性政治的表现还只是形式,还只是体现了现代主体性政治的手段和方式。生命政治将生命存在的物性欲求规定为政治的基础,指明了科学技术和民主法制服务的对象与内容。在生命政治中,物性欲求的实现被理解为自由的关键。在理性与权利之后,欲求成为现代主体性自由的最终环节,满足物性欲求的政治成为现代主体性政治的最后概念。在生命政治看来,作为物性生命的人成为目的,科学认识和民主法制都降格为实现主体欲求的工具。对政治的理解要奠定在这种物性生命概念的基础上。马克思的政治经济学批判①、德勒兹的力比多经济学和福柯的身体政治等都是现代思想历程中生命政治的展开形式。

以人的物性欲求为叙事基础的生命政治是现代主体性政治的一种形态。主体概念从认识主体、经历权利主体、最终在欲求主体中达到了自身存在的物性基础。欲求主体实现了内在自我的回归,将自我理解为物性实在及存在着的物性,将生存活动理解为物性欲求的展开和实现。扬弃了所有覆盖在原始实在性之上的信仰、良心和品位等超越之物,现代主体在原则上成为唯我、唯物、唯欲的实存。不仅是我成为生存的目的和动力,而且是我

---

① 为了批判以抽象的理性或权利为基础的政治理论,马克思从"现实的人"出发理解政治,他强调了人作为生物性存在的前提性,并将政治概念奠定在经济利益的基础上。仅就这个有限的意义而言,马克思的政治经济学批判在最基本的意义上是政治哲学,并且是生命政治的展开形式之一。

的物性欲求成为根据。这就是理解现代主体性自由解放的最后结果。质言之,现代就是以个体自我为中心的功利时代。在生命政治中,现代主体性的解放被推向了最终和最后的极端。在这种解放中,如果超越物性的存在层面被彻底瓦解和否定而不是辩证扬弃的话,伴随而来的就可能是虚无主义的侵袭与泛滥。因此,现代主体性政治的阐释是走向反思现代主体性政治的初始步骤。

五、结束语

从现代主体性的不同维度,我们提出了几种不同却又相互关联的现代政治概念。这些政治概念大体上阐明了现代政治叙事的基本方向。三种政治概念都立足现代主体性解放的原则,在自我解放和自我实现的不同维度上理解政治的本质及其功能。尽管这些不同进路的政治思想之间存在大量争论,但基本上都是现代主体性政治框架之内的争论,不具有批判、反思和超越现代主体性政治的意义。在现代主体性的基本视域中,从理性、权利到欲求,现代政治叙事几乎穷尽了主体的所有属性,主体性解放话语最终在非理性,甚至是反理性的物性欲求中达到了逻辑的终结和最后的极限。依循现代政治叙事的核心线索及其理论进路,以及诸如保守主义、后现代主义和马克思主义等思潮对现代政治的批判性反思,我们能否构想一种新的政治叙事呢? 面对主体性解放及其政治叙事的成果和限度,尤其是面对当代人类生存的困境,什么样的政治概念才能切中当代问题之所在的核心呢? 这是一个有待探索的重要问题。但毫无疑问的是,新的政治概念最为关键的是超越现代主体性政治的理论框架,扬弃启蒙以来现代主体性的三重优先地位,即人类对自然的优先地位、个体对他者的优先地位、物性欲求对超越精神的优先地位。

在这样一种超越的方向上,新的政治概念原则性地指向如下三个方面:

其一，超越人类中心主义，通过考察人类遭遇的生态困境以唤醒人类的自我救亡意识，由此将生态政治、环保运动等纳入政治哲学的思考范围；其二，克服利己主义倾向，超越以个体为中心的政治叙事，重新将德性政治的超越维度纳入政治概念之中；其三，超越物性欲求对主体的限制，肯定人作为精神存在的超越性，将克服物化的生存状态及物化意识作为政治建设的基本导向。当然，这样一种对新的政治概念的初步规定还只是理念层面的探索，其现实性将取决于它同社会历史和政治实践趋势之间的契合程度。

本文已发表在《武汉大学学报》（哲学社会科学版）2019 年第 12 期

西方左翼的疫情省思：以传播政治经济学家的
数字媒体论述为例

曹　晋　张艾晨[*]

2019 年 12 月，新型冠状病毒（以下简称"新冠"）肆虐全球，世界卫生组织总干事谭德塞于 2020 年 3 月 11 日宣布新冠肺炎疫情成为"大流行病"（pandemic）。全球新冠肺炎疫情持续暴露出各国基于阶层、种族、社会性别、技术、市场经济、国家等维度的牢固坚韧的不平等鸿沟，也引发了现代史上空前的全球性危机，为已处于变动中的世界格局带来了更多不确定性，并将在客观上推动世界秩序重构。[①] 与前互联网时代相比，如今减少聚会宅居的"媒体生活"（media life）使"现实"转移到媒体之中，人们直接生活在媒体里（lived in media），[②]而经由数字化媒体的广泛传播与渗透，曾经远离日常生活的社会变动，借助于媒介再现中的话语表达更为深刻地触及公众认知。

新冠肺炎疫情暴发于信息技术革命与数字化变革的社会背景之中。新技术发展的确创造了新的融合文化，但同时也为私人企业提供了掌控由志

　＊　曹晋，复旦大学新闻学院教授；张艾晨，复旦大学新闻学院博士研究生。
　①　参见［德］克劳斯·施瓦布、［法］蒂埃里·马勒雷：《后疫情时代：大重构》，世界经济论坛北京代表处译，中信出版集团，2020 年，第 1 页。
　②　See Deuze, M., Media life, *Media*, *Culture & Society*, Vol. 33, No. 1, 2011, pp. 137 – 148.

愿劳动创造的内容的绝好机遇。伴随不事生产而致力开发社群资源和经济市场的网络平台这一基础设施的扩张与垄断，传统的消费者正在转变为新型的"产消者"（prosumer），在私有制结构下，所有参与主体都有被数字平台利用的潜在风险，互联网促成的合作可能带来新的隐蔽性剥削。克里斯蒂安·福克斯批评数据商品既是性别化的，也是种族化的，阶级、父权制、奴隶制和种族主义在数字资本主义领域中相互渗透，共同型构了平台数字资本对社会群体无偿劳动的剥夺。[1] 疫情肆虐时，作为英国新左翼学者的代表，格雷厄姆·默多克针对网络数字平台基于商业利益逻辑，力透纸背地指出网络平台背后隐藏的资本主义国家机理中的致命病理并非疫情病毒，而是传播霸权操纵了超越公众健康的资本主义生产和消费的扩张逻辑，以及全球秩序的重组等复杂的流动性权力关系网络——其中各国情报部门及被具有党派色彩的企业家操控的媒体在这一权力网络中发挥了重要作用。他主张将大流行病视为对自然进行掠夺、被经济进步话语合法化的加速环境灾难的产物，并呼吁各国担当责任，合作建立保护自然环境的全球新秩序。[2]

本文主要综述西方左翼学者在新冠肺炎疫情这一"例外事件"下围绕数字媒体和资本主义所展开的批判性探讨，以此反思资本与技术结盟所主导的平台资本主义和平台经济对社会各个层面的影响。

一、网络平台与西方马克思主义批判思想的构连

网络平台不仅给用户提供了寻找志同道合之人的场所，也将点击网络的日常生活元素提取并转化为商品化的数据。Facebook 将关系数据化，

---

① See Fuchs, C., Capitalism, Patriarchy, Slavery, and Racism in the Age of Digital Capitalism and Digital Labour, *Critical Sociology*, Vol. 44, No. 4 – 5, 2018, pp. 677 – 702.

② 参见 Murdock, G., Killing Fields: Pandemics, Geopolitics and Environmental Emergency, 曹晋、[英]格雷厄姆·默多克主编：《对抗的联结：疫情与数字媒体》（英文读本），上海译文出版社，2022年。

Twitter 使情绪数据化，Linkedin 将我们的经历数据化，微信则再现着我们生活的事实……以网络社区的繁荣为市场资源的网络平台本质是衍生具有经济效率的生产单位，个体用户的多样化增值层与平台的资源共享层时时刻刻效劳于资本与剩余价值弹性积累，这种介于市场和企业（政府）之间的新型组织能否带来更加公正的社会秩序？还是利用个体网民的免费劳动为平台经济创造绝对的支配权？网络平台经济尤其因疫情的线下生产与社交的封锁而得到前所未有的扩张的机会，其管理理念、运营模式、智能自动化驱动，以及算法监控加快工作节奏、贬低劳动价值的路径，严重削弱供应商、在线业务运营商、临时物流劳工等相关人员的劳动竞争力，实体店萎缩，大如购物中心门可罗雀，小如蔬菜水果店直接倒闭，熙熙攘攘、琳琅满目的街市再现的日常生活活力日渐被网络平台的垄断经营吞噬。人们从工作到生活都高度仰赖传播新科技发挥功用，网络已经成为无时间性（timelessness）的另一个生活世界，语言甚至思想都逐渐沦为颂扬流量的商品，网络热搜排行榜目不暇接，拨开"头条"和"爆款"的重重烟雾，撕开网络赋权的神话（另一面实质是网民社交关系的货币化），我们该如何探究喧嚣的网络平台隐蔽操纵生产与劳动的垄断权力？如何认识"算法""流量拜物教"表象后面的工具理性支撑的平台资本积累？

我们不妨重返经典，从西方马克思主义学者们的理论洞见中探寻当前生活中危机的源头。卢卡奇的《历史与阶级意识》以物化的普遍性概括他所生存的资本主义的危机问题，那个时代的个体不过是资本所定义的量的规定性，或者说是资本主义体系中的一个劳动素材而已。[①] 而在当下的网络平台经济体系中，个体的数字劳动不过是平台经济需要的点击率素材而已，个体的自我持存（self-preservation）祭献着剩余精力和劳力，其并非获取个体主

---

① 参见［匈］卢卡奇：《历史与阶级意识》，杜章智、任立、燕宏远译，商务印书馆，1999 年。

所具有的重要地位。数据对日常生活和社会形态的影响遍及微观到宏观的各个层面，互联网公司通过平台经济形式，利用数据操纵实现了对社会整体的重构。默多克指出，"绝大多数人的线上时间围绕少数大型平台公司的利益组织而成，公司的研发部门决定了数字产品的功能和用途"，网络数据的权力在私人手中的整合"正被广泛地比作 20 世纪初美国工业扩张初期拥有石油、钢铁和铁路公司的富豪们对关键资源的集中控制"。① 数据之所以重要，根源在于数据是数字时代资本积累的新型载体。在算法技术的配合下，平台企业利用规则设计制造数据生产机制，将用户卷入资本积累循环，从而将用户的媒介使用活动转化为无偿的数字劳动。福克斯认为，用户在网上花费的所有时间现在都是为资本服务的生产性劳动时间并不断生产着剩余价值，由于没有报酬，所以他们被无限制剥削。② 以数字劳工现象最为集中的社交媒体平台举例而言，其资本积累过程以定向广告为基础，平台企业依托持续的监控和大数据分析投放个性化和基于兴趣的在线广告，实质上是用户生产了数据商品和注意力商品，这种用户劳动正是资本主义中另一种形式的无偿劳动。③ 为平台资本积累服务而进行数据生产是平台资本主义的核心生产方式，以西方马克思主义的社会批判视野观之，这一通过数据化过程实现商品化和资本化的平台经济过程，重现了卢卡奇所批判的以普遍的商品形式为特征的物化现象。从文化创意劳动的新型意识形态到数字决定论（digital determinism）和数字乐观主义（digital positivism），福克斯通过将

① Murdock, G., Pandemics and Platform Capitalism: Covid - 19 and Contested Connectivities, 曹晋、［英］格雷厄姆·默多克主编：《对抗的联结：疫情与数字媒体》（英文读本），上海译文出版社，2022 年。

② See Fuchs, C., Dallas Smythe Today - The Audience Commodity, the Digital Labour Debate, Marxist Political Economy and Critical Theory. Prolegomena to a Digital Labour Theory of Value, *Triple C*, Vol. 10, No. 2, 2012, pp. 692 - 740.

③ See Fuchs, C., Capitalism, Patriarchy, Slavery, and Racism in the Age of Digital Capitalism and Digital Labour, *Critical Sociology*, Vol. 44, No. 4 - 5, 2018, pp. 677 - 702.

卢卡奇的物化理论与批判传播学的论题相结合,焕发了西方马克思主义在数字资本主义时代的生命力。①

二、西方左翼的疫情反思与西方马克思主义传统的学术坚守

新冠肺炎疫情对新自由主义全球化以来各国内部和国家之间的经济、政治、文化生态产生了深刻影响,西方左翼的传播政治经济学家勇担学术职志,就疫情与新媒体的对抗关联议题展开了涵盖社会各个领域的批判性探讨。在新冠肺炎疫情这一全球大流行病席卷各国之际,各层级行为主体(如居家隔离的个人或家庭、研制疫苗的科学家、追踪病毒传播的政府官员等)在数字媒体与资本高度组织化的工作与生活进程之中都空前依赖网络技术,个人隐私和数据的商业滥用问题备受国际社会关注。然而围绕着政府与公民之间的关系,占主导地位的商业化数字平台的控制,易感群体的脆弱性和数字资源的可得性,以阶层、社会性别、年龄和种族划分的跨领域的社会不平等,以及围绕着数字技术对民众的休闲、学习、工作的影响等诸多问题的对抗无处不在。总而言之,数字媒体联结的世界对抗刻印在大流行病和环境危机合流的脉络之中,其间再现的多种社会张力与冲突交锋映照着国家与数字市场之间关系的根本性重组,并且严重制约了民众的日常生活。笔者根据文献阅读,厘清如下四个面向阐释上述论点。

(一)疫情风暴与全球环境传播危机

新冠肺炎疫情是一场全球大流行病,而国际性的网络体系——包括交通网络和通信网络——并不是第一次在其中发挥关键作用。默多克在《致命地带:大流行病、地缘政治和环境危机》一文中从传播政治经济学的视角

---

① See Fuchs, C., History and Class Consciousness 2.0: Georg Lukács in the age of digital capitalism and big data, *Information*, *Communication & Society*, Vol. 24, No. 15, 2021, pp. 2258-2276.

出发,追溯了1890年和1918年的"大流行病",通过将其与2020年暴发的新冠肺炎疫情对比,发现全球大流行病的暴发具有历史相似性,包括传染病的全球传播背后交织着的全球交通运输网络,超越公众健康的资本主义生产和消费的扩张逻辑,以及全球秩序的重组等复杂的流动性权力关系网络——其中各国情报部门以及被具有党派色彩的企业家操控的媒体在这一权力网络中发挥了重要作用。默多克主张将大流行病视为对自然进行掠夺、被经济进步话语合法化的加速环境灾难的产物,需要各国担当责任,合作建立保护自然环境的全球新秩序。默多克指出,在市场主导的全球化失败以及政治与经济大国之间对立加剧的格局下,围绕未来的话语权争夺将持续存在,新冠肺炎疫情戏剧化地揭示了市场原教旨主义的局限性和国家综合行动的不可或缺性,面对封锁隔离期间企业被迫关闭所造成的大规模经济混乱,英国和美国这两个主要的新自由主义经济体都拨出巨额的国家援助来补贴企业、支付工人工资,但这些紧急状况下的临时举措并非长久之计,我们现在所面对的社会、健康和环境危机呈现给我们的是一个长期的紧急状况。我们需要根植于国际主义、共同责任和互惠互利的新思潮,以全面的公共干预为基础,对优先事项进行彻底重新调整。如何用语言、故事、形象和实践将这一愿景嵌入日常生活,如何理解并为情境化的实际行动提供令人信服的合理性,是传播学者和从业者面临的关键挑战。[①]

（二）数据监控与隐私保护

政府为了应对新冠肺炎疫情而求助于传播新科技与信息技术的举措,掀起了人们对于个人隐私保护的激烈辩论。在西方左翼学者围绕疫情的诸多研究中,信息技术应用所带来的监控与隐私保护问题是其关注的焦点

---

① 参见 Murdock, G., Killing Fields: Pandemics, Geopolitics and Environmental Emergency,曹晋、［英］格雷厄姆·默多克主编:《对抗的联结:疫情与数字媒体》(英文读本),上海译文出版社,2022年。

之一。

马丁·弗伦奇和托林·莫纳汉所著的《疾病（解绑）监控：监控研究如何回应新冠肺炎疫情？》围绕监控研究（surveillance studies）的核心议题，针对其关于新冠肺炎疫情所呈现的社会现实所具有的解释力展开讨论，介绍了疾病监控理论的研究框架，阐述了如何从监控研究取向展开学术探讨，并对当前危机及其可能产生的后果进行批判性思考。他们指出，随着新冠肺炎疫情在世界各地蔓延，其引发的恐惧渗透到人们的日常生活并引发公共担忧，诸多未知因素加剧了人们理解这一现实的难度。在此背景下，监控研究有必要对这场危机进行反思并贡献值得关注的议题。他们提纲挈领地阐释了现实状况如何呼应了既有的社会模式和关系，特别是与安全（非安全）、脆弱性和风险的社会文化建构有关的模式和关系。具体而言，新冠肺炎疫情的全球传播体现了人体和病原体如何被测量、跟踪、预测和调控，监控则是诸种现象和过程的关键推动因素；通过监控研究路径，人们可以理解源于自然的生物威胁如何被种族化，各类社会机构因何并如何发生动荡，以及社会化媒体如何助纣为虐、加剧社会撕裂。他们借用人类学家金·福尔顿的话来形容新冠肺炎疫情向监控研究学提出的挑战，指出当下的情况"太过复杂以致无法完全理解，但必须作出回应"[1]，并呼吁开展有效的学术对话，以期影响与疾病监控有关的政策或政府规划。[2]

拉卢卡·切尔纳托尼在《新型紧急状态：新冠肺炎疫情时期技术监控的正常化》中，探讨了大规模部署追踪应用程序的现状，包括潜在的技术误用、追踪应用的负面效应以及导致彻底的国家-企业技术监控模式（radical forms

---

① Fortun, K., *Advocacy after Bhopal*: *Environmentalism*, *Disaster*, *New Global Orders*, Chicago: University of Chicago Press, 2001, p. 18.

② See French, M, & Monahan, T., Dis – ease Surveillance: How Might Surveillance Studies Address COVID – 19? *Surveillance & Society*, Vol. 18, No. 1, 2020, pp. 1 – 11.

of state – corporate techno – surveillance）的演进过程。切尔纳托尼指出，新冠肺炎疫情的严峻形势促使各国将目光投向技术，匆忙采用先进但问题重重的数字监控工具作为政治上的速效方案和应对危机的快速政策响应。然而这类应用程序引发了严重担忧，人们对由此导致的全方位监控、科技巨头掌握敏感数据、侵犯公民权利等问题疑窦丛生。尽管追踪应用程序展现了技术在应对未来大流行病时发挥关键作用的潜力，但切尔纳托尼认为，一方面应当保持对技术解决主义（techno – solutionism）的质疑态度并警惕新冠肺炎疫情带来的炒作技术逻辑的风潮；另一方面，切尔纳托尼也提醒人们，不应武断地将针对新冠肺炎疫情的紧急措施所引起的公共卫生问题，视为有悖于民主治理、隐私法律、人权和个人数据保护等社会价值，恰恰相反，公众应当以维护民主原则为目标对其大力支持，防止政府或企业滥用监控技术。因为如果不及时加以限制规约，紧急状态下的特殊化数字监控措施有可能被正常化，并从根本上改变（数据）隐私和其他人权价值的未来取向。①

马克·瑞安在《为数字化接触追踪辩护：人权、韩国和新冠肺炎疫情》中，批判性地考察了韩国政府为应对新冠肺炎疫情所实施的数字接触追踪（digital contact – tracing）政策在人权方面的规范性问题。瑞安指出，媒体对一些东亚国家的举措持保留态度，例如韩国为了控制新冠肺炎疫情蔓延而使用数字接触追踪技术有诸多非议，然而该措施是否确实对韩国公民的人权造成了不必要的损害仍有待商榷。为了检验此类批评，瑞安基于欧洲人权法院（European Court of Human Rights）的指导纲领，从必要性（necessary）、相称性（proportional）、科学有效性（scientifically valid）和时限性（time – bounded）四项人权原则角度，评估了韩国的数字接触追踪措施是否合乎道

---

① See Csernatoni, R., New states of emergency: normalizing techno – surveillance in the time of CO-VID – 19, *Global Affairs*, Vol. 6, No. 3, 2020, pp. 301 – 310.

德,结果显示,韩国政府对数字接触追踪技术的应用在科学上效果明显、与预期目标相称且符合必要性要求,但执行周期过于模糊,无法满足时限性要求。基于此,瑞安认为数字接触追踪技术是应对新冠肺炎疫情危机时对传统接触追踪手段的补充,实践证明其科学有效且与封锁措施相比侵入性更小,但应当定期评估该技术的执行效果,警惕潜在(和实际)的过度使用导致侵犯公民权利;同时瑞安强调,韩国的经验不具有广泛的普适性,数字追踪技术的应用效果仍然从根本上取决于一个国家基于信息收集而采取行动的能力和资源,政府防控不力、个人防护用品不足、医务人员短缺,以及忽视流行病学建议所造成的新冠肺炎疫情危机无法被技术弥补,数字追踪技术的真正价值在于为应对大流行病所需的有效决策和集体行动提供科学支撑。①

杰拉德·戈金在《新加坡和澳大利亚的新冠肺炎疫情程序:借助数字技术重新想象健康国家》中,考察了新加坡和澳大利亚两国政府所推出的定位追踪程序,从程序开发、部署和功能设计等维度对二者进行了比较研究。对大多数人而言,健康信息是一个相当敏感的话题,如何对人们的生活、个人身份、个人数据、技术复杂度、隐私保护问题进行适当的社会和文化理解,并构建一套与之匹配的法律政策和治理模式是一项具有挑战性的任务。戈金指出,为了应对新冠肺炎疫情,许多国家都求助于以灵活编码为特征的数字应用程序来整合与回应危机制造的社会需求,以期形成为多数人所支持的社会行动;在此情况下,人们势必将追踪应用程序的普及视为数字社会中政府与企业扩展及巩固公共监控模式的一个关键节点,在许多国家,特别是欧洲和亚洲,围绕监控技术发展前景的争论不绝于耳,各国都试图通过此类应用程序重新展望社会的未来和完善公共卫生管理方式。最终结果如何,这

---

① See Ryan, M., In defence of digital contact tracing: South Korea and Covid - 19, *International Journal of Pervasive Computing and Communication*, Vol.16, No.4, 2020, pp.383 –407.

些变化对维护公众健康裨益何在，又将对民主自由和日常生活产生怎样的影响，需要人们拭目以待。①

（三）虚假信息与阴谋论

在新冠肺炎疫情全球蔓延的同时，弥漫在社交媒体上的有关新冠病毒的谣言、误传和阴谋论也制造了"信息疫情"（infodemic），由此带来的"数字化失真"引发了西方左翼学者和传播政治经济学研究者们对虚假信息与阴谋论的生成机制和社交媒体传播生态的追问。

蒂莫西·格雷厄姆与其同事在《像病毒一般：新冠病毒谣言的协同传播》一文中，分析了社交平台推特上260万条与新冠病毒有关的推文及其10天内超过2550万次的转发量，并基于此描绘了10种不同的机器人协同传播网络。研究显示，这些有关新冠病毒的错误信息和谣言均被用于商业或政治目的，其中几乎所有出于政治动机的谣言传播活动都产生了有利于右翼政府或政党的效果。格雷厄姆等通过数据分析发现，一个由2903个账户和4125个链接或转发组成的交叉转发网络协同生产并扩散了阴谋论，导致其在推特上出现了超过500万次传播，而该阴谋论的传播源头主要为特朗普的支持者、政治保守主义者（共和党）和匿名者Q（QAnon）的相关账户。这一阴谋论自从被28个源头账户生成后便迅速被更广泛的边缘用户社群所采信，初始消息中包含的错误和虚假信息不再仅仅通过机器人程序和其他刻意制造的传播路径进行扩散，而是在更大程度上由普通、真实的人类用户传播。当主流媒体和知名社交媒体用户也开始参与阴谋论的讨论时，错误信息和谣言得以进入更广泛的公众视野，名人、记者、政客、媒体、政府和其他拥有大量关注者的社交媒体用户的加入，进一步放大了该阴谋论的可见度，

---

① See Goggin, G., COVID-19 apps in Singapore and Australia: Reimagining Healthy Nations with Digital Technology, *Media International Australia*, Vol. 177, No. 1, 2020, pp. 61-75.

而官方的澄清和纠正则被阴谋论者曲解为企图掩盖真相。①

马特·莫塔等所著的《右翼媒体对新冠肺炎的报道如何在美国疫情早期促进了错误信息的传播》证实了右翼广播和有线电视媒体更可能对新冠肺炎疫情的来源和治疗方案作出不准确的报道。此外,具有全国代表性的调查数据显示在这段时间内使用右翼媒体的人更可能支持有关新冠肺炎疫情的错误信息;而被误导的人群更可能认为公共卫生专家高估了新冠肺炎疫情的严重性,从而忽略或拒绝科学的防疫指导。这表明媒体在新冠肺炎疫情早期对该疫情的报道可能对公众健康产生了重要影响。莫塔等同时指出,虽然右翼媒体更有可能传播有关新冠肺炎疫情的错误信息,但现有研究无法直接证明人们是否有针对性地接受了包含错误信息的特定报道和修辞。该研究也不能明确区分各种因素,例如政治意识形态影响阅听人接收信息的方式和程度,此类因素既可能鼓励右翼媒体的使用,也可能助推错误信息的传播。然而莫塔等认为,该研究可以确认右翼媒体使用与错误信息认同之间存在着强烈的相关性,即使调整了受访者的意识形态倾向和其他社会和人口因素,这种相关性仍然成立。②

法蒂玛·尼扎鲁丁以新冠肺炎疫情大流行期间印度广泛流传的关于"新冠圣战"(Corona Jihad)的网络讨论为背景,考察了参与传播此类言论的WhatsApp小组在印度宗教仇恨生态系统中的作用。在其所著《WhatsApp公共小组在印度仇恨生态系统和"新冠圣战"话语中的角色》中,尼扎鲁丁分析了三个印度教民族主义WhatsApp讨论小组中传播着的与新冠肺炎疫情相关的极端言论和错误信息,结果表明印度教民族主义小组在新冠肺炎疫

---

① See Graham, T., Bruns, A., Zhu, G., &Campbell, R., Like a virus: The coordinated spread of coronavirus disinformation, *The Australia Institute/Centre for Responsible Technology*, 2020.

② See Motta, M., Stecula, D., & Farhart, C., How Right – Leaning Media Coverage of COVID – 19 Facilitated the Spread of Misinformation in the Early Stages of the Pandemic in the U. S., *Canadian Journal of Political Science*, Vol. 53, No. 2, 2020, pp. 335 – 342.

情中将矛头一致对准了特定少数派社群，指责他们故意传播病毒，这使得印度社交媒体上掀起了一场针对大多数人的线上"新冠圣战"，加剧了印度社会长期存在的种族紧张局势。针锋相对的网络对抗不断上演，其结果是使印度孵化出了一条闭合的传播回路，维持了根植于印度社会中的"仇恨生态系统"（ecosystem of hate）。包括公司的商业策略、差强人意的社会缓和进程、国家冷漠及特定的社会政治环境等在内的一系列因素，助长了 WhatsApp 平台维持和扩大印度教民族主义者针对少数社群"放火行为"（fire tending）的风气。尼扎鲁丁指出，对此类网络暴力的纵容是印度现任总理莫迪所在的印度人民党其选举策略中必不可少的组成部分，因此基于印度当前的社会政治氛围，消除 Whats App 平台上的极端言论和错误信息传播路径绝不可能像技术解决主义那样简单。①

拉斯马斯·克莱斯·尼尔森及其同事在《导航"信息疫情"：六国公众如何获取和评价有关新冠病毒的新闻和信息》中，通过分析 2020 年 3 月底至 4 月初收集的调查数据，考察了六个国家（阿根廷、德国、韩国、西班牙、英国和美国）的公众在全球新冠肺炎大流行早期如何获取有关新冠病毒的新闻和信息，如何评价其所依赖的不同信息来源和平台的可信度，如何自评遭遇的错误信息，以及他们对新冠肺炎疫情危机的了解和回应。研究显示，大多数国家的大多数公众都使用社交媒体、搜索引擎、视频网站和消息应用程序（messaging applications）来获取有关新冠病毒的新闻和信息；正规教育程度较低的人群较少依赖新闻机构，而是更可能通过社交媒体和新闻应用程序获取有关新冠病毒的新闻和信息。四分之三的受访者表示信任国家或国际公共卫生组织，大多数受访者认为新闻机构相对值得信赖。但对新闻机构

---

① See Nizaruddin, F., Role of Public WhatsApp Groups Within the Hindutva Ecosystem of Hate and Narratives of 'CoronaJihad', *International Journal Of Communication*, Vol. 15, 2021, pp. 1102–1119.

和政府的信任存在着重大政治差异，尤其在美国，左翼政治派别的人对新闻机构的信任远远超过对政府的信任，而右翼人群对政府的信任则远超过其对新闻机构的信任。当被问及不同平台提供的有关新冠病毒的新闻和信息的可信度时，大多数受访者认为平台不如专家、卫生部门和新闻机构令人信赖，而当问及与新冠病毒有关的错误和虚假信息时，三分之一的受访者表示一周内曾在社交平台和消息应用程序中看到大量虚假或误导性信息，这显示虚假信息经由新媒体获得了广泛传播。[1]

阿恩格斯·布里奇曼与其同事所著《新冠肺炎错误认知的原因和后果：理解新闻和社交媒体的作用》揭示了新冠肺炎疫情期间媒体使用、错误信息与关键态度和行为之间的关系。通过对加拿大国内推特平台上有关新冠肺炎疫情的信息和加拿大新闻媒体对新冠肺炎疫情的报道进行数据分析，布里奇曼等发现，推特平台传播的错误和虚假信息更多，新闻媒体则更倾向于强调公共卫生建议（如保持社交距离等）；接触社交媒体与对新冠肺炎疫情基本事实的错误认知有关，接触新闻媒体则具有相反效果，同时，基于错误认知的态度会反向影响人们对保持社交距离等防疫措施的遵守意愿。因此，从社交媒体平台（尤其是推特）传播错误信息这一现象中可以得出一个明确结论，即行为和态度会影响新冠肺炎感染的规模和危害程度。[2]

（四）在线工作：网络生产

新冠肺炎疫情在全球化时代造成的社会影响前所未有，它考验了地方、国家和国际社会应对疫情暴发的处置能力，而传播新科技型构的网络社会

---

[1] See Nielsen, R. K., Fletcher, R., Newman, N., Brennen, J. S., & Howard, P. N., Navigating the 'Infodemic': How People in Six Countries Access and Rate News and Information about Coronavirus, *Oxford University*, *Reuters Centre for the Study of Journalism*, 2020.

[2] See Bridgman, A., Merkley, E., Loewen, P. J., Owen, T., Ruths, D., Teichmann, L., &Zhilin, O., The causes and consequences of COVID – 19 misperceptions: Understanding the role of news and social media, *The Harvard Kennedy School Misinformation Review*, Vol. 1, issue 3, Special Issue on COVID – 19 and Misinformation, 2020.

使在线工作和远程合作成为可能,为各国应对此类流行病灾难创造了适应条件。这一社会变化也进入了西方传播政治经济学者和左翼批判传播学者的研究视野。

金塞拉与其同事所著的《预防需求研究:基础科学和国际合作如何加速对新冠肺炎的响应》以本次新冠肺炎疫情为例,探讨了科学界面临新型传染病暴发时为了作出有效回应所需的关键要素。金塞拉等指出,任何新型病毒性疾病出现后科学界总是在最关键的早期阶段存在"研发差距"(research and development gap),这种滞后会对人们的响应速度和质量构成威胁,但在各国科学工作者的努力下,如今基础科学领域已经取得了令人瞩目的进展,新冠肺炎疫情的实践证明当前科学界应对新型传染病大流行的研究能力正处于历史最高水平。金塞拉等强调,国际研究界的协调合作具有重要作用,从实施诊断、接触追踪到共同研发疫苗、制定治疗方案,诸种科学施策都建立于有效的信息共享基础之上,因此应当继续加强基础研究能力和完善全球科研领域的合作网络。①

查尔斯·戈特利布等在《各国居家办公情况调查》中,考察了全球不同国家的城市中有条件居家办公的工作比例与国家收入水平之间的变化关系。研究显示,贫困国家的城市中居家办公比例为20%,而在富裕国家城市工作的人群中这一比例接近40%,这一结果主要是由自主谋生(self-employed)的非工资收入劳动者造成的:贫困国家中自主谋生的劳动者就业比例明显更大,其工作属性不利于居家办公。在国家层面,就整体经济水平而言,贫困国家与富裕国家相比,能够在家工作的就业比例很大程度上取决于

① See Kinsella, C. M., Santos, P. D., Postigo – Hidalgo. I., Folgueiras – González. A., Passchier. T. C., Szillat, K. P., Akello, J. O., álvarez – Rodríguez, B., &Martí – Carreras, J., Preparedness needs research: How fundamental science and international collaboration accelerated the response to COVID – 19, *PLOS Pathogens*, Vol. 16, No. 10, 2020, e1008902.

农民在家工作的能力,在家工作的能力越低意味着社会隔离政策的潜在成本越大,分析显示导致这一现象的原因是贫困国家普遍较高的农业就业率。[①]

福克斯在《新冠病毒资本主义中的日常生活和日常传播》一文中,围绕两个核心问题展开讨论:①日常生活和传播在新冠肺炎疫情危机中发生了怎样的变化? ②在这场危机中,资本主义如何塑造日常生活和日常传播? 福克斯指出,新冠肺炎疫情是人类和社会的生存危机,它使人们对社会未来的看法更加激进,这一转变或者将使人类走向社会主义,或者将退化到野蛮状态。面对面的社会联系和交往被阻隔,在通信技术的辅助下,曾根据物理场所独立组织的经济、政治和文化等社会结构汇聚在家庭空间,家庭呈现为"超场所(supra – locale)"的社会系统。一方面,这种集体经验可以产生新的团结和社会主义形式;另一方面,如果意识形态和极右势力占上风,也可能引发战争和法西斯主义,因为新冠肺炎疫情最大的政治危险是极右翼势力利用紧急状态传播虚假消息、民族主义和仇恨,从而导致暴力、战争、独裁、种族灭绝和法西斯主义蔓延。在这个选择的十字路口,政治行动和政治经济成为决定性因素。[②]

三、传播政治经济学未竟的职志

沃勒斯坦认为,整个资本主义世界体系源于 16 世纪,欧洲商贸建立了亚、欧、美的联络网,同时也为世界成就了单一经济体,包括单一市场和区域分工,而体系中又可分为"中心""半边陲"和"边陲"三部分,中心由强国主

---

① See Gottlieb, C., Grobovšek, J., &Poschke, M., Working from home across countries, *Covid Economics*, Vol. 8, 2020, pp. 71 – 91.

② See Fuchs, C., Everyday Life and Everyday Communication in Coronavirus Capitalism, *tripleC*, Vol. 18, No. 1, 2020, pp. 375 – 399.

导，实行劳工、资源和贸易机会的掠夺；半边陲介于中心和边陲之间，边陲则主要是被强国掠夺的地区。世界体系理论强调国与国在政治、经济甚至文化层面上有着核心－半边陲－边陲（或更多层级）的关系，体现了第三世界在经济、政治与文化（即媒介产品输入）对核心国家的单向依赖。① 萨米尔·阿明则更明确地从制约与剥削的角度分析世界经济体系内部的不平等结构，指出当代资本主义最显著的特征之一是生产体系的全球化，发达国家是全球化的中心，拥有资本、生产技术、营销网络并攫取绝大部分利润，外围国家则只是充当全球化生产的劳动力并受制于中心区国家所掌控的金融、技术、文化和军事垄断权力，发达国家使外围国家的产业陷于从属地位，全球形成新的等级秩序，全球化价值规律形成新的两极分化形态。②

传播新科技的日新月异不但没有改变世界等级体系，反而雪上加霜，强化并协助了固有市场等级的全球扩张，军事工业复合体与社交媒体监控－工业复合体迅速展开与金融业的构连，网络平台的垄断资本积累席卷全球，这是比新冠肺炎疫情更加剧空间不平等的强大引擎，平台经济聚集的庞大数据霸权彻底瓦解了信息社会公正传播的基本原则。

一方面，在政治经济维度上，大型科技公司主导的数字媒体平台得益于网络效应（network effect）在短时间内即获得市场垄断地位，并利用规模效应不断巩固和强化这一不对称优势，在经济领域崛起成为影响社会运转的重要力量，这一转变被有些学者称为"平台资本主义"③。这些科技企业控制了互联网的信息流、数据流通渠道和内容分发端口，整个社会都依赖于其建构的平台系统，以至于连传统上由政府实施的监管审查也难以对其产生有效

---

① See Wallerstein, I., *The Modern World - System*, Orlando, FL: Academic Press, 1974.

② 参见［埃及］萨米尔·阿明：《全球化时代的资本主义——对当代社会的管理》，丁开杰等译，李智校，中国人民大学出版社，2013 年，第 3～4 页。

③ See Srnicek, N., *Platform Capitalism*, Cambridge: Polity Press, 2016.

约束。①

　　另一方面,在媒体和信息传播维度上,西方主流媒体政党化趋势与社交媒体的广泛影响力相互叠加,对西方民主政治的运行已经造成严峻挑战。右翼民粹主义自 2008 年金融危机以来持续高涨,正是平台媒体舆论和话语层面的社会控制能力在政治领域的延伸。默多克剖析当前西方社会民粹主义盛行的社会源头时指出,一项 2014 年的调查显示,自认为一贯持保守主义态度的人群中几乎一半(47%)将福克斯新闻作为政治和政府信息的主要来源,88% 的人相信其报道;②而自 2016 年特朗普就任总统后,福克斯新闻(Fox News)即成为特朗普首选的国家电视台平台,通过持续传播倾向于特朗普政府的新闻报道获得了大批保守主义观众。与此同时,特朗普与其核心支持者的联系在他持续不断地在推特平台发布推文的过程中得到加强和延伸,在 2018 年一年里,他向 5660 万推特粉丝发布了 2843 条推文,在庆祝自己的成就以及诋毁、嘲弄批评者之间来回切换,③阿多诺在观察 20 世纪 40 年代右翼电台广播时指出,其为听众提供了一种"肆意流动的念头"(flight of ideas)而非"话语逻辑"(discursive logic)④,特朗普的意识流推文恰恰重复了这种模式。⑤ 利用平台媒体,如特朗普政府一般的右翼民粹主义政治势力煽动舆论以巩固并扩大自身影响力,这一政治生态的变化对西方左翼政治力

　　① See Gillespie, T., *Custodians of the Internet: Platforms, Content Moderation, and the Hidden Decisions That Shape Social Media*, New Haven, CT: Yale University Press, 2018, pp. 24 – 44.

　　② See Mitchell A, Gottfried J, Kiley J, et al., Political polarization and media habits. Pew Research Centre, *journalism. org*, 21 October, 2014, Available at: http://www. journalism. org/2014/10/21/political – polarization – media – habits/.

　　③ See Jin B, Fossett K, Dobrin I, et al., Trump's Twitter year of outrage and braggadocio, *Politico*, 31 December, 2018, Available at: https://www. politico. com/interactives/2018/interactive_donaldtrump – twitter – 2018 – analysis/.

　　④ Adorno, T., Anti – semitism and fascist propaganda, in Theodor W. Adorno (ed.), *The Stars Down to Earth: And Other Essays on the Irrational in Culture*, London: Routledge, 1994, p. 165.

　　⑤ See Murdock, G., Profits of deceit: Performing populism in polarised times, *European Journal of Cultural Studies*, Vol. 23, No. 6, 2020, pp. 874 – 899.

量造成巨大压力。在右翼势力掀起民粹风潮的现实挑战之下,围绕如何与社会公众建立紧密联系,建构易于被民众接受的话语体系等问题,西方左翼学者和政治家面临艰巨任务。①

视线转向国内,中国同样经历着信息技术革命与市场经济转型所带来的经济增长和社会发展机遇,同时也面临互联网平台企业在扩张过程中造成的社会负面效应。在当下的新媒体传播格局中,作为"新闻产消者"的用户已成为不可忽视的传播主体,他们从专业媒体眼中曾经抽象的"乌合之众"变成实体性存在,在新媒体技术的支持下通过使用各种方式和参与专业媒体的新闻实践,主体性得到彰显,甚至获得了"反向议程设置"的能力。②新冠肺炎疫情作为一种全球例外状态大幅度激发了信息流动需求,加速了用户新闻生态的发展,也放大了多主体参与的全球传播的作用,依托这一新媒体环境,我们在承认上述积极变化的同时,还应该看到用户新闻所具有的催生网络民族主义(cyber – nationalism)潜在风险的普遍性。疫情期间聚焦的网络的发泄并没引领关于严肃政治命题的公共讨论与围绕历史创伤的深刻反思,本应依托于理性精神而展开的中美张力的内在价值省思被算法发挥的工具理性所制约。"精神的真正功劳在于对物化的否定"③,一旦精神变成了被消费的文化财富,精神必定走向消亡,犹如启蒙的自我毁灭,文化的彻底沦陷。用户对网络的依赖度再创新高,反思喧嚣的网络平台的诸种操演,为我们珍贵的主体性寻找思想的栖居之所也是紧迫要务。

---

① 参见孔宇、张艾晨:《全球传播政治经济学的理论前沿与现实批判——传播政治经济学家格雷厄姆·默多克(Graham Murdock)教授访谈录》,《新闻大学》,2020 年第 6 期。

② 参见刘鹏:《用户新闻学:新传播格局下新闻学开启的另一扇门》,《新闻与传播研究》,2019年第 2 期。

③ Horkheimer, M., &Adorno, T., *Dialectic of Enlightenment*：*Philosophical Fragments*, Stanford：Stanford University Press, 2002, p. XII.

新冠肺炎疫情背景下国外左翼学者对当代
资本主义的最新批判与反思

禚明亮*

2020 年席卷全球的新冠肺炎疫情成为深刻影响世界政治、经济格局的重大突发公共卫生事件。可以说,当前资本主义世界正处于资本主义经济危机与疫情危机同期叠加、相互交织的特殊时期。一方面,2008 年美国华尔街金融风暴引发的全球性经济危机到今天依然尚未完全结束;另一方面,新冠肺炎疫情在全球的蔓延尤其使资本主义制度的应对乏力和反应疲软展现得淋漓尽致。各国学者纷纷以新冠肺炎疫情暴发为契机,撰书立说,批判与反思当代资本主义。从根源上讲,资本主义危机所呈现的次层次危机,如新自由主义危机、逆全球化危机、人道主义危机、道德危机、种族主义危机、生态环境危机等无一不映射出资本主义生产方式所固有的根本矛盾和历史局限性。在疫情蔓延、资产阶级政府应对不力的背景下,这些次层次矛盾日渐突显,并呈现激化状态。在美国,在新冠肆虐期间还爆发了因黑人弗洛伊德之死而引发的群众反对警察暴力的示威游行,以及捣毁资产阶级代表人物雕像的社会抗议运动,引发美国民众的广泛参与,其规模与强度实为多年罕

---

* 禚明亮,中国社会科学院马克思主义研究院助理研究员。

见。总体上看，当今世界正处于"百年未有之大变局"，而新冠肺炎疫情的暴发深刻加速了这一历史进程的转变，成为当前左翼人士系统反思资本主义的"导火索"。在此背景下，全球各国人士都在思考"世界怎么了""未来怎么办""人类向何处去"等一系列重大历史时代课题。其中，国外左翼学者对资本主义的反思与批判值得我们关注和总结。

一、新冠肺炎疫情蔓延的重要原因：资本主义生产方式

（一）资本主义生产方式掠夺自然资源的暴力性和攫取剩余价值的贪婪性，是导致新冠肺炎疫情暴发的主要原因之一

马克思曾辩证地分析资本主义生产方式给人类历史所产生的重大影响，一分为二地揭示了资本主义的积极意义和消极方面。但是他也更加直白地指出："资本来到世间，从头到脚，每个毛孔都滴着血和肮脏的东西。"这一句话虽然是相对于资本主义原始积累阶段而言的，但到21世纪的今天，仍然具有当代适用性。不仅仅是共产主义者们严厉批判资本主义的现代剥削性，就连生活在资本主义中心国家的资产阶级学者也不得不承认这一点。比如，法国《今日马克思》杂志2018年就曾出版论文专辑，深刻剖析当代资本主义剥削的新形式。关于此次新冠肺炎疫情暴发的原因，美国纽约城市大学女王学院教授雪莉·科恩指出，我们经历的这场灾难的原因就是世界资本主义体系，它在过去的75年里由煤炭、石油和核能驱动，由电脑控制的高速机器推动着，但这些机器只是让1%的人富裕起来，实际上已经破坏了地球的生态平衡，带来了一个无休止的战争时代，使数亿人陷入贫困。她认为，资本主义制度曾经是人类财富的创造者，也可能使另一个世界成为可能，但现在却成了地球生态的毁灭者、生产活动的破坏者、疾病的播种者、专制政府的孕育者、非理性思想的传播者。国外左翼学者认为，资本主义生产方式掠夺自然资源的暴力性和攫取超额剩余价值的贪婪性最终导致了新冠

肺炎疫情的暴发。正如学者贾斯汀·雷诺兹所指出的："新型冠状病毒肺炎不是天上掉下来的神迹，而是像气候变化一样，是人类掠夺地球资源造成的后果。"

从基本事实上看，在应对新冠肺炎疫情蔓延的过程中，以美国为首的西方资本主义大国"不负责任"形象显露无遗。他们不但不采取有力措施抗击疫情，反而采取"甩锅"战术，把责任推给他国，提出所谓"群体免疫"的谬论，这种做法不仅严重拉低了自己的国际形象，而且将本国公民推向了痛苦的深渊。截至2021年3月23日，美国死亡病例超过55.5万人，让世人震惊。对此，美国左翼学者维克多·沃里斯直截了当地指出："美国政府对新冠肺炎疫情蔓延应对不力。"他特别指出："本届政府对危机的反应特别反常，在得知疫情大流行的消息之后，政府仍对这种危险嗤之以鼻。政府没有促进国内和国际团结，反而鼓励以种族为借口寻找替罪羊，特朗普称这种病毒为'中国病毒'，加强对伊朗和委内瑞拉的制裁，并试图阻挠古巴实施国际医疗援助。"

(二)贪婪地攫取超额利润、秉承"市场至上"的新自由主义法则，导致资产阶级政府应对公共突发卫生事件的能力严重不足

资本主义制度的本性在于攫取超额剩余价值，维护资产阶级的利益。长期以来，美国资产阶级不愿意将大量资本投入到公共医疗卫生领域，反而一再削减卫生事业的财政预算。以美国为首的西方资本主义国家长期信奉"市场至上"的市场原教旨主义和主张减少政府监管的新自由主义政策。2008年国际金融危机之后，他们纷纷采取财政紧缩政策，削减社会投入，导致欧美资本主义国家医疗卫生事业投入严重不足，因此导致各国在应对突发公共卫生事件时应顾不暇。"据美国《外交政策》网站报道，美国卫生系统的资金削减始于2018年，政府减少了150亿美元的国家卫生支出，取消了3000万美元的'复杂危机基金'。"特雷莎·古铁雷斯指出，新冠肺炎疫情蔓

延已经暴露了这样一个事实，即当前全球资本主义的基础设施不仅无法应对这一流行病，而且还使情况进一步恶化。事实已经证明，特雷莎·古铁雷斯的判断是对的。

更有学者尖锐地指出了资本主义制度的阶级本质，他们认为资产阶级政府唯一需要捍卫的只是资产者自身的利益，资产阶级政府甚至将新冠肺炎疫情危机当作开展阶级斗争的一种手段。2020 年 4 月，美国著名生态马克思主义学者约翰·贝拉米·福斯特在接受专访时直中要害地指出，今天我们在美国看到的事情其实是一种基于阶级属性的"社会谋杀"现象，这是恩格斯在《英国工人阶级状况》中曾经论及的。在他看来，政府在面对疫情蔓延时所遵循的资产阶级利益至上的原则，不顾广大工人阶级的生命健康，最终"谋杀"了美国广大工人阶级。

（三）新冠肺炎疫情危机所折射的是整个资本主义制度的危机

在国外左翼学者们看来，这场公共卫生危机所折射的是整个资本主义制度的危机，不能仅仅站在抗击疫情的维度来看疫情，而是应当从资本主义整体视角上进行剖析。美国加利福尼亚州大学荣休教授迈克·戴维斯在接受专访时指出："我们这个时代的文明危机，是由资本主义无法为大多数人创造收入、提供工作岗位和有意义的社会角色，无法终止化石燃料的排放，无法推动公共卫生事业的革命性进步带来的。这些都是聚合性危机，彼此不可分割，需要从更复杂的整体来看待，而不是单独的问题出发。"正如葡萄牙共产党中央委员安盖洛·阿尔维斯所指出的，这种流行病在全球范围内的增长及其影响——尤其是在最发达的资本主义国家——悲剧性地证明了资本主义政府几十年来所实行的私有化和取消公共服务（即医疗服务）的政策、对工人的劳动成果和社会权利的持续且与日俱增的剥夺，以及不断取消能够确保社会保障、保护人民权利和重要物资生产的国家机制的破坏而造成的恶劣后果。今天表现得更明显的是，以生产无政府状态和服从积累逻辑为特征的资本主义制度,在保障基本权利(如享有医疗保健的权利)方面上的无能。此次疫情的暴发更进一步暴露和加深了资本主义的严重矛盾、面临的问题和结构性危机。可见,国外左翼学者们已经将批判的矛头直接指向资本主义制度,这些认识和判断是极为深刻的。

二、人民至上,还是利润至上,是社会主义制度与资本主义制度的本质区别

没有对比,就没有伤害。在西方部分媒体恶意炒作和丑化中国抗疫努力的同时,中国政府优异的抗疫表现得到大多数国外左翼学者和媒体的广泛好评。一个人口众多的大国在短时间内取得抗疫的巨大成功,并且通过稳定、有序的复工复产,使中国成为疫情期间全球唯一实现经济正增长的国家。其中的奥妙何在呢?许多国外左翼学者依据自己的观察,撰写了许多理论文章,予以分析和解读。

(一)坚持人民利益至上,以中国为代表的社会主义国家取得的抗疫成就让世人瞩目

在总结和借鉴中国抗疫经验时,国外左翼学者普遍认为,抗疫的奥妙在于中国各级政府将人民群众的生命身体健康放在首位,采取果断措施,组织实施了稳固有序的疫情防控阻击的"人民战争"。他们指出,中国应对疫情的表现证明,把人民利益而不是攫取利润放在发展的第一位,就没有战胜不了的困难,论证了中国特色社会主义制度集中力量办大事的优势,主要体现在一个社会主义国家在公共卫生服务方面迅速有效地调集资源的能力。美国《人民世界报》2020 年 1 月 26 日发表了该报资深主编 C. J. 阿特金斯博士的署名文章。他认为,中国政府在抗击疫情时,把人民利益,而不是利润,放在首位,而对于美国来说,他们关注的焦点是利润,而不是人民的身体健康。阿特金斯指出,美国资本家甚至把疫情蔓延视为一次赚钱的"良机"。市场

分析师伊丽莎白·巴尔博亚·本辛加为雅虎金融（Yahoo! Finance）的读者们列出了一份"13 支需要关注的冠状病毒相关的股票"，他在写到为卫生工作者生产生物危害防护装备的莱克兰工业公司时提醒投资者，该公司"在埃博拉疫情期间历史性地大幅度上涨，在埃博拉疫情中被证明是一个受青睐的供应商"。但是中国严禁任何企业从此次危机中牟取暴利，中国的市场监管机构警告称，对任何被发现哄抬价格或囤积医疗用品的企业，都要"从速从严惩处"，并且已经设立了一条群众举报热线。他指出，中国政府和共产党官员与华尔街投资者的反应形成鲜明的对比，使社会主义制度和资本主义制度之间的差距大为扩大。另一家美国左翼网站也撰文指出，中国大规模动员国有企业抗击疫情，包括十天内在武汉新建两所医院，加快生产和分销由政府控制价格的医疗用品，提供免费的全民医疗，以及国家医务人员的大规模部署是中国社会主义政治经济制度向全世界的生动展示，为全球展示了中国特色社会主义的伟力。中国应对这场大规模公共卫生危机的能力证明了中国特色社会主义的现实力量，原因在于中国共产党要回应的是人民的利益，而不是私人资本的利益。社会主义制度的集体性特征、坚持人民利益至上的价值追求和集中力量办大事的优势不断凸显出来。中国、古巴、越南等社会主义国家成功地抑制住了新冠肺炎疫情的进一步蔓延，取得了抗疫斗争的阶段性胜利。

基于此，印度学者维贾·普拉沙德等人发表在 2020 年 9 月 14 日的一篇题为《中、美两国在应对新冠肺炎疫情方面的差距是令人震惊的》的文章中指出，面对美国持续开高的死亡病例数，说病毒是"中国制造"已经落伍了，而是应提"华盛顿制造"。他指出，在中国政府控制住疫情后，很快能够实现经济增长的回弹，原因在于中国经济制度的社会主义性质。他认为，"以人民为中心的发展理念"是中国政府成功应对疫情蔓延和恢复经济的重要基础。

（二）资本主义国家将"利润至上"原则奉为金规铁律折射出其制度的阶级本质

相比之下，对于资本主义制度应对疫情危机时的表现，2020年3月奥地利劳动党主席蒂博尔·曾克在中央委员会会议上的讲话中尖锐地指出，资本想要保存它的利润而不考虑工人阶级的损失。相比于工人阶级，资产阶级可以更加容易地应对新冠肺炎疫情带来的影响。资产阶级们指出，工人应该继续在装配线、生产链和收银台工作，富人应该把自己隔离在自己的生活区、城市别墅、乡村住宅和顶层公寓中。工人阶级暴露在被摧毁的卫生系统之下，而富人负担得起私人医生和设施、昂贵的药品、设备和特殊治疗。改良派政党有时会提出这个问题，他们打算用这一项或那一项议会决定来阻止，但我们生活在阶级社会里。在资本主义制度下，疾病总是一个阶级问题。资本不是为人民服务，而是为资本服务。在任何情况下，优先考虑的总是资本的积累，而不是工人阶级的生活。资本主义不会创造出满足人民需求的医疗体系，因为它不能也不想这样做。

总体上看，国外左翼学者的基本判断是资本主义与社会主义的"制度差异"决定了两种国家的不同"执政理念的差异"。在他们看来，是选择"执政为民"，还是"执政为利"是由不同的制度属性所决定的，从根本上决定了两种制度在应对新冠肺炎疫情蔓延时所采取的政治立场、意志决心、利益出发点和落脚点等的不同，进而决定了抗疫的决心、表现、效果上的巨大差异。中国等社会主义国家坚持人民利益至上，凝聚民力，汇聚八方资源，党政军民学全民一条心，全国一盘棋，展现了"人民抗疫"的伟大力量，同时超越狭隘的国界和民族界限，高举"国际抗疫"的旗帜，积极向受疫情冲击严重的国家或地区运送物资、派遣医疗队和分享新冠疫苗，积极践行"人类卫生健康共同体"理念，站在了人类道义的制高点上。相比之下，资产阶级政府却将获取利润作为优先选项，美国将本国抗疫不力的原因归结于他人，"甩锅"于他国，同时编造"群体性免疫"，炮制"中国病毒说"或"武汉病毒论"，美国等国家某些政客和媒体的所作所为为世人所不齿。

三、资本主义的排外主义情绪是根深蒂固的"历史传统"

（一）某些西方政客或媒体关于新冠病毒的种族主义言论引发国外左翼学者的强烈反对

移民和外国工人的到来曾对资本主义生产力的发展产生了重要的历史推动作用。早在1920年2月，列宁在《同美国〈世界报〉记者林肯·埃尔的谈话》中就曾指出："美国政府明目张胆地迫害外国人。其实，美国如果没有外侨工人又怎么办呢？外侨工人对你们的经济发展是绝对必需的。"长期以来，资本主义的排外主义历史和做法是国外左翼学者们所普遍承认的事实，就在2019年冬季，澳大利亚杂志《马克思主义左翼评论》还曾经发表利安·姆沃德的《反思反华种族主义的根源》一文，在澳大利亚学术界引发热烈关注。但是话音未落，在武汉暴发疫情后不久，西方排外主义、反华主义就开始残渣泛起。"西方主流媒体的报道坚持认为，中国共产党在这场危机中管理不善，掩盖信息传播，并对公民实施独裁式的限制措施。"西方某些政客或媒体将新冠病毒称为"武汉病毒"或"中国病毒"的种族主义言论引发国外左翼学者的猛烈驳斥，他们指出这种排外主义情绪是欧美发达国家的一种"历史传统"。2020年2月3日，"今日美国"网站发表马可·德拉·卡瓦与克里斯汀·莱姆联合署名的文章，题目是《新冠病毒正在蔓延，而且反华情绪和排外主义同样如此》，该文的观点极具代表性。文章指出，排外情绪有很深的历史根源，可以追溯到1882年的《排华法案》，它的目的是阻止廉价中国劳动力的涌入，而实际上，廉价的中国劳动力对西方国家的许多工程项目都做出了重要贡献，包括1869年美国第一条横贯大陆的铁路的竣工。有相关组织研究表明，自特朗普等人炮制出"武汉病毒说"以来，美国发生华裔人士遭受暴力袭击的恶性事件激增,2020 年 5 月 2 日,"据旧金山州立大学的统计数据,2020 年 2 月 9 日至 3 月 7 日与歧视亚裔有关的新闻报道增长了50%"。2021 年 3 月 16 日,"据美国'制止仇恨亚太裔美国人组织'发布报告显示,自去年 3 月 19 日至 2021 年 2 月 28 日,共收到 3795 起各种类型针对亚裔的种族歧视事件报告,包括人身攻击、言语攻击等,其中华裔是被攻击最多的族裔"。

印度学者、"全印度人民科学网"副主席帕拉比尔·普尔卡亚斯塔认为,这种在疫情初期对中国人的攻击、种族歧视、强制实施的旅行禁令和旅行限制远远超出了世界卫生组织的建议,这些都表明了上述攻击的种族主义的本质和政治化性质。他指出,西方媒体和政府对中国的一些抨击是种族主义的。其中大部分是特朗普和他的团队对中国发动的新冷战的延续。美国主要新闻媒体利用新冠病毒的暴发来攻击中国社会主义制度,声称中国是一个"修正主义"大国,需要在军事上受到遏制。葡萄牙共产党中央委员安盖洛·阿尔维斯指出,葡萄牙共产党谴责宣传中国应对疫情蔓延负责、质疑中国抗击新冠肺炎疫情所取得的公认的成绩的虚假信息传播。现在越来越清晰的是,美国帝国主义本身被尖锐的矛盾、激烈对抗与重大问题所缠身,其所作为是在歇斯底里地转移民众对美国国内复杂局面的注意力,对世界几个国家采取了侵略性的立场。

(二)美国排外主义和种族主义歧视集中体现在对黑人群体的社会压迫上

当前,美国排外主义和种族主义歧视集中体现在对黑人群体的社会压迫上,除了经济收入上的贫富差距明显之外,目前造成的一个社会性结果是"非裔美国人的预期寿命比白人低得多,黑人婴儿死亡率也高得多。美国人的平均寿命是 78 岁左右,而大多数研究发现,一般来说,黑人平均比白人少活 9 年。在美国,婴儿死亡率(用活不到一岁的婴儿数量来衡量)非洲裔美国人为 11.4% ，而白人为 4.9%"。长期以来，美国黑人群体为了争取平等的政治权利和社会地位，一直没有放弃自己的努力和抗争。

2020 年，由非裔男子弗洛伊德之死而引发的"黑人的命也是命"抗议活动已经席卷美国许多城市。这场运动甚至还蔓延至英国、巴西、澳大利亚、日本等十几个国家，成为 2020 年世人瞩目的重大国际事件之一。在美国学者阿什丽·史密斯看来，"今年夏天的这场黑人运动是美国历史上规模最大的一次抗议浪潮，有多达 2600 万人参加了席卷全国的示威游行活动"。这场运动只揭露美国黑人人权状况的"冰山一角"，正如列宁在《俄罗斯人和黑人》一文中所深刻指出的，"黑人的状况是美国的耻辱！""谁都知道，美国黑人的总的状况是同文明国家不相称的——资本主义不可能使人们彻底解放，甚至也不可能使人们完全平等。"可以说，尽管随着时代的发展，资产阶级政府实行了一系列所谓社会政策来予以调节，但美国黑人所处的不平等境遇总体上并没有发生实质性变化，种族歧视和排外主义依然是资本主义制度难以治愈的"顽疾"。因此，所谓美国白人警察暴力执法问题也只是问题的表征，资本主义制度内生性的"种族剥削"和"阶级压迫"属性才是其中最深层次的原因。

四、摆脱疫情危机的出路之一在于组织工人运动，走向社会主义

自 2008 年国际金融危机爆发以来，《资本论》等著作开始重新获得人们的关注，资本主义的未来生命力已经遭到包括国外左翼学者在内的广泛质疑，"资本主义还有未来吗"还成为世界体系理论主义者沃勒斯坦著作的核心话题。这场国际资本主义危机至今仍在影响着世人，而新冠肺炎疫情的暴发可以被视为是这场资本主义危机的最新表现形式。

（一）资本主义制度已经难以为继

在国外学者们看来，新冠肺炎疫情的蔓延只是表象，背后反映的是资本主义制度所面临的危机。西班牙共产党主席何塞·路易斯·森特利亚指出,由新冠肺炎疫情蔓延而引发的全球性危机已经显露了以经济利润为原则的资本主义社会的脆弱性,资本主义通过新自由主义的全球化将一切经济资源分配到获取最大利润的地方,而由少数人掌控着全部经济权力。丹尼尔·阿尔巴雷辛指出,疫情蔓延是一场潜在危机的"导火索",这场流行病加深了原本就存在的资本主义危机,进一步拉大了已有的收入差距,为应对这场危机而采取的措施可能会导致资本进一步集中,进而在高失业率的情况下,可以通过强迫工人接受提高剥削率的工作条件来束缚工人,以及在没有保障监管的情况下延长工人的远程劳动时间。他进而指出,只有工人运动组织起来,并且与其他社会运动和大胆的变革性政治力量进行必要的合作,才能最终遏制少数特权阶层追逐利益的欲望。事实上,在资本主义社会里,资本的力量与工人的力量是一对动态较量矛盾体,资本力量的过于强大必然会削弱工人阶级捍卫自身利益、规避资本主义弊端的能力。正如法国著名政治学家托克维尔所指出的:"在任何社会中,必然存在着一种居于支配地位的社会力量,但我同时认为,当没有任何障碍可使这种支配力量放慢进程并迫使它减缓激烈程度的时候,自由将岌岌可危。"

新冠肺炎疫情对工人阶级的"自由"甚至是生命健康都带来了灾难性的冲击。印度贾瓦哈拉尔·尼赫鲁大学经济学教授贾亚蒂·戈什认为,从新冠肺炎疫情蔓延对世界经济造成的冲击来看,"这场流行病危机所造成的经济影响非常剧烈,超过了我们记忆中的一切危机。当前疫情对全球经济造成的震动肯定比2008年世界金融危机要大,而且很有可能会比20世纪30年代的'大萧条'还要严重。即使与20世纪的两次世界大战相比,虽然战争造成了全球供应链的中断和基础设施与人口的消耗,但也没有像今天这样严重限制了绝大多数国家的经济流动和经济活动"。迈克尔·罗伯茨的研究也证实了这一点。他指出,全世界约有27亿工人受到全面或部分封锁措施的影响，占全球 33 亿劳动力的 81% 左右。几乎所有关于 2020 年全球经济生产总值的预测都认为，全球经济将出现比 2008—2009 年大衰退时更为严重的萎缩。乔丹·汉弗莱斯也指出："一项研究成果预测，受新冠肺炎疫情影响，全球将有 5 亿人的生活陷入贫困状态。"

那么资本主义生产方式还能延续下去吗？显然，国外左翼学者的回答是否定的。人类历史仿佛又到了必须回答那个"经典"问题的时候了：人类是走向社会主义，还是走向野蛮主义？实事求是地讲，由于世界政治、经济、军事、外交等诸多领域呈现的不稳定性和难以预估性，如果处理不当，当前人类社会进入野蛮主义的可能性越来越大。国外左翼学者们指出，答案是社会主义。阿什丽·史密斯指出，我们的世界正在逐渐沦为野蛮主义社会，当前我们面临着资本主义的双重危机：全球疫情和世界经济衰退。这一双重危机带来的恶劣后果是不断撕扯人们的思想意识形态，使已经极端化的社会更进一步地分裂为社会主义左翼和极右翼民粹主义两个群体。他进而提醒人们，社会主义政治和组织比以往任何时候都更加重要。如果社会主义左派没有建立一个以斗争为基础的切实可行的替代方案，那么极右翼势力可能会成为这场危机的最大受益者。纽约城市大学女王学院教授雪莉·科恩也在文章中指出，我们比以往任何时候都更迫切需要社会主义——一个民主的、集体拥有和管理的社会。那么靠谁来完成实现这一社会主义的目标和任务呢？

（二）捍卫工人阶级的利益，必须通过政党的实践活动来完成

国外左翼学者们指出，捍卫工人阶级的利益，必须通过政党的实践活动来完成。关于走向社会主义道路的方式和最终效果，美国每月评论出版社主编《工人阶级能够改变世界吗》一书作者迈克尔·D. 耶茨认为，目前主要有两种方式：一种是今天大多数社会民主党试图通过议会选举赢得对国家的控制权，以此作为从资本主义向社会主义过渡的一部分；另外一种是通过

革命斗争的方式,掌握国家权力,如在俄国、中国、越南和古巴。然而就第一种方式来看,现在大多数工党都是改良主义派,他们的目的只是通过获得政府资助或医疗保健等全民计划来改善工人的生活和工作条件。不幸的是,随着新自由主义的蔓延和资产阶级的进攻,这些政党所努力取得的成果已经被消耗殆尽。他指出,这意味着工党必须重建,就像工会必须重建一样。必须建立新的政党,坚持民主原则,秉持明确的激进主义立场,领导工人阶级作为一个整体。这些政党不仅必须向现有国家施加压力,满足工人阶级的利益需要,而且还必须增强工人与农民掌握自己生活的能力,并开始逐步建立替代性的社会生产和分配结构。

长期持激进立场的加拿大革命共产党则主要采取更为激进的方式。该党在其官网撰文指出,当前对于工人阶级至关重要的一件事实是,我们现在所面对的新冠肺炎疫情危机本质上是一场资本主义的危机。该党强调,从现实的出路来看,发挥我们党所具有的集体性力量,打碎资本主义国家机器,实现工人阶级的最终解放。该党指出,无产阶级肩负着摧毁资本主义、殖民主义和帝国主义体系的历史使命,将采取人民战争和革命的手段来建立社会主义社会。

五、结语

总体上看,新冠肺炎疫情背景下国外左翼学者对资本主义的批判与反思形成了许多理论成果,其中许多分析和判断让人印象深刻。可以说,生活在资本主义世界的左翼学者们对资本主义制度的本质、新冠肺炎疫情危机的表现及其产生的后果、社会主义的优越性等问题的观察和分析有着更为直接的感官体验,具有重要的发言权,得出的结论也有一定的说服力。但对于他们的观点和判断,我们的态度不是要全盘接收,而是要批判性地予以借鉴和吸收。

国外左翼学者将西方疫情危机与资本主义制度和生产方式的危机结合在一起，进行通盘考虑，具有重要的现实意义，这提醒我们在研究资本主义制度时应当坚持系统性思维和整体性分析。总之，通过对国外左翼学者的观点进行梳理和归纳，我们可以更加清楚地认清资本主义目前所处的困境与窘境，更加深入地了解资本主义公共卫生危机、生态危机、种族主义危机等与资本主义制度本身的缺陷和基本矛盾之间的逻辑关联，在强烈的对比中更加坚信世界社会主义的未来广阔前景，更加坚定中国特色社会主义的"四个自信"，在统筹推进经济建设、政治建设、文化建设、社会建设、生态文明建设的总体布局，协调推进全面建设社会主义现代化国家、全面深化改革、全面依法治国、全面从严治党的战略布局中，实现中华民族的伟大复兴。

新冠肺炎疫情背景下国外左翼力量对当代资本主义和社会主义的双重反思

韩欲立*

新冠肺炎疫情的全球大暴发以来，新冠病毒在数十亿人群中的大规模交叉传播和自我演化，目前已经产生了超过 1000 种变异毒株，与疫情暴发早期相比，新冠病毒正在以更高的传播效率和较低的致死率考验着国际社会的社会治理能力。在重大疫情背景之下，欧美所主导的西方资本主义制度及其意识形态将带领人类社会走向深渊还是救赎？与此同时，国际社会的左翼力量也以此为契机，不断推进对当代资本主义和社会主义的双重反思，他们普遍看到新冠病毒一方面正在暴露资本主义宣示的一切普世价值的虚伪性，另一方面也不断证明着一个结论："资产阶级国家无法正确解决所有这些问题，因为它们缺乏国家权力来做必要的事情。资产阶级全心全意地维持自己的利润，而不是人民的生活和福祉，这表明了资本主义的真正本性。"①

＊ 韩欲立，复旦大学马克思主义学院副教授。
① https：//user. guancha. cn/main/content?id ＝273119&s ＝ fwzwyzzwzbt。

一、新冠肺炎疫情下的资本主义危机及其社会转型

(一)不平等的扩大:新自由主义的当代危机

事实上,即使在新冠肺炎疫情暴发之前,无论是非马克思主义阵营的学者如诺贝尔经济学奖得主约瑟夫·斯蒂格利茨,还是马克思主义阵营的学者如大卫·哈维等都对资本主义的新自由主义模式提出了"终结"或"失败"的断言,公共资源乃至自然资源的私有化程度日益加深,进而社会不平等乃至阶级固化的日益严重不仅没有促使当代资本主义发生社会改革,而且新自由主义意识形态进一步以"社会达尔文主义"的不平等竞争伦理绑架了国际社会对于平等和进步的诉求。而新冠肺炎疫情则以前所未有的"灾难"和"休克"的方式突显了被资本主义国家力量不断压制的经济矛盾和社会矛盾,"疫情揭示了社会系统的结构性缺陷……不平等不断扩大……这都是系统本身不平衡、不稳定的后果"①。

根据法国经济学家托马斯·皮凯蒂创立的"全球不平等实验室"(World Inequality Lab)发布的《2022 年世界不平等报告》显示,新冠肺炎疫情造成全球主要国家被迫暂停生产活动、商业活动和基于以上活动的社会流动,这进一步加深了世界范围内的财富不平等状况。该报告用翔实的经济学数据证明,新冠肺炎疫情发生以来,"约 2750 名亿万富翁控制着全球 3.5% 的财富。这一比例远高于 1995 年的 1%,最快的增长发生在疫情暴发后。相比之下,地球上最贫穷的一半人口仅拥有大约 2% 的财富"②。根据这份报告的地区性不平等统计数据显示,2021 年以来伴随着新冠病毒变种传播率的成倍增长,第三世界国家财富分配不平等的状况也在急剧加深,"拉丁美洲和中东

---

① Joseph Stiglitz, The End of Neoliberalism and The Rebirth of History, htts://socialeurope. eu/the – end – of – neoliberalism – and – the – rebirth – of – history.

② https://wir2022. wid. world/.

是世界上最不平等的地区，超过 75% 的财富掌握在最富有的 10% 的人手中"①。印度作为第三世界国家中积极拥抱新自由主义的典型代表，在 2021 年春天经历新冠病毒第二波攻击的时候出现了极其严重的人道主义灾难，正是由于自相矛盾的疫情封锁措施、公共医疗资源投资的匮乏和公共服务的缺失才最终造成了印度疫情失控。不过，在以新自由主义模式运作的印度，仍然存在着补偿资本主义国家治理失败的社会组织机构，他们以具有社会主义价值的团结和互助精神，有效分配食品和医疗设备等公共资源。在印度共产党和左翼力量治理下的喀拉拉邦通过政府力量积极组织和协调政府和民间力量，有效采取社会主义性质的治理措施，"将集体置于个体之上，召集大众共同抗疫，体现了志愿服务主义与集体主义精神。社会的团结、共同的利益与责任感，以及坚实的公共医疗体系使他们在应对灾难方面比资源充沛、富裕的资本主义政府做得更好"②。新冠肺炎疫情大流行暴露了一个一直以来被全世界奉为圭臬的新自由主义经济原理——自由市场可以有效配置资源创造财富——的虚伪性，印度左翼控制下的喀拉拉邦在抗疫过程中的卓越表现，证明在应对重大危机的时刻，团结、协作和互助的社会主义精神反而成为公共卫生资源匮乏的贫穷国家免于对于大流行疫病的恐惧的关键依凭，因而我们可以断言，"资本主义社会忽视了该问题的规模，决定运行经济而非实行严格的管制措施。它们为自己的愚昧无知与优先选择付出了代价。全球新自由主义支持者主张建立一个权力最小化的国家，批评政府对公共社会福利的支出，押注于私营部门的效率。对他们来说，政府在公共卫生方面的花费被认为是对资源的浪费。这场新冠肺炎流行病揭露了'市场服务社会需求'这一谬见。经济条件较差的省份和国家已展示了如何

---

① https://wir2022.wid.world/.

② Vishnu Karuthodi, https://science.thewire.in/health/caught‑between‑outbreaks‑keralas‑model‑for‑public‑healthcare‑lauded.

通过有效分配资源与动员群众来实现社会目标"①。

（二）消费主义危机及其虚拟化转型

大卫·哈维认为，新冠肺炎疫情以令人始料未及的方式使得全球资本主义的资本循环和周转陷入失血性休克，因为"这种新自由主义模式越来越依赖于虚拟资本以及货币供应和债务创造的巨大扩展"②，整个资本主义的生产和需求链条都被按下了暂停键，这反而使得我们能够更理性地看到资本主导下的生产主义和消费主义的深层危机。事实上，当代资本主义经济之所以仍然能够完成资本的循环并获得利润的积累，其主要动力的70%到80%依赖于消费主义推动，新冠病毒的意外事件的出现则"造成最富裕国家中占主导地位的消费主义形式核心的全能崩溃。无休止的资本积累的螺旋形式正在从世界的一部分向内部崩溃。……它正在检验马克思所说的'过度消费和疯狂消费，从而预示着整个体系的可怕和怪异的崩溃'"③。哈维着重从新自由主义所塑造的当代资本主义经济生态丛林被破坏来评估全球资本体系的崩溃之可能性。在这片生态丛林中，消费主义是提供资本循环和周转的丰厚土壤，而"当代资本主义消费主义"的许多前沿模式在当前的条件下无法运作，因为"新冠肺炎并不是一次剧烈波动，而是对主导最富裕国家的消费主义形式的核心的强力撞击，无止境的资本积累的螺旋形式正在从世界的一个地方到另一个地方向内坍塌"④。不过，也有学者认为哈维仅仅从资本流通的角度分析新冠肺炎疫情对资本主义经济的影响，而这是一种"早已被马克思批判过的所谓'消费不足危机论'"⑤。也就是说，判断新

---

① Vishnu Karuthodi, https：//science. thewire. in/health/caught－between－outbreaks－keralas－model－for－public－healthcare－lauded.

②③④ David Harvey, *Anti－Capitalist Politics in the Time of COVID－19*, http：//davidharvey. org/2020/03/anti－capitalist－politics－in－the－time－of－covid－19/,2020/03/19.

⑤ 李达希:《新冠肺炎疫情将根本改变资本主义吗？——评西方左翼理论家的争论》,http：//m. cwzg. cn/theory/202004/56995. html?page＝1,2020/4/20.

冠肺炎疫情是否对资本主义带来根本性转变,仍然要回归到马克思主义的经典分析范式——生产力与生产关系的矛盾变化中来,而从生产力和生产关系(特别是生产资料所有制形式)来看,新冠肺炎疫情并未触动现有私有制与雇佣劳动关系。尽管崩溃还远不可能,但是新冠肺炎疫情造成的新自由主义世界的消费主义危机已然使得资本主义经济呈现出颓势,这颓势呈现出一种资本主导的社会体制的夕阳西下的总体性病态面目,以至于哈贝马斯呼吁:"我们必须努力废除新自由主义。"哈贝马斯的呼吁显而易见被欧洲正在发生的事实印证着:"比起民众的安危,欧盟更关心金融机构和跨国企业的生死存亡,再一次印证了它是一个失败的政治实体。欧盟任由(除意大利以外的)27 个成员国自生自灭,甚至从未呼吁各国共同支援身陷囹圄的意大利。"①

左翼学者也注意到,随着新冠肺炎疫情所导致的资本主义生产和消费循环的中断,资本也在通过技术进化,调整利润链条的依赖重心。事实上,新冠肺炎疫情期间资本主义工商业有五个新兴领域出现了巨大的增长:在线购物、客户虚拟交互、市场营销,虚拟娱乐和虚拟健康。实体经济中资本平均利润率在日益下降,"随着制造业盈利能力的长期下滑面对生产领域的低迷状况,资本主义已经转向数据,并将它作为维持经济增长和活力的一种方式"②。于是以扎克伯格为代表的垄断资本家正在跑步进入"元宇宙"世界观的塑造,这场资本在虚拟空间的殖民尽管在形态上是虚拟的,但是在社会现实空间仍然在复制着 19 世纪的资本对劳动和劳动者灵魂的操控。我们可以作出的判断是,在新冠肺炎疫情的催化之下,我们正在经历一场当代金融

---

① Andres Piqueras, *Crisis Mundial*, *Coronavirus y Capitalismo Moribundo*: *Un Cóctel Mortal*, https://blogs. publico. es/dominiopublico/31228/crisis – mundial – coronavirus – y – capitalismo – moribundo – un – coctel – mortal/, 2020/3/17.

② [加拿大]尼克·斯尔尼塞克:《平台资本主义》,程水英译,广东人民出版社,2018年,第7页。

垄断资本主义利润链转型的戏剧性历史过程。一方面，20 世纪 70 年代以来，新自由主义苦心经营的市场原教旨主义和私有化、自由化浪潮正在疫情的消解下逐渐褪去光环；另一方面，金融危机以来，特别是新冠肺炎疫情以来，以美国为首的垄断资本主义也同时在探索延续剩余价值剥削和分配的新技术方案，本质上也在积极寻求在新冠肺炎疫情常态化条件下，如何将其内化为利润链的积极组成部分。换句话说，新冠病毒通过元宇宙等新技术手段正在将实体经济的生产过程之外的所有生命活动纳入价值增值的过程中，尽管网络平台经济不直接生产剩余价值，但是它将剩余价值的链条延伸到了消费领域，虚拟世界的消费者同时也是生产者，现实世界和虚拟世界在这场大流行病的催化之下，正在加速走向被资本统一为一个更大规模的价值增殖的异化场域。韩炳哲将这个转型称之为晚期资本主义促使的"他者剥削"到"自我剥削"转向。他指出："在新自由主义政权中，剥削不再是以异化和去现实化的方式进行，而变成了自由和自我实现。这里没有作为剥削者的他者，而是自我心甘情愿地压榨自身，基于一种完善自我的信念。"[①]由此可见，在资本运动和价值增值的过程中，剩余价值剥削正在加快转变成一种劳动者主动参与和投入的事情，马克思主义所批判的劳资结构的不平等境况被进一步加深了。因此，格雷厄姆·默多克认为："既存的社会不平等不仅在形塑疫情经验和应对能力的差异方面发挥了核心作用，人们在疫情中遭受的不平等处境也将进一步固化当前社会的不平等结构，加大社会各阶层之间的差距。即使新冠肺炎疫情最终得到控制，这种根深蒂固的不平等所带来的次生灾难也将持续摧残弱势群体。"[②]

---

① ［德］韩炳哲：《倦怠社会》，王一力译，中信出版集团，2019 年，第 94 页。
② ［英］格雷厄姆·默多克：《对抗的联结：大流行病与平台资本主义》，张艾晨、杜怡蒙译，《开放时代》，2022 年第 1 期。

（三）从经济到生态：更大的危机的预演

消费主义对全球资本主义经济造成的危机仅仅是更大危机的一次预演。在新自由主义的治理范围内，更大范围的不平等将继续扩展，发生在1918年的西班牙大流感造成了60%居住在旁遮普、孟买和印度西部其他地区的贫民的死亡。同样的事情正在一百多年后的今天再次发生，印度、非洲和拉美等贫富差距悬殊的地区，由于食物短缺造成的营养不良，贫民窟的恶劣公共卫生条件，造成的高感染率和重症病发率，使得该地区成为病毒肆虐的重灾区。

托马斯·皮凯蒂指出，新冠病毒暴露人类社会长期的巨大不平等，不平等的经济地位对新冠肺炎疫情的致命性传播起到了推波助澜的作用，加剧了社会财富两极分化差距过大的国家控制疫情的难度。[1] 奈格里认为，新自由主义在疫情中已经将政治上的缺陷暴露无遗，这将在可预见的未来激活一系列反新自由主义的斗争。[2] 左翼学者普遍认为，即使新自由主义治理模式的系统性衰落可以避免，但是后疫情时代西方民主的衰退将不可避免。乔姆斯基将新冠肺炎疫情带来的危机视为由野蛮的新自由主义带来的"文明的危机"[3]，自由市场和公司的意识形态避免将病毒控制引入利润的黑洞，公众的健康是"可消耗"的生产成本。欧洲和美国政府在复工和隔离之间摇摆不定表明在社会治理的系统性协调方面，国家、政府和公司三者处在难分胜负的博弈之中。病毒的肆虐最终将促使大众重新思考我们究竟需要什么样的世界？皮凯拉斯的观点正好回应了这样的问题："我们绝不该对中国的

---

① See Thomas Piketty, *Confronting Our Long History of Massive Inequality*, https://www. thenation. com/article/culture/thomas – piketty – interview – ineqality – book – covid, 2020/03/26.

② See Antonio Negri, *Coronavirus*, *La Fase Attuale Ed Il Futuro*, https://www. radiondadurto. org/ 2020/03/21/coronavirus – la – fase – attuale – ed – il – futuro – lintervista – a – toni – negri, 2020/03/21.

③ C. J. Polychroniou, Chomsky and Pollin, *To Heal From COVID* – 19, *We Must Imagine a Different World*, https://truthout. org/articles/chomsky – and – pollin – to – heal – from – covid – 19 – we – must – i- magine – a – different – world, 2020/4/10.

情况视而不见……中国向我们展示了'人人平等'的计划性经济体制如何在最短的时间内击败未知的病毒。现在，来自中国、古巴和委内瑞拉的医疗救援队已经到达意大利，帮助他们战胜疫情。西班牙也已经认识到，我们需要这些国家的帮助。"①中国和古巴在控制好国内新冠肺炎疫情的传播后，开始着手提供国际援助，这正是一种破除了意识形态返利和国家利益鸿沟的真正的国际主义精神，而西方世界至今没有认真对危机中中国和古巴等社会主义国家的制度和文明行为作出认真的评估，依然采取了将国内矛盾焦点转移到国外，特别是转移到中国身上的以邻为壑的政治策略。这一方面会迟滞西方世界有效应对新冠肺炎疫情的理智和长远举措，另一方面也在透支欧美领导的新自由主义体系的意识形态领导力。

政治危机正隐隐透露出晦暗的前景，而生态危机早已面露狰狞。"森林的过度砍伐和种植园（橡胶、油棕、咖啡或可可）中经济作物的大量种植破坏了生态系统的平衡和生物多样性，从而导致了病毒向社区的传播。农业用地的过度占用导致了森林砍伐过度，城市化和无休止的城市扩张同样也加快了森林砍伐的速度，破坏了动植物的生存环境。最后，通过全球化的人口流动，跨国公司之间的经济往来，大都市的吸虹效应，迅速将个别区域性流行病推向全球性流行病。"②资本与自由市场扩大了社会与自然的物质变换断裂（metabolic rift），新冠病毒的肆虐正是从这个裂缝中被召唤出来的恶魔。陈学明教授就疫情与生态的关系反思了两个国内外普遍流行的观点——"人化自然"和"以人为本"。他认为"人化自然"在实践上仅仅侧重了人化，而没有充分重视自然，"在面对自然时，就必然会为自己的行为确立一个界

---

① Andres Piqueras, *Crisis Mundial, Coronavirus y Capitalismo Moribundo: Un Cóctel Mortal*, https://blogs. publico. es/dominiopublico/31228/crisis – mundial – coronavirus – y – capitalismo – moribundo – un – coctel – mortal/ ,2020/3/17.

② Dimitris Fasfalis, *Marx in the Era of Pandemic Capitalism*, https://socialistproject. ca/2020/04/ marx – in – the – era – of – pandemic – capitalism,2020/4/13.

限,真正明确哪些是可以做的,哪些是不可以做的,而不是一味地无限夸大自己的力量";而相应地,"以人为本"不是以人的物质欲望为本,而是以人的全面发展为本。健康的生活条件和免于公共卫生危机则正是"以人为本"的应有之义。而王雨辰教授则呼应了陈学明教授的观点,认为要区分"需要"和"欲望",资本所驱动的消费主义意识形态,将需要替换为欲望,"鼓励一切个人把消费活动置于他们日常活动的最核心地位,并同时增强对每种已经达到了的消费水平的不满足的感觉"①。最终,非理性的消费行为在食用野生动物这样的"炫耀式消费"行为中召唤出了新冠病毒肆虐全球。

英国著名左翼学者亚历克斯·卡利尼科斯批判了疫情紧急状态下欧美发达资本主义国家在疫苗资源分配问题上的市场主义,不顾疫苗匮乏的第三世界国家的迫切需求,以商人思维囤积疫苗。与此同时,美国为了缓解国内通货膨胀压力,不顾国际经济增长放缓的现实,疯狂释放美元流动性,推高世界各国的国内通胀压力,加剧了全球性贫富差距和社会不平等。他指出,新冠肺炎疫情的国际大流行是由资本主义与自然之间越来越脆弱的关系引发的一次全球危机,而资本主义却将病毒的爆发性传播原因之一归罪于自然条件的破坏。② 美国左翼学者约翰·福斯特认为,新冠肺炎疫情只是资本主义制造的灾难之一种,疫情的大流行只是以一种时空压缩的方式使得环境危机、经济危机和社会危机裹挟在一起爆发出来而已。事实上,当代资本主义制造了危机的复数化,复数化的危机不断叠加以至于相互之间形成一种链式反应,经典马克思主义理论所面对的主要是资本主义的单数的危机形态。因此,与19世纪工人运动所不同的是,具有向资本主义发动反抗运动潜能的,不仅仅是全球产业无产阶级,同样也包括了环境无产阶级(en-

---

① [加拿大]威廉·莱斯:《满足的限度》,李永学译,商务印书馆,2016年,第115页。

② See Alex Callinicos: Capitalismo y catástrofe, El Viejo topo, No. 402 – 403 (Julio – Agosto), 2021.

vironmental proletariat),当然二者也是有交叉重合的。

由此可见,国外左翼学者在新冠肺炎疫情背景下,更进一步推进了对新自由主义的批判性理解,他们向我们揭示了当代世界所面临的从经济到政治,再到生态的更大、更广泛的危机的前景。新冠肺炎疫情引发的一系列危机促使我们不得不再次反复体会马克思的警告:资本主义"生产力在其发展的过程中达到这样的阶段,在这个阶段上产生出来的生产力和交往手段在现存关系下只能造成灾难,这种生产力已经不是生产的力量,而是破坏的力量(机器和货币)"①。新冠病毒进一步促使这种破坏性力量反噬人类社会,从而"使我们陷入后现代的野蛮状态。为了摆脱这种状态,我们必须像许多社会主义运动一样,重新探索国家和资本以外的其他道路,创造出超越灾难资本主义的未知世界"②。这是否意味着后金融危机与后疫情时代的叠加效应,将最终使得人类社会迎来史诗性的转型呢?

(四)向左还是向右:转型的开始?

根据公共卫生专家的评估,新冠肺炎疫情的大流行在短期内不会结束,甚至会成为与人类共存的常态化传染病,这是一个令人沮丧的科学预言,这也是新自由主义的西方世界第一次面对非战争的无法遏制的外部威胁。如果说冷战的终结和苏东社会主义阵营的解体使得新自由主义者欢呼战胜了它的社会主义对手的话,那么今日的西方世界很可能没有机会宣布同样的胜利。资本主义的全球循环过程被悲剧性的中断之后,每一个人,无论左派还是右派都面对着同样的赤裸裸的生命事实——生存,向左还是向右?

皮凯拉斯提出了西方世界假装看不到的问题:"如果疫情真的会导致资本主义经济的瘫痪,我们是否应该扪心自问:我们所拥有的究竟是什么样的

---

① 《马克思恩格斯文集》(第一卷),人民出版社,2009 年,第 542 页。

② Dimitris Fasfalis, *Marx in the Era of Pandemic Capitalism*, https://socialistproject.ca/2020/04/marx – in – the – era – of – pandemic – capitalism,2020/4/13.

经济？竞争和私利能使人类免受疫情、战争、饥饿和气候变化的侵袭，摆脱自我毁灭的结局吗？答案当然是否定的。也许是时候关注一下中国了，他们向我们展示了另一条道路的可行性。"①这位西班牙社会学者提醒我们，必须将此次疫情转变为深刻反思久病缠身的当代资本主义全球体系的契机，如全球价值链的重创、资本主义体制问题、市场重组与技术转型、全球资产阶级内部权力分配、未来全球性武装冲突等多个关键点。②

国外左翼学者也从晚期资本主义统治策略转变的角度，思考危机所促成的转变的本质。意大利左翼学者埃斯波西托认为，人类生命经历了两次诞生，第一次是生理学意义上的肉体的诞生，第二次是社会学意义上的制度性诞生，也是在特定社会关系中的重生。埃斯波西托更为重视的是人类的社会性和制度性的生命的诞生，而新冠肺炎疫情的大流行造成了自我和他者之间的强制性区隔。③ 政治权力强制下的社会关系区隔被左翼学者视为资本与权力的强势结合，并在控制疾病大流行的名义之下加速民主政治向法西斯主义的转变。事实上，对于激进左翼如齐泽克等人来说，疫病下的西方世界正在形成法西斯主义的情绪。早在 2019 年的一个专访中，齐泽克就曾指出，至少在三个方向上，资本主义全球体系正在将人类引向末日（Apoca-lypse）：第一个是人人皆知的生态破坏，第二个是新型数字控制，第三个则是日益严重的阶级固化。也许在今天，齐泽克会再增加一个方向：新冠肺炎疫情大流行。齐泽克认为，尽管欧美各个国家都在谈论疫情下的全球团结与合作，但是现实中他们的国际交往原则是背道而驰的。"新冠肺炎疫情让民

---

① Andres Piqueras, *Crisis Mundial, Coronavirus y Capitalismo Moribundo：Un Cóctel. Mortal*, https://blogs. publico. es/dominiopublico/31228/crisis－mundial－coronavirus－y－capitalismo－moribundo－un－coctel－mortal/,2020/3/17.

② See Andres Piqueras, *Crisis Mundial, Coronavirus y Capitalismo Moribundo：Un Cóctel Mortal*, https://blogs. publico. es/dominiopublico/.

③ 参见[意]罗伯托·埃斯波西托：《新冠肺炎疫情下的生命政治哲学与制度化生活》，《当代国外马克思主义评论》。

族主义死灰复燃了",他认为在控制疫情和保护人民生命安全方面,他"支持一些国家管制",在观察到民族主义乃至法西斯主义意识形态死灰复燃的危险后,他也进一步指出"我们需要更为集中的权威,而这并不与我们的自由相矛盾。我不是反对自由,而是认为我们的自由——有效的自由——唯有在我们共同接受的特定坐标范围内才能最好地得以实现。……极端自由主义的个人主义或小团体主义导致的结果就是,我们不再属于同一个国家,只有不同的团体,没有共同分享的基础。这种趋势一旦与疫情相结合,结果就是灾难性的"①。人为制造隔离,在相对封闭的信息环境中制造恐惧,并将恐惧的来源外在化为其他国家和民族,这是典型的现代法西斯主义的做法。"在疫情不稳定和混乱的时期,世界上大多数政府首脑都会诉诸恐惧来迷惑民众。从战略上讲,他们为获取某种利益会设法制造恐慌"②,而即使是在疫情最危急的时刻,美国仍然拒绝放弃对其他国家的制裁。"一般的制裁就会导致成千上万的不必要的死亡,但是更致命的危害是疫情期间对进口药品、医疗设备、纯净水的封锁,以及对环境、卫生系统基础设施的限制,这都是美国制造的罪恶。"③与新自由主义政府迥然不同的,则是中国和古巴等社会主义国家在相互隔离、彼此防范的世界中,高举起团结和协作对抗疫情的旗帜。针对如此天壤之别的国际交往中的政治伦理,美国左翼学者罗珊娜·巴斯皮内罗感叹道:"在这场危机中,中国至少向80多个国家提供了医疗援助……中国国家主席习近平强调,人类是命运共同体,只有团结协作才能共同应对各种全球性风险和挑战……中国和古巴的国际团结是理解当前资本

---

① [斯洛文尼亚]齐泽克:《西方迫切需要一场真正的觉醒》,https://www.jiemian.com/article/6966723.html,2021年12月30日。

②③ Roxana Baspineiro: Solidarity vs. Sanctions in Times of a Global Pandemic, https://www.telesurenglish.net/analysis/COVID-19-International-Solidarity-vs.-Sanctions-in-Times-of-Global-Pandemic-20200415-0018.html.

主义和新自由主义制度缺陷的关键。"①

国内学者王庆丰也认为资本在公共卫生危机中漠视生命,甚至试图放弃对老者和弱者的照料,资本的竭泽而渔加速了"例外状态"的频繁发生,从欧洲近年来的暴力恐怖袭击到这次突如其来的全球性传染病都呈现出这样一个趋势。因此,"在新冠肺炎疫情下例外状态的社会治理,西方社会主要采用了自由主义的放任的治理术,在应对新冠肺炎疫情时严格管控很难实现,无法达到良好的管理的效果。对于中国而言,治理手段背后都有一个集体主义的社会总体治理在起作用,正是有了这种社会总体治理在背后做支撑,疫情可以得到迅速管控"②。

在齐泽克眼中,新冠肺炎疫情宣布了西方与资本主义的爱情故事的下半部的开始,如果在上半部中,这场爱情是缠绵和如胶似漆的话,那么下半部则开始了不忠与众叛亲离。尽管特朗普政府在考虑用给每个成年公民发放 1000 美元的支票的方式来继续维持这段爱情,但是齐泽克嘲讽:"这是受赤裸生存(bare survival)的需求所迫而产生的共产主义。很不幸的是,这恰是 1918 年苏联所谓'战时共产主义'的翻版。"③而取代特朗普,登上总统宝座的拜登并没有比特朗普更具有建设性,甚至更具有讽刺意味的是,即使在新冠感染者超过 8000 万和新冠致死者超过 100 万的情况之下,"拜登放弃了公共防疫措施,帝国主义者却重金资助与俄罗斯的代理人战争,故意将金钱从健康卫生领域引向军事预算,至于美国、俄罗斯和乌克兰的民众是否会大

---

① Roxana Baspineiro: Solidarity vs. Sanctions in Times of a Global Pandemic, https://www.telesurenglish.net/analysis/COVID – 19 – International – Solidarity – vs. – Sanctions – in – Times – of – Global – Pandemic – 20200415 – 0018. html.

② 王庆丰:《生命政治学与治理技术:中国与西方》, https://marxism.pku.edu.cn/xyxw/1324367.htm

③ Slavoj Zizek, Biggest threat Covid – 19 epidemic poses is not our regression to survivalist violence, but BARBARISM with human face, https://www.rt.com/op – ed/483528/coronavirus – world – capitalism – barbarism, 2020/03/19.

量死于新冠病毒,这并不是资本家的考虑"①。

阿吉特·辛格则提出新冠肺炎疫情将使得替代以美国为首的新自由主义秩序成为可能,任何一个诚实的国际社会的参与者都看到,"在这场全球斗争中,华盛顿没有采取任何形式的团结与合作,而是加倍努力部署其新的冷战战略,试图把失败的责任推到中国身上,并转向赤裸裸的种族主义。华盛顿对中国的敌意日益加深的背后,是一种根深蒂固的焦虑,这种焦虑对美国体制,乃至对世界各国最热心的捍卫者来说越来越明显:中国国家主导的体制正在超越美国的资本主义,并逐渐使替代以美国为首的新自由主义国际秩序合法化"②。布兹加林则明确提出了替代方案,要求由国家和公民团体有计划地采取非市场的组织化行动,支持医疗保健、社会保障和基础设施等公共系统,更重要的是要"遵循制定明确、透明、一贯适用的新规则的道路,以实现普遍的公众利益。在这方面,私有财产不可侵犯的原则以及为实现利润最大化所涉及的利益必须被置于次要地位"③。

二、重建秩序:共产主义或社会主义想象

（一）平等的幻象及其后果

资本主义许诺给世界平等和繁荣,但是带来的却是不公和贫困。一种辩护性宣言声称"新冠病毒面前人人平等",或者"新冠病毒不歧视任何人",而目前欧美国家的统计数字则告诉了我们真相。The Intercept 网站分别列出了美国纽约市新冠检测阳性率最高和最低的五个地区:新冠检测阳性率

---

① Jim McMahan, COVID and the capitalist crisis, https://www.workers.org/2022/04/63510/.

② Ajit Singh, Amid Coronavirus Crisis, China Demonstrates That an Alternative to The US – led Ne-oliberal Order is Possible, https://mronline.org/2020/03/30/amid – coronavirus – crisis – china – demon-strates – that – an – alternative – to – the – us – led – neoliberal – order – is – possible/ ,2020/03/30.

③ Aleksandr Buzgalin, The Coronavirus is stirring the impulse to communism, https://mronline.org/2020/04/08/the – coronavirus – is – stirring – the – impulse – to – communism,2020/04/08.

最高的五个地区的人均年收入大约是 17595～35141 美元;而新冠检测阳性率最低的五个地区的人均年收入大约是 106702～147547 美元。但是事情的吊诡之处在于,不正义的社会生产和财富分配制度在新冠病毒的介入下,最终获得了正义的审判。换句话说,社会阶层之间的巨大贫富差距与社会风险性因素相互叠加形成了一种放大风险的指数性效应,而最终这种不平等反而以一种毁灭性的风险平均化的方式反噬上层阶级,全球化的生产、贸易和消费体系中发生过和正在发生的灾难不断地警告我们:"富裕国家曾经希望通过将危险转移到国外来根除它们,却因此不得不进口廉价的食物,杀虫剂通过水果、可可和茶叶回到了它们高度工业化的故乡。"①在此次重大疫情中,我们显然也发现了疫情风险的高度平均化,没有任何社会阶层可以因为财富和权力的占有而最终免于被病毒感染的风险(尽管上述数据显示了病毒感染风险与收入差距的正相关性)。

相似地,当美国前总统特朗普宣布全球气候变暖是一个骗局,形成了对美国的不公平的经济负担,并固执地退出《巴黎气候协定》的时候,这时美国的工业资产阶级试图摆脱国际环境义务的束缚,试图重新使得资产阶级全面掌握对于环境议题的解释权。但是发达资本主义国家并没有因此而免除环境和生态恶化的风险,相反,风险在全球范围内日益以一种不可见的形式不断积累,但这并不意味着风险的不现实性。基辛格颇有远见地洞察了新冠肺炎疫情的世界历史性意义,他在《华尔街日报》曾发表文章,认为"新冠病毒以前所未有的规模和猛烈程度对人类发起袭击,对人类健康的影响可能是暂时的,但它所引发的政治和经济动荡可能会持续几代人。各国必须在合作的基础上解决当前的问题,否则将面临最坏后果"②。但是显而易见,

---

① [德]乌尔里希·贝克:《风险社会》,何博闻译,译林出版社,2004 年,第49 页。

② Henry Kissinger. The coronavirus pandemic will forever alter the world order, *The Wall Street Journal*, 2020, 3(4):2020.

代表了垄断资产阶级利益的拜登政府选择继续无视新冠肺炎疫情的长期风险。在通过一项总额达到 400 亿美元的援助乌克兰的法案时,拜登声称,帮助美国人战胜病毒是与援助乌克兰同等重要的。美国学者道克里认为,当拜登宣布新冠肺炎疫情已经在"联邦层面被克服"的时候,美国政府事实上是承认了自己在新冠大流行的应对上已经彻底失败了,共存只是美国疫情治理失败的另一种委婉措辞而已。①

疫情危机的管理也正在成为另一种阶级斗争的场域。一方面,通过定义风险的来源和解决方案,资产阶级将阶级冲突转化为风险管理的技术议题,也就是说,将风险的总体性原因物化为一个社会学的或者经济学的实证问题,比如,生化灾难对人类的普遍性风险被简化为生化技术难题,并因此催生出一批消化生化灾难的公司和职业,于是资本生产出灾难,最终使得灾难成为一种商业机会。以医疗工业为例,资本驱动下的医疗工业事实上不断地在生产疾病,同时通过疾病的生产来制造医药的消费。法国生态马克思主义者安德烈·高兹为此提供的有力证据是:"疾病成为最有利可图的产业的动力,创造就业和'财富'。同时,患者数量的增加和'健康'产业已被纳入国民核算中,如果患者减少,那么这些产业的消失就转化为 GNP 的减少和对资本的重大打击。简言之,疾病是有利可图的,健康则不然。"②

另一方面,危机的结构性积累也将阶级斗争的场域进一步扩大到了公民运动当中。如前所述,危机在社会结构中的平均化趋势跨越了阶级利益的冲突,风险的共同性是真实存在的,因而"为了预防核能和有毒废料的危险,阻止对自然的明显破坏,不同阶级、党派、职业群体和年龄群体的成员团

---

① See Graham Dockery, Did Joe Biden just end the pandemic? https://www.rt.com/op - ed/544625 - biden - pandemic - federal - solution/.

② André Gorz, *Ecology as Politics*, Boston: South End Press, 1980, p.171.

结起来形成公民运动"是可能的。① 因此,新冠肺炎疫情的最优化治理需要产生一种跨越阶层的社会联合,这种社会联合被恰当地表述为"人类命运共同体"。齐泽克在反思疫情的时候,也认为相比某些国家利用疫情封锁中国的以邻为壑的做法来说,全世界更应该"需要共产主义,就是对市场和全球化的大企业要有最起码的控制。如果没有对于工业与跨国公司的更高层次的控制,我无法想象我们能有办法来应对疫情或是全球变暖之类的问题"②。事实上,只要是真正具有深邃的世界性和历史性洞见的政治家和思想家,都能够走到人类命运共同体的基本逻辑上来。也正是在这个意义上,马克思才强调:"旧唯物主义的立脚点是市民社会,新唯物主义的立脚点则是人类社会或社会的人类。"③正是出于这种人类共同的责任和担当,世界各国共产党接连发表地区性和国际性的联合声明,代表受疫情冲击的"被侮辱和被损害"阶级和群体发声,一方面反对"新自由主义的反社会性和寄生性",另一方面号召地区性的和国际性的工人联合,相互支持,共克时艰。也正是在这个意义上,面对资本主义的根本性转型,李达希并不寄希望于疫情造成的经济危机或者社会危机,而更加寄希望于工人阶级在资本主义生产领域发动的斗争与革命。

(二)当代资本主义社会的转型选项及其困境

新冠肺炎疫情向我们提出的向左与向右的转型的选项,是否意味着向绿色资本主义的转型有可能使得当代资本主义获得自我保存的持续性平台呢?

奥康纳曾经提出资本主义双重矛盾理论,试图解释将马克思主义危机

① [德]乌尔里希·贝克:《风险社会》,何博闻译,译林出版社,2004年,第53页。
② Slavoj Zizek, *Clear Racist Element to Hysteria Over New Coronavirus*, https://www.rt.com/op-ed/authors/slavoj-zizek, 2020/02/03.
③ 《马克思恩格斯文集》(第一卷),人民出版社,2009年,第502页。

理论进一步推进到其现代生态危机的适用范围内。奥康纳认为，当代资本主义的危机主要发生在生产条件被破坏的领域。所谓资本主义生产条件即是资本主义生产过程所借以展开的外部自然条件(如森林和水等)，与生产的公共条件(如城市基础设施等)。新冠肺炎疫情的发生以令人难以置信的规模和深度破坏了全球资本主义生产和再生产的自然条件和公共条件，但是奥康纳认为改良的资本主义民主仍然可以将生产条件破坏的危机控制在可以容忍的范围之内，而民主化的官僚机构是"唯一可能行得通的政治形式，应是这样一种民主国家：在这种国家中，社会劳动的管理是民主化地组织起来的"①。对此，福斯特的批评是："仅仅关注于生产条件和资本主义的第二矛盾，将削弱生态危机的全面性，乃至在将一切纳入特定经济危机理论的封闭框架的过程之中，削弱了资本主义对环境的影响。"②倘若从生态整体性的方法论角度来观察新冠肺炎疫情的破坏性，我们可以发现疫情本身已经构成了对资本主义社会生产条件的系统性破坏，而且这种破坏力正在从生产条件领域向消费、全球资本循环乃至日常生活层面传导。

郇庆治根据对萨拉·萨卡的研究，认为"绿色资本主义"或"生态资本主义"的替代方案根本无法改变资本主义的不可持续性和反生态本性，"一种真正的生态经济只能在社会主义的社会政治环境中运行，而且，只有成为真正的生态社会才能成为真正的社会主义社会。因为，一方面，资本主义与工业经济之间存在着不可避免的且无法调和的矛盾，另一方面，资本主义又需要一种真正的生态经济，而社会主义和真正的生态经济之间是不存在矛盾

---

① [美]詹姆斯·奥康纳：《自然的理由——生态学马克思主义研究》，唐正东等译，南京大学出版社，2003年，第439页。

② John Bellamy Foster, Capitalism and Ecology: The Nature of the Contradiction, *Monthly Review*, Vol. 54, No. 4, 2002.

的,前提是社会主义社会被看作是非工业社会"①。从本质上说,绿色资本主义的方案企图在保留现有新自由主义秩序的前提之下,通过生态技术或现代管理的手段来解决生产条件破坏的困境,并进而避免类似新冠肺炎疫情类型的系统性危机,试图将"可获利性、可操作性和可持续性的商业原则系统整合到绿色资本主义的理论基础中,打造新一代兼顾经济成本与生态效益的工业发展模式"②。但是新冠肺炎疫情的暴发证明绿色资本主义严重低估了生态危机的严峻性,市场手段也许对调节各国碳排放,并控制气候变化有一定效果,但是自然及其惩罚的手段是社会和技术手段无法预料的,这次人类活动从自然中召唤出的新冠病毒不就已经超出了资本主义自我调控的范围了吗?

当然,绿色资本主义的温情脉脉也掩盖了其"生态帝国主义"的实质。资本主义国家的绿色是有代价的,其代价则是发展中国家的发展权利,特别是生态健康权。欧美等西方发达国家通过全球贸易的方式,大量向中国等发展中国家输出电子垃圾和工业废料已经是不争的事实。当中国考虑到生态保护的本国生态文明权益,并停止进口西方国家的塑料制品等废料后,欧美国家普遍陷入了垃圾围城的生态困境。这再一次说明了绿色资本主义的"生态帝国主义"实在是国际社会不堪承受之重。

(三)新冠肺炎疫情中的共产主义话语

经济危机并不是新鲜事,它如同幽灵一样与资本主义发展史如影随形。新冠肺炎疫情之前,全球资本主义经济已经开始尽显疲态。自 2008 年金融危机以后,美国依靠巨额量化宽松,向全世界输出通货膨胀,用以邻为壑的利己主义财政政策将虚假的经济繁荣苟延残喘至今。根据目前的经济数

---

① [印度]萨拉·萨卡:《生态社会主义还是生态资本主义》,张淑兰译,山东大学出版社,2008年,第5页。

② 庄贵阳:《绿色资本主义发展遭遇困境》,《人民论坛》,2018年第5期。

据,停工造成的大量企业债违约的预期很可能成为压垮整个金融帝国主义的最后一根稻草。突如其来的新冠肺炎疫情扮演了一场世界大战的角色,而经济停滞和秩序崩溃之后则将迎来重建秩序的新时期,于是新冠肺炎疫情中的共产主义话语被再次激活。

大卫·哈维再次祭出马克思的革命咒语:"工人阶级不是要实现什么理想,而只是要解放那些由旧的正在崩溃的资产阶级社会本身孕育着的新社会因素。"①他将我们经历的这场由新冠肺炎疫情引发的资本主义系统性危机视为"那个陈旧的、可怕的崩溃中的社会秩序"。这场灾难正在创造出"新工人阶级":被停滞的资本循环甩出的相对过剩人口,哈维将其主要人群定义为"非裔美国人、拉丁裔美国人和工薪妇女等"②。全城封锁正在创造一种集体行动的习惯,这种习惯自第二次世界大战以来已经被资本主义的体制化力量所内化并驯服,哈维反问道:"为什么我们不把目前正在崩溃的资产阶级社会所蕴含的那些要素——惊人的科学技术和生产力——解放出来,利用人工智能、技术改造和组织形式,以使我们能够创造 一个与以往存在的任何事物迥然不同的东西?"③哈维的共产主义想象是令人兴奋的,因为很显然,尽管复工能够使得新工人阶级付租金、还房贷和购买食物——这也正是资产阶级所希望的——并重新回到旧的雇佣秩序中去,但是既然全城封锁让新工人阶级体会到了免费提供基本食品和医疗保障的类"社会主义"替代方案,为什么不让复工来得更晚一些,从而培养这种"社会主义"习惯,并激活工人阶级的社会主义想象呢?

不过,中国人也许并不认同哈维对共产主义存在于彼岸的想象,因为在社会主义的古巴,我们感受到了"贫而不屈的岛国一直追求的自由和平等的

---

① 《马克思恩格斯选集》(第三卷),人民出版社,1995 年,第 60 页。

②③ David Harvey, *We Need a Collective Response to the Collective Dilemma of Coronavirus*, https://jacobinmag.com/2020/04/david-harvey-coronavirus-pandemic-capital-economy, 2020/04/24.

精神"①。即使在帝国主义的经济封锁之下,古巴仍然展现了一种伟大的共产主义精神:古巴的对外援助一直都在进行,并已经向 59 个国家提供了医疗援助,甚至接收了载有新冠肺炎患者的英国"布雷马"号邮轮,尽管该邮轮已经遭受多个国家拒绝靠岸。这难道不正是共产主义道德在此岸世界中的投影吗? 正如马克思所说:"承认真理、正义和道德是他们彼此间和对一切人的关系的基础,而不分肤色、信仰和民族。"②

或许当新自由主义者嘲讽社会主义的中国和古巴在疫情旋涡中的挣扎,而又无所作为并以邻为壑的时候,正是我们重新定义自由主义和共产主义的时候了。于是,齐泽克又一次提醒道:"假设我们将所有关心自由的人都定义为自由主义者,并把那些认为只有在全球资本主义走向危机的时候通过根本性变革来挽救自由的人定义为共产主义者,那么我们应当说,今天,那些仍然将自身视为共产主义者的人才是如假包换的自由主义者,只有他们严肃研究为何我们的自由的价值观受到威胁并意识到只有根本性变革才能挽救它们。"③

三、新冠肺炎疫情下人的生存境况:大流行病中的生命政治批判

国外左翼学者从个体生命与疫情下的资本主义国家治理与政治的关系出发,对人的生存境况展开了哲学反思。

(一)新冠肺炎疫情与"紧急状态"常态化:阿甘本与南希的争论

意大利学者吉奥乔·阿甘本在疫情刚刚发生时,就以赤裸生命和例外

---

① 唐永艳:《"贫而不屈":新冠时期的古巴生活日常》,https://www. thepaper. cn/newsDetail_forward_6786654,2020/04/02.

② 《马克思恩格斯文集》(第三卷),人民出版社,2009 年,第 227 页。

③ Slavoj Zizek, *Coronavirus is 'Kill Bill' - esque Blow to Capitalism and Could Lead to Reinvention of Communism*, https://www. rt. com/op - ed/481831 - coronavirus - kill - bill - capitalism - communism/.

状态等生命政治理论,对意大利政府的疫情防控措施提出了激烈批判。他认为,意大利当局的防疫措施是过度激进的,他的证据是:"首先,使用例外状态作为常规政治范式的趋势越来越明显……另外一个因素也同样令人不安。近年来,恐惧状态(stato di paura)在个体意识中的扩散愈发明显,并转变为对集体恐慌状态(stato di panico collettivo)的真正需求。同样,流行病再次成为了理想借口。"也许是二战中的大屠杀对阿甘本的理论生命带来了不可磨灭的,甚至带有深层恐惧的思想印记,阿甘本的生命政治哲学始终保持了对政治权力在"例外状态下"通过悬置法律来直接侵入和操控"赤裸生命"的哲学戒心。现代民主社会事实上并未彻底断绝与生俱来的极权主义基因,二者仍然存在某种特定条件下形成团结的可能性。因此,我们在这个意义上可以理解阿甘本为什么会认为意大利政府以"紧急状态"宣布了政治权力对于个体自由的无限制优先性,极大地侵害了个人的生命权利,甚至认为"如果恐怖主义已经不再能成为宣布例外状态的理由,那么现在,'发明'一场流行病就可以为无限拓宽例外状态提供理想的借口"[1]。因此,阿甘本对于疫情及其现代治理措施所作的批判,的确显得与主流科学和左翼批判思潮格格不入,甚至被国内学者批判为"反智主义"的,认为阿甘本"否认疫情及其蔓延的事实本身,转而认为疫情不过是由媒体和政府所建构的一个幻想"[2]。

而国外左翼学者也纷纷表达了对阿甘本生命政治荒谬叙事的愤慨。让-吕克·南希以一篇题为《病毒性例外》的文章批判性回应阿甘本的"新冠病毒并不存在"的哲学断言。南希试图打消阿甘本对于"例外状态"常态化

---

① Giorgio Agamben, Lo stato d'eccezione provocato da . un'emergenza immotivata, il Manifesto, February 25, 2020.

② 夏莹、黄竞欧:《资本逻辑中无例外的"例外"与非劳动的劳动——对当代西方左翼思潮的一种批判性反思》,《国外理论动态》,2020年第4期。

的过度担忧:"在所有的技术互连正达到前所未有的强度并以与人口增长相同的速率而增长的世界中,例外状态的确正成为一种规则。"①南希的意思是在向阿甘本循循善诱:新冠肺炎疫情所造成的紧急状况与社会性危机不同的是,它使得所有生命——不管是治理者还是被治理者,操控者抑或被操控者——都面临着几乎长期来看同样的紧急性。权力需要生命所创造的剩余,而当生命受到病毒的无差别的威胁的时候,事实上也威胁到了权力。这也是为什么 2022 年以后,尽管奥密克戎以十倍以上的效率传遍全球,但是资本主义世界普遍开始宣布解除紧急状态,甚至逐渐解除"封城""隔离"和"口罩令"等限制个体自由的临时措施。它是"一种病毒性的例外状态……是生物、信息的大流行",而"政府不过是可悲的执行者,将政府作为发泄对象,更像是转移注意,而非政治反思"。②

从阿甘本和南希等人的争论中,我们发现,新冠肺炎疫情背景下的生命政治批判似乎将焦点过于集中在了国家(政府)与个体,或者政治权力与赤裸生命的对立之上。事实上,在二元对立的架构之中,辩论两方都没有充分关注的重要领域是"社会"或"共同体"。对于生命政治而言,个体生命本质上是趋向自由的,这成为阿甘本式生命政治批判的绝对律令。但是与马克思相比,阿甘本所缺乏的历史唯物主义视野是:为了获得生存和自由的权利,人类的共同体生存方式的必然性。马克思指出:"在真正的共同体的条件下,各个人在自己的联合中并通过这种联合获得自己的自由。"③这条历史唯物主义原则,也正是新冠肺炎疫情的全球紧急状态下中国政府以"人民至上"和"生命至上"作为疫情治理最高原则的马克思主义依据,我们深刻认识到生命权与自由权的辩证统一性:如果不以"动态清零"为抗疫准则,那么 14

---

①② Jean-Luc Nancy, Eccezione Virale, https：//antinomie. it /index. php /2020 /02 /27 /eccezione-virale.

③ 《马克思恩格斯文集》(第一卷),人民出版社,2009 年,第 571 页。

亿多中国人最终会丧失生命安全的权利,也最终会丧失经济社会发展的成果和每一个中国人自由和有尊严生活的权利。

(二)生命政治批判的悖论:从齐泽克到埃斯波西托

阿甘本基于生命政治的基本立场拒绝国家强加的封锁和自我隔离使他陷入了生命政治的悖论当中。齐泽克指出:"当我们遵守封锁规定时,这表明为了获得存活的机会,我们已经准备放弃一些让我们的生命有价值的东西。我们是否必须冒着生命危险(通过让自己暴露于可能的感染中)才能保持完整的人性?"①对于阿甘本来说,显然自由对于保持完整的人性是不可妥协的,但是在新冠大流行的背景下"保持完整的人性"是否意味着需要在更为广阔的历史性视野下来看待为此而斗争的具体路径呢? 齐泽克指出了阿甘本生命政治所缺乏的阶级斗争的方法论,"新冠大流行以矛盾的方式影响资本主义经济。一方面,它迫使当局做一些事情,有时几乎指向共产主义:全民基本收入保障、全面医疗覆盖等。然而,这种意想不到的对共产主义的开放只是硬币的一面。另一方面,反向过程正在猛烈地确证自己,企业积累财富并得到国家的救助。新冠资本主义的轮廓正在逐渐显现,随之而来的是新形式的阶级斗争"②。如果说在阿甘本那里,从社交距离和口罩强制令,到在线办公和数字监控都被视为生命政治的治理手段和操控技术的话,那么在齐泽克那里,"社交距离等同于共产主义"。因为"当距离被废除时,我们得到的是这种表面上的'自由':劳动者拥有生产资料,但冒着被感染风险而为公司跑腿。这里的悖论是,新冠经济的两个主要变形——在封锁中居家工作,以及运送食品和包裹等物品——都屈从于资本并意味着额外的剥削"③。齐泽克在这里以激进的话语指出了生命政治批判在新冠大流行背景

①②③　[斯洛文尼亚]齐泽克:《新冠肺炎疫情、资本主义意识形态批判与共产主义》,《马克思主义理论教学与研究》,2022 年第 1 期。

下面临的悖论性困境,造成这种困境的根本原因是由于生命政治的哲学根据脱离了对"具体的历史"的辩证法自觉,重新陷入了被马克思批判过的主观原则与现实社会运动的断裂逻辑中,试图以生命政治原则来统摄和"同一化"复杂的资本逻辑及其现实运动。

我们不妨借用马克思对发生在19世纪50年代的欧洲霍乱疫情的讽刺性评论中的观点,来理解阿甘本观点的悖论性质。马克思说:"如果我同意乌尔卡尔特先生的看法的话,我就要说,霍乱是被沙皇派到英国来执行一项消灭最后一点所谓盎格鲁-撒克逊精神的'秘密使命'的。"①新冠病毒尽管带来了社交距离和强制隔离等对自由的限制,但是历史的复杂性在于新冠病毒的消极的生命政治意义同样也具有积极和肯定的生命政治面向。埃斯波西托并不认为新冠病毒并不必然催生生命政治的威权化,他在一个访谈中表示:"一种肯定性的生命政治形式将侧重于对公共卫生设施的大量投资,建设医院,使药品负担得起或免费提供药物,保持人口舒适的生活条件,以及保护医生护士,……还意味着供水的非私有化、保护森林、同不平等斗争等。"②而齐泽克则直截了当地宣布了共产主义作为可选项的必然性:"我们需要替代民族国家……而新冠肺炎疫情将迫使我们基于对人民和科学的信任重新发现共产主义。"③

我们发现西方生命政治批判的底层逻辑是个体自由的绝对律令,与之形成对比的是,中国抗疫精神中的底层逻辑是共同体和或作为个体的联合体的持存和发展被置于更高的优先级别之上,这不仅是中国传统家国伦理的现代体现,而且更重要的是它同时被整合为社会主义的共同生命准则。

---

① 《马克思恩格斯全集》(第9卷),人民出版社,1961年,第369页。

② Tim Christiaens and Stijn De Cauwer, *The Biopolitics of Immunity in Times of COVID - 19*: An Interview with Roberto Esposito, https://antipodeonline.org/2020/06/16/interview - with - roberto - esposito/.

③ Slavoj Zizek, *Coronavirus is 'Kill Bill' - esque Blow to Capitalism and Could Lead to Reinvention of Communism*, https://www.rt.com/op - ed/481831 - coronavirus - kill - bill - capitalism - communism/.

因此,无论西方新自由主义意识形态,抑或生命政治批判都不可能完全解读中国特色社会主义的抗疫逻辑和基本精神。习近平在总结抗疫精神的时候深刻指出,作为一个社会主义国家,中国遵循"生命至上,集中体现了中国人民深厚的仁爱传统和中国共产党人以人民为中心的价值追求";与此同时,作为社会主义国家的公民"舍生忘死,集中体现了中国人民敢于压倒一切困难而不被任何困难所压倒的顽强意志……各条战线的抗疫勇士临危不惧、视死如归,困难面前豁得出、关键时刻冲得上,以生命赴使命,用大爱护众生"。①

四、作为完美灾难的新冠肺炎疫情:灾难资本主义的疫情政治经济学批判

加拿大学者克莱恩将资本主义的晚近阶段描绘为一种灾难资本主义,按照他的定义,私人财团与政治权力结盟,用新自由主义意识形态为旗帜,利用战争、政变乃至自然灾难造成的休克状态,向全世界强行推行激进的市场自由化改革和经济私有化改革,但是结果带来的并非自由、繁荣和福祉,相反是日益严重的社会撕裂,民生日益艰难。② 与克莱恩相呼应,福斯特批判了新冠肺炎疫情大暴发后灾难资本主义的政治经济学本质。在他看来,"自20世纪30年代大萧条以来前所未有的高失业率、经济大衰退、金融动荡、新冠肺炎疫情下全球商业链到处断裂、生态物种灭绝、传染病大规模跨境传播以及帝国主义地缘政治霸权的历史性衰落,这些现象正在融合为一场完美的全球风暴,被描述为灾难资本主义"③。

---

① 习近平:《在全国抗击新冠肺炎疫情表彰大会上的讲话》,《人民日报》,2020年9月9日。
② 参见[加拿大]娜奥米·克莱恩:《休克主义:灾难资本主义的兴起》,吴国卿、王伯鸿译,广西师范大学出版社,2010年,第4页。
③ John Bellamy Foster, COVID – 19 and Catastrophe Capitalism, Commodity Chains and Ecological Epidemiological – Economic Crises, *Monthly Review*, Volume 72, Issue 2, 2020.

新冠肺炎疫情尽管其产生的真正来源还不明朗,但是我们可以确定的是,疫情的全球扩散正是资本主义制造的一场灾难。之所以它是一场灾难,是因为 2008 年金融危机以来,美国以邻为壑的财政货币政策造成债台高筑,难以为继,垄断资产阶级集团看到了自己制造的更深的危机的到来的可能性,而新冠肺炎疫情则以一场突然暴发的被定义为自然事件的灾难掩盖了即将到来的系统性危机的真正源头。对新自由主义的信仰者来说,疫情作为灾难完美地延缓甚至预防了危机带来的进步性改革的可能性,并进一步加强了资本主义国家内部和世界性的贫富差距。正如已故法国左翼学者安德烈·高兹曾经对资本主义的医疗工业进行过的深刻批判那样,危机和灾难并非被资本主义体系所彻底排斥的,真相也许恰恰相反。高兹以医疗工业为例,认为医疗的工业化并未使疾病更少、更易治愈,反而是自身具有了工业所有的一切弊端。医疗在治疗疾病方面不再扮演一个决定性的角色,而是走向了自身的反面,成为致病的病原。公共卫生投资的缺乏,造成了大量感染新冠病毒的人群,按照高兹的医疗工业的政治经济学批判逻辑来看,病毒的治疗和后遗症的长期管理,为资本创造了服务对象。也就是说,现代资本主义医疗工业生产疾病,医疗和疾病在实现自己的同时也互相创造着对方。从这个意义上来说,资本主义完美地制造了新冠肺炎疫情及其传播。资本需要一场灾难来制造更大的需求,比如生化灾难对人类的普遍性风险被简化为生化技术难题,并因此催生出一批消化生化灾难的公司和职业,于是资本生产出灾难,最终使得灾难成为一种商业机会。根据疫情期间的新闻调查,在新冠肺炎疫情期间,全球亿万富翁的财富平均增加了 27%,其中科技和医疗保健领域的财富增长尤为强劲。新冠肺炎疫情正在被资本主义变成一项完美的生意。

根据福斯特的研究,"自 20 世纪末以来,资本主义全球化越来越多地采用跨国公司控制的相互关联的商品链,将各种生产区(主要是发展中国家)

与世界消费、金融和资本积累链条的顶端地区和国家（主要为发达国家）联系起来。这些商品链构成了全球资本的主要物质循环，进而形成了以垄断金融资本的兴起为重要特征的晚期帝国主义（late imperialism）"①。福斯特发现，尽管对于对少数富人来说，疫情变得有利可图，但是就全球资本循环来说，疫情正在制造供应链的危机，"新冠肺炎疫情大流行以及防疫封锁和扩大社交距离的措施，导致了'第一次全球供应链危机'，造成经济价值损失、大量失业和就业不足、企业倒闭、剥削加剧以及普遍的饥饿和匮乏"②，随着商品链的普遍中断，这种错综复杂的金融链本身也是投机的对象，处于内在危机模式之中，在业已脆弱的金融体系中制造了更多的薄弱环节。福斯特进一步指出："今天，资本主义中心国家的扩张和财富积累主要依靠历史性的低利率、高债务、来自世界其他地方的资本流入及金融投机，但如今，其面临着生产和投资的长期停滞。收入和财富的不平等正达到历史上空前的程度。世界生态裂痕已经扩大至全球范围，正在产生一个不再适合人类安全生活的全球环境。新的全球大流行疾病是在全球垄断金融资本制度的基础上产生的，这种资本已使自己成为疾病的主要媒介。无论是新自由主义还是新法西斯主义掌权，世界各国都在经历制度性的倒退，阶级压迫进一步升级。"③在指出新冠肺炎疫情背景下资本积累商品链正在积累起毁灭性风险之后，福斯特更进一步暗示了被齐泽克以激进的口吻重复的宣言：共产主义的转变抑或整个社会的革命性重建，无论从生态可持续性还是从人类生存的可持续性来说，人类的未来"需要一个更加以公共性为基础的社会新陈

① John Bellamy Foster, COVID - 19 and Catastrophe Capitalism, Commodity Chains and Ecological Epidemiological - Economic Crises, *Monthly Review*, Volume 72, Issue 2, 2020.

② ［美］约翰·贝拉米·福斯特等：《新冠肺炎疫情与灾难资本主义：商品链与经济危机》，杨帅泓译，《马克思主义与现实》，2020 年第 5 期。

③ John Bellamy Foster, COVID - 19 and Catastrophe Capitalism, Commodity Chains and Ecological Epidemiological - Economic Crises, *Monthly Review*, Volume 72, Issue 2, 2020.

代谢再生产系统,其中相关生产者根据自然条件理性地调节社会新陈代谢,以期在保护能源和环境的同时,促进每个人的自由发展作为一切人的自由发展的条件"①。

五、国外左翼力量对中国应对新冠肺炎疫情的评价

(一)从"人民至上""生命至上"到"人类命运共同体"

2020 年世卫组织助理总干事布鲁斯·艾沃德在武汉考察后感慨道:"我看到的是一种巨大的责任感和义务感,中国人民正在致力于保护他们的家庭、社区甚至整个世界免受这种疾病的侵害。"②新冠肺炎疫情在全球蔓延三年,虽然美国被视为医疗水平最高的国家,却是有着世界上最高的感染人数和死亡人数。中国香港学者李小轩认为:"中国抗击病毒的成功与美国抗击病毒的失败,表明了中国社会主义制度的成功及美国资本主义制度的失败。也表明,由于对中国实施的不断的反共冷战和美国从左翼到右翼的傲慢,意味着美国不可能搁置两国分歧来虚心学习中国的成功经验。这种傲慢将美国推入了灾难的深渊……灾难看不到尽头。"③事实上,一切尊重科学和追寻正义的科学家、政治家和知识分子都不约而同地认为社会主义的中国以"人民至上""生命至上"和"动态清零"的政策成功地应对了疫情带来的灾难,并为世界各国提供了科学和有效控制疫情的模式。

中国抗疫的胜利是国家治理理念的胜利。中国共产党总揽全局,在原

---

① 　[美]约翰·贝拉米·福斯特:《新冠肺炎疫情与灾难资本主义:商品链与经济危机》,杨帅泓译,《马克思主义与现实》,2020 年第 5 期。

② 　Ajit Singh, *Amid Coronavirus Crisis*, *China Demonstrates That an Alternative to The US－led Neoliberal Order is Possible*, https://mronline. org/2020/03/30/amid－coronavirus－crisis－china－demonstrates－that－an－alternative－to－the－us－led－neoliberal－order－is－possible/,2020/03/30.

③ 　李小轩:《"美国的切尔诺贝利":为何抗击新冠肺炎疫情美国失败而中国胜利》,载[美]萨拉·弗朗德斯、李小轩主编:《呼吸机上的资本主义:新冠肺炎对中美两国的影响》,禚明亮等译,当代中国出版社,2022 年,第 13 页。

则高度上树立了抗疫的基本理念：不仅仅追求"人民至上""生命至上"，对中国人民的生命健康负责，而且追求"人类命运共同体"，对世界人民的生命健康负责。正如习近平总书记指出的："我们坚决维护中国人民生命安全和身体健康，也坚决维护世界各国人民生命安全和身体健康，努力为全球公共卫生安全作出贡献。"[1]在这个原则之下，中国政府制定了更为精准科学的"动态清零"策略，该策略使得"国家迅速在极短时间内遏制病毒大暴发，消除感染，保护人民生命和恢复经济活动"[2]，在疫情肆虐之下，北京冬奥会能够从容和顺利地举办也证明了这项策略的有效性。

在人类命运共同体理念指引下，中国共产党联合230多个世界政党就加强国际联合，以抗击新冠肺炎疫情发出联合倡议，呼吁"各国应增强人类命运共同体意识，越是困难的时候越要相互支持和帮助，通过加强国际合作、政策协调、行动配合等，汇集全球的资源和力量，坚决打败病毒这一人类的共同敌人"[3]。全人类的危急时刻正是加强团结、协调行动的关键点，新自由主义的市场机制已经完全失灵，但是以美国拜登政府为代表的垄断资产阶级的意识形态却要将每个公民赤裸裸抛给新冠病毒，甚至宁可花费巨资支持代理人战争，也拒绝承担公共卫生责任，这证明了野蛮的新自由主义体系从来不曾将人类共同福祉视为最高原则，相反，人类命运是私有者可以出卖的财产，如果可以给它标价的话。

人类命运共同体的原则被新自由主义体系高度拒斥，但是却被共产党世界所欢迎。美国共产党在一份官方公开信中对社会主义的中国在全球抗疫斗争中的重要角色高度赞扬，称中国共产党从公共健康而不是利润出发，

---

[1] 人民日报评论员：《中国抗疫彰显负责任大国担当》，《人民日报》，2020年3月19日。

[2] Kuoyou Watson，Dynamic zero–COVID policy remains an effective response，http：//www. chinadaily. com. cn/a/202204/28/WS626a31e0a310fd2b29e59ea2. html.

[3] 新华社：《世界政党关于加强抗击新冠肺炎疫情国际合作的共同呼吁》，http：//www. xinhuanet. com/world/2020–04/02/c_1125806860. htm，2020–04–02。

采取大规模检测和隔离手段迅速有效动员全国资源应对危机。① 英国共产党领袖罗伯特·格里菲斯表示："这封公开信继承了争取和平、合作和社会进步的国际共产主义运动的优秀传统。"②由委内瑞拉、秘鲁、玻利维亚等拉美共产党发布联合声明，认为私人垄断资本控制着拉美国家，公共卫生事业由于无利可图，长期以来几乎处于荒废状态，富人也许可以获得更好的私人医疗保障，但是大多数中下收入人群面临绝境。因此，"我们认为必须保障最贫穷社会阶层的工人、失业者和未充分就业者的权利，以此作为一种人道和团结的姿态"③。美国工人世界党官网发表文章称社会主义的基础帮助中国战胜新冠病毒，中国共产党作出的决策不是依据如何维护百万富翁们的利益，而是全体人民的福利，这在资本主义的美国是不可想象的。④ 尼泊尔共产党（马列）总书记梅纳利表示，疫情是人类共同的敌人，世界各国应该合作抗疫，而不是制造偏见和指责别人，将疫情政治化是非常错误的。在习近平总书记的领导下，中国正引领构建人类卫生健康共同体，我们呼吁世界各国政府和民众支持并参与中国提出的倡议。⑤ 德国联邦议院社民党党团主席米策尼希也作出呼应，认为中国共产党分享的抗疫经验和做法令我们获益良多。这场疫情波及全世界，各国必须守望相助，不断深化国际合作。⑥

　　由此可见，在中国抗疫斗争中体现出的人类命运共同体的原则高度，彻

---

　　① See Rossana Cambron, Joe Sims, *An open letter on the Coronavirus crisis*, http://www.cpusa.org/party_voices/an-open-letter-on-the-coronavirus-crisis,2020/03/24.

　　② Eds, *Britain's Communists Sign Open Letter on International Response to Covid-19*, https://morningstaronline.co.uk/article/britains-communists-sign-open-letter-international-response-covid-19,2020/04/04.

　　③ ICOR, *Declaration on the Corona Pandemic*, https://www.icor.info/2020/declaration-on-the-corona-pandemic,2020/04/03.

　　④ See Sara Flounders, *How Socialist Base Helps China Combat Coronavirus*, https://www.workers.org/2020/02/46128, 2020/02/11.

　　⑤⑥ 参见中联部：《外国政党政要积极评价中方在抗疫合作中践行人类命运共同体理念》，https://www.idcpc.org.cn/wdzs/ylzq/202003/t20200329_138122.html。

底摒弃了资本逻辑主导下的以财产权为新等级制度基础的虚假的共同体。在这样的共同体中，交换价值体系凌驾于使用体系之上，对利润的渴望凌驾于人性的实现之上，私人公司的利益凌驾于人类普遍利益之上，资本主导的虚假共同体"对一切人来说表现为外在的、因而是偶然的东西。通过独立的个人的接触而表现的社会联系，对于他们同时既表现为物的必然性，同时又表现为外在的联系"①。于是，在新冠肺炎疫情的攻击之下，虚假的共同体再次成为一切人反对一切人的战场。从世界左翼学者和领袖们的高度评价中，我们可以感受到世界上"被侮辱与被损害"的人们在新冠肺炎疫情的危机中无法继续容忍资本逻辑对人类团结应对共同灾难的集体行动的阻滞，而在灾难中所激发的人类共同体的自觉意识也必将在灾后成为一个崭新的全球政治经济治理秩序的基石。

（二）社会主义超越资本主义：生产资料的社会主义公有制及其实践理性

左翼学者卡洛斯·马丁内斯以"卡尔·马克思在武汉"为题详尽阐述了中国社会主义击败新冠病毒的三个重要原因：第一，社会主义与高端技术的结合实现了对病毒的全面监测，人工智能和云计算，以及广泛被普通人使用的高速互联网基础设施保证了对每一个可能病患的及时追踪和隔离；第二，自上而下高度协调的社会动员能力保证了高层的科学决策能够贯彻到基层社会；第三，免费和强制性的全民"战时"医疗福利保证了每一个公民免于对病毒的恐惧。② 秘鲁共产党（红色祖国）主席阿尔韦托·莫雷诺·罗哈斯认为，抗疫斗争体现了中国社会主义的高效治理模式，短时间内调集全国医疗资源援助武汉，同时断然实行全城隔离，更为重要的是为所有新冠肺炎患者

① 《马克思恩格斯全集》（第31卷），人民出版社，1998年，第354～355页。
② See Carlos Martinez, *Karl Marx in Wuhan: How Chinese Socialism is Defeating COVID - 19*, https://www.invent - the - future.org/2020/03/karl - marx - in - wuhan - how - chinese - socialism - is - defeating - covid - 19/, 2020/03/25.

提供完全免费的医疗服务,避免了更大的人道主义灾难。

显而易见,两位学者敏锐地注意到了社会主义制度的治理优越性的核心原则——公有制。社会主义制度的本质属性就是生产资料的社会主义公有制。按照恩格斯的看法,社会主义公有制使得"一切生产部门将由整个社会来管理,也就是说,为了公共的利益按照总的计划和在社会全体成员的参加下来经营……私有制也必须废除,代替它的是共同使用全部生产工具和按共同协议来分配产品"①。新冠肺炎疫情至少在以下三个方面再一次证明了恩格斯对社会主义公有制的优越性所作出的判断:第一,社会主义公有制将生产和消费等经济活动置于社会的治理之下,人及其社会成为经济活动的唯一目的,因此社会主义公有制所建构起来的乃是需求经济学而不是欲望经济学。也正是在这个意义上,满足新冠肺炎疫情中社会的基本医疗需求而不考虑资本盈利的旺盛欲望则成为公有制社会的第一选择。第二,以公共利益为出发点的有计划和组织化的社会治理模式建构了一个共享发展成果的美好愿景,事实上,尽管中国存在着规模巨大的非公有制经济部分,但是由于公有制经济的主导作用,中国特色社会主义制度已经形成了公有制的实践理性动能。换句话说,非公有制经济在公有制经济引导之下发挥了对经济活动的计划、组织和调控的社会主义功能,短时期内带领非公有制生产部门主动投入到抗疫物资的生产活动中,并形成源源不断的产能供应给全世界,中国如今已经给俨然成为世界抗疫物资制造中心。第三,公有制潜藏着巨大的社会资源调配和动员能力,公有制也使得生产资料和生活资料在全社会的分配,于是"土地国有化将彻底改变劳动和资本的关系……与社会相对立的政府或国家政权将不复存在……生产资料的全国性的集中将

---

① 《马克思恩格斯文集》(第一卷),人民出版社,2009 年,第683 页。

成为由自由平等的生产者的各联合体所构成的社会的全国性的基础"①。从马克思对公有制经济的实践理性的判断中，我们就不难理解为什么美国政府与社会和常识公然站在对立面，而与此相反，中国政府则坚定地站在人民及社会的同一战线上。

本文已发表在《江苏海洋大学学报》(人文社会科学版)2021 年第 3 期

① 《马克思恩格斯文集》(第三卷)，人民出版社，2009 年，第 233 页。

新冠肺炎疫情背景下国外左翼对资本主义和
社会主义的比较认识

王　元[*]

世界格局正处于"百年未有之大变局",除了中国的崛起造成国际力量对比发生革命性变化外,世界社会主义运动也逐渐走出苏东剧变后的漫长低迷期。新冠肺炎疫情的全球蔓延则加剧了这一变局,疫情使资本主义国家长期积累的各种矛盾爆发,以各国共产党、工人党和左翼学者为代表的左翼力量敏锐地捕捉到了疫情危机与资本主义危机之间的内在关系,并进行了揭露与批判,适时抓住机会宣传社会主义,丰富社会主义运动的形式,值得关注与研究。

一、新自由主义无法有效应对新冠肺炎疫情

主张自由竞争和有限责任政府的新自由主义自从成为资本主义国家的主流意识形态后,不断推行医院等公共部门的私有化,削减公共福利,不但使公共卫生系统在应对新冠肺炎疫情时脆弱无力,也削弱了工人阶级等弱势群体的抗风险能力,造成的恶果遭到了左翼力量的批判。

---

　[*] 王元,南开大学马克思主义学院副教授、硕士研究生导师。

（一）新自由主义的泛滥削弱了资本主义国家应对疫情的能力

新自由主义削弱了公共卫生系统应对疫情的能力。英国共产党发布声明指出，几十年的新自由主义全球化经济政策使英国和许多其他国家无法应对新冠肺炎疫情的挑战。对军工领域的过度投资，对富人和大企业的大幅减税，以及对扩展包括资本和劳动力在内的各种商品自由市场的痴迷，使得英国削减了公共卫生、社会应急方面的预算，尤其是长期未能纠正由银行及金融主导经济的深层结构性问题，加上关键产业私有化、空心化，使得疫情暴发的同时，资本主义经济也朝着衰退的边缘迈进。因此，英国共产党呼吁："人类的需求必须战胜资本主义垄断者的利益。"①知名左翼学者大卫·哈维认为，这次疫情是对四十年来削减公共福利不受管制的新自由主义的报复。在新自由主义主导下的西方，政府不断出台为企业和富人争取减税和补贴的紧缩政策，大型制药公司对预防公共卫生危机没有兴趣，因为病人越多，他们赚得越多。特朗普还削减了疾病控制中心的预算，解散了国家安全委员会的传染病工作组。这一切使公共部门的脆弱完全暴露，遭到了新冠病毒的无情报复。② 意大利左翼学者贾科莫·图尔奇主张所有私人制药业和医疗保健产业都需要接受工人和专家的集中公共管理，只有这样才能满足意大利人民的需求。但在过去十年中，意大利用于医疗保健的公共资金减少了约 370 亿欧元，导致许多中小医院关门，这使得社会底层和医护人员受苦最深，是新自由主义导致了"突发公共卫生危机"。③

---

① Communist Party of Britain statement on the Covid – 19 crisis, https：//www. communist – party. org. uk/britain/2582 – communist – party – of – britain – statement – on – the – covid – 19 – crisis. html, March 18, 2020.

② See David Harvey, Anti – Capitalist Politics in the Time of COVID – 19, https：//jacobinmag. com/ 2020/03/david – harvey – coronavirus – political – economy – disruptions, March 22, 2020.

③ See Giacomo Turci, Neoliberalism Has Led to a Public Health Emergency, https：//www. leftvoice. org/neoliberalism – has – led – to – a – public – health – emergency – interview – with – an – italian – social- ist, March 16, 2020.

新自由主义政治逻辑助长了政府的不负责任。左翼学者伊莎贝尔·弗雷批评西方的群体免疫政策就是新自由主义政治逻辑的延伸。新自由主义创造了一种社会流动性的幻象,却实际上维持甚至固化了社会不公。它假设市场是公平公正的,个体可以通过自由市场竞争取得成功,所以贫困是个体自身的责任,这等于是放任贫富差距加剧。而群体免疫也是建立在"解决疫情的最好方法是放松对其管制"的假设之上,私有化和自由市场政策取代了国家主导的公共福利政策,使政府免于对人民的死亡承担责任。正如政府可以把贫困的责任推给穷人不够努力一样,他们也可以把感染的责任推给患者自身不主动进行有效隔离。这种自由放任的社会达尔文主义不但是错误的,更是灾难性的。①

新自由主义加大了疫情的破坏性。左翼学者娜奥米·克莱恩认为,近几十年来兴起了一种新型的"灾难资本主义",它以新自由主义为旗帜,私人财团与政治权力结盟,利用自然灾害、战争等造成的危机,实行激进的自由化、私有化改革,但结果并没有带来民主与繁荣,反而加剧了社会分裂和人民的悲惨境遇。而新冠肺炎疫情是"灾难资本主义"下的完美灾难,美国没有全国医疗保健计划,对于工人的保障更是糟糕透顶。特朗普政府的救市措施只对企业有利,但结果却可能恶化不平等现象,导致政府在处理疫情危机时失能。② 法国共产主义复兴党总书记法迪·卡西姆认为,新自由主义全球化并没有"保护"人民,相反却加大了对人民的掠夺,使人民陷入新冠肺炎疫情大流行、气候变暖、永久经济战和无耻的投机活动中。卡西姆还批评总

---

① See Isabel Frey, "Herd Immunity" is Epidemiological Neoliberalism, https://thequarantimes. word-press. com/2020/03/19/herd – immunity – is – epidemiological – neoliberalism/? fbclid = IwAR1Z2OwMjrG9ZZ0iHR – 4tSc – _NYxGqXqOqqbY8uWzR53dHmGrYN2wG3BeqA, March 19,2020.

② See Naomi Klein, Coronavirus Is the Perfect Disaster for 'Disaster Capitalism', https://www. vice. com/en_us/article/5dmqyk/naomi – klein – interview – on – coronavirus – and – disaster – capitalism – shock – doctrine, March 13,2020.

统马克龙比前任萨科齐更"新自由主义"，一边呼吁法国人团结一心抗击病毒，一边纵容富人们进行金融做空投机，并且在公共医院、养老金、失业救济等方面都缩减了预算，使人民状况雪上加霜。① 法国左翼哲学家乔治·加斯托德则站在全球化的角度指出，新冠病毒如此迅速和强烈地"流行"是因为在冷战后的新自由主义全球化背景下，国际垄断寡头企业打破了国家壁垒，资本的不间断投机和商业狂欢促进了资本、商品、劳力、服务的"迁徙自由"，导致危机也是"无边界的"。②

（二）新自由主义的意识形态偏见阻碍了疫情防控的国际合作

新自由主义意识形态偏见阻碍了西方国家采用中国的抗疫经验。印度历史学家维贾·普拉沙德批评道，新自由主义的最大胜利之一就是将只对战争和金钱感兴趣的国家描绘成民主，并把一个拥有健全制度，为消灭病毒而唤起党员和群众的志愿服务精神的国家描绘成"专制"，所以他们无法相信中国能够控制疫情，更不会去寻求合作。③ 法国共产主义复兴党讽刺那些自诩为"民主"和"优越"的西方白人曾嘲讽中国疫情的暴发，并认为官僚主义似乎是社会主义国家的专有。但西方暴发更加严重的疫情时，连提供医疗设备的能力都不具备，政治"精英"们不但缺乏科学的处理方法，还完全鄙视中国科学家推荐的抗疫方法，失去了宝贵的防控时间。这一切暴露了资

---

① See Fadi Kassem, LES COMMUNISTES à L'AVANT-GARDE POUR L'APPLICATION DES MESURES-BARRIèRES INDIVIDUELLES ET COLLECTIVES INDISPENSABLES à LA SANTé PUBLIQUE, https://www.initiative-communiste.fr/articles/prcf/coronavirus-les-communistes-a-lavant-garde-pour-lapplication-des-mesures-barrieres-individuelles-et-collectives-indispensables-a-la-sante-publique-mais-en-meme-temps/, mars 13, 2020.

② See Georges Gastaud, Virer la mondialisation virale-par Georges Gastaud #Covid19-fr., https://www.legrandsoir.info/virer-la-mondialisation-virale.html, March 18, 2020.

③ See Vijay Prashad, An often overlooked region of India is a beacon to the world for taking on the Coronavirus, https://peoplesdispatch.org/2020/03/24/an-often-overlooked-region-of-india-is-a-beacon-to-the-world-for-taking-on-the-coronavirus/, March 24, 2020.

本主义"精英"们寄生主义、官僚主义的无能。①

意识形态敌对增加了世界抗疫的难度。美国争取社会主义和解放党批评美国为了追求帝国主义的外交政策目标,不但没有采用中国的成功经验,反而继续对被其意识形态妖魔化的伊朗、古巴、委内瑞拉、朝鲜等国实施经济制裁,阻碍这些国家获得抗击疫情所需的物资。② 美国左翼学者卡明·马菲亚指出,新自由主义偏见无法帮助国际工人阶级应付健康危机,将对已经受到帝国主义摧残的南方国家(即发展中国家)造成更大的打击。卡明·马菲亚呼吁加强工人阶级的国际联合,尤其是南南合作以应对疫情,要求美国结束所有军事占领,并取消对伊朗、古巴等国的所有制裁,以使这些国家有能力应对疫情危机。③

(三)新冠肺炎疫情加剧了新自由主义的没落

新自由主义即将退出历史舞台。美国左翼历史学家马克斯·埃尔鲍姆认为,新自由主义时代即将结束。苏东剧变后,西方曾宣称"历史已经终结",除了"自由市场"和"小政府"的新自由主义模式外"别无选择",盎格鲁-撒克逊模式下精英主导的资本主义民主将常存于世,美国和盟友们将永久确保世界的秩序与和平。但2008年的金融危机暴露了这种模式的缺陷:政府选择救助制造危机的金融资本家,却让工人和中产阶级自生自灭,激起了人民的愤怒。新冠肺炎疫情的暴发,特朗普前后矛盾的回应,油价的暴跌,世界股市崩盘以及可能出现的大规模企业债务违约,都揭示了一个真

---

① See Crise sanitaire et environnementale, recherche scientifique : quelques enjeux politiques actuels #Covid – 19 #LPPR, https://www. initiative – communiste. fr/articles/luttes/crises – sanitaire – et – environnementale – recherche – scientifique – quelques – enjeux – politiques – actuels – covid – 19 – lppr/, March 23,2020.

② See A people's program to fight the virus, March 2020 special issue? of Liberation Newspaper on the Coronavirus crisis, March 21,2020.

③ See Carmin Maffea, Imperialism: The Global South's Pre – Existing Condition, https://www. leftvoice. org/imperialism – the – global – souths – pre – existing – condition, March 24,2020.

相，就是曾主导了全球政治经济格局的新自由主义已经走到了最后一步，只是尚未明确会被什么取代，以及被怎样的速度取代。①

新自由主义发展模式需要被纠正。印度学者普拉巴特·帕奈克认为，这次疫情总的教训是要扭转新自由主义的方向，并引入普遍的公共医疗体系和公共分配体系。首先要建立覆盖全部人口的公共医疗体系，其次是建立针对必需品的公共分配系统。但新自由主义恰恰摧毁了这两者，鼓励将教育和医疗保健等基本服务私有化，诱使包括跨国贸易公司在内的大型私人贸易商进入粮食市场，如果不能扭转，将失去更多宝贵的生命。② 塞浦路斯欧洲大学校长科斯塔斯·古利亚莫斯表示，疫情危机证明，由跨国企业精英推动的新自由主义已经失败。在这些精英的指引下，新自由主义摧毁了原有的保障公民经济和社会福利的公共部门，使民族国家之间缺乏信任和理解。疫情将加深自由主义的危机，影响财富、权力和劳资关系的再调整。为此，需要改变现有的新自由主义发展模式，发展新型的民主模式，消除不平等及实现贸易平衡。③

二、新冠肺炎疫情危机的本质是资本主义的内部危机

新冠肺炎疫情危机使资本主义内部各种经济、政治和社会危机加速爆发，世界各左翼力量深刻地认识到资本主义内部长期存在而又无法根除的各种矛盾不只是新冠肺炎疫情的伴生现象，更是资本主义总危机爆发的根本原因。

---

① See Max Elbaum, The neoliberal era is ending. What comes next? https://www.peoplesworld.org/article/the－neoliberal－era－is－ending－what－comes－next/, March 17, 2020.

② See Prabhat Patnaik, Two basic lessons from the coronavirus pandemic, https://www.newsclick.in/Two－Basic－Lessons－from－the－Coronavirus－Pandemic, March21, 2020.

③ See Kostas Gouliamos, COVID－19 Will Accelerate Existing Geopolitical Disputes, https://sputniknews.com/analysis/202004101078894831－covid－19－will－accelerate－existing－geopolitical－disputes－professor/, April10, 2020.

（一）疫情危机掩盖不了资本主义的经济危机

资本主义生产过剩危机先于疫情而存在。瑞典共产党发布声明表示，周期性的资本主义生产过剩危机是生产超过了购买力导致的，这一危机在疫情暴发前就已经出现。政府当前采取了一系列措施，比如以牺牲小企业为代价使大企业受益的财政政策；以疫情隔离为借口的裁员和停薪留职减轻了公司负担，保证了公司的利润率；而政府则公开地为垄断者辩护，既不利于工人阶级，也不利于同样受到垄断资本主义挤压的小资产阶级；以防控疫情为掩盖，资本主义政府加强了反动政治措施，比如全面禁止罢工、示威和抗议。但这些本是应对生产过剩造成的经济下滑的手段，所以是疫情帮助掩盖了资本主义危机，又将资本主义推进了下一次生产过剩的危机。① 爱尔兰共产党也认为，疫情危机为资本主义政府混淆和掩盖经济危机的真正本质创造了条件。统治阶级为克服固有的资本主义生产方式的结构性矛盾而提出的解决方案，只是徒劳地为下一次危机奠定基础。②

疫情扩大了消费与需求的矛盾。大卫·哈维认为，过去40年，消费者的信心和情绪已成为调动有效需求的关键，消费主义推动资本主义经济的占比可达70%甚至80%。在疫情暴发之前，资本主义积累模式越来越依赖于虚拟资本、货币供应和债务的扩张，已经面临着有效需求不足的问题。疫情进一步打击了消费需求，比如体育比赛、音乐会等体验式消费已经停止。经济规模的缩小将导致大规模失业潮，疫情持续的时间越长，劳动力贬值的幅度就越大，工人阶级面临的经济困难又会降低消费需求；新自由主义对公共福利的削减同时降低了工人应对疫情的能力。而特朗普政府服务于富人和

---

① See CORONA OCH KAPITALISMEN, https://skp. se/2020/03/23/corona – och – kapitalismen/, March23, 2020.

② See One Ireland, one solution: one all – Ireland constitution Statement by the Communist Party of Ireland, http://www. communistpartyofireland. ie/r – 2020 – 03 – 15. html, March 15,2020.

大企业的大规模救市和投资计划，加大了投资和需求之间的矛盾。这一矛盾需要与新自由主义相反的大规模政府干预和大众消费才能解决，但过度消费，反过来又会加剧资本主义的矛盾。①

资本主义金融的寄生性恶化了经济危机。波多黎各共产党发文指出，一方面，资本主义需要通过降低生产成本来增加利润。所以美国将生产性资本分配给中国等拥有廉价劳动力的发展中国家，以经济的无政府状态来逃避本国人民的需求。另一方面，资本家利用从工人劳动中获得的利润，把赌注压在金融精英身上，也就是由生产部门的公司进行股票投资，依靠投机产生的巨额利润生存。但金融投机并不能保证经济按规划的发展，尤其在疫情的风险期，必要的供应就开始出现短缺，影响疫情防控的效果，经济空心化的恶果显现。所以美国等资本主义国家失去了活力，因为没有资本流动和商品生产的发展，这是资本主义难以克服的自身矛盾。②

（二）阶级问题的积累加剧了疫情期间的资本主义危机

阶级剥削反噬了资本主义。奥地利劳动党主席蒂博尔·曾克在本党中央委员会会议上尖锐地指出，疾病问题也是资本主义的阶级问题，必须从阶级的角度来分析。资本主义需要人的劳动来创造剩余价值，也需要工人阶级作为大量消费者以出售产品。而工人患病就可能丧失生产能力，工资过低就会失去购买力。所以为了保证工人这两方面的能力，工人的工资水平至少要保证工人的健康和抚养家庭的能力。然而疫情危机下的资本主义再一次被其长期存在的不可调和的矛盾所击败。首先，长期的去工业化制造了大批过剩人口，成为产业后备军，职位的竞争为资本家压低工人工资和社

---

① See David Harvey, Anti‐Capitalist Politics in the Time of COVID‐19, https://jacobinmag.com/2020/03/david‐harvey‐coronavirus‐political‐economy‐disruptions, March22, 2020.

② See La caída de la bolsa de valores y el coronavirus: dos armas del capitalismo, https://abayard-erojo.org/2020/03/la‐caida‐de‐la‐bolsa‐de‐valores‐y‐el‐coronavirus‐dos‐armas‐del‐capitalismo/, March20, 2020.

会福利提供了条件。其次，医药公司竭尽全力垄断专利以使自己获得最大的医疗收益，而无须尊重人民的需求和整个国家的命运。最后，新自由主义下各国政府普遍削减公共医疗预算，牺牲了工人阶级患者的利益。疫情来临时，大规模失业和脆弱的医保系统严重打击了工人的生产力和购买力，直接影响了劳动力的再生产，延长了资本的增值周期，从而加剧了资本主义周期性危机，使得资本无法控制"自由市场经济"的反噬。①

资本主义阶级矛盾难以调和。奥地利劳动党执行委员卢卡斯·哈斯万特指出，疫情期间政府号召各界形成社会伙伴关系，但这种关系是工人贵族与垄断和金融资本的伙伴关系，危机成本被愉快地转移给了工人，牺牲了工人阶级。世界正处于一场大规模的资本主义危机的开始，唯一的出路是阶级斗争，形成反对垄断和金融资本，反对政府和腐败工会领袖的工人阵线。②德国共产党主席帕特里克·科波勒也认识到了这一点。他刊文指出，统治阶级并不关心人民的健康，正是这些人代表垄断资本将医疗保健系统变成了一种实现利润最大化的手段，风险不是由他们承担，而是由纳税人承担。工人阶级不要被统治者关于"我们必须站在一起"的口号所麻痹，阶级社会中没有"我们"。③

（三）资本主义政府应对疫情的政策暴露了其反动本质

资本主义政府为财团而不是人民服务。美国争取社会主义和解放党刊文批评特朗普政府本来有权援引 1950 年的《国防生产法》强制要求美国的工厂集中和优先生产呼吸机等物资，但美国财团不断游说政府放弃，因为这

---

① See Tibor Zenker, Krankheit und kapitalistische Klassengesellschaft, http://parteiderarbeit.at/?p = 5892, March15, 2020.

② See Lukas Haslwanter, Das #teamösterreich und die Arbeiterklasse, http://parteiderarbeit.at/?p = 5949, March15, 2020.

③ See PatrikKöbele, DKP zur Corona - Pandemie, https://www.unsere - zeit.de/dkp - zur - corona - pandemie-126442/, March15, 2020.

会削减其利润率。最终,特朗普政府改为要求企业"自愿服务"。于是,这些企业在"自愿的基础上"通过抬高稀缺物资价格的方式赚钱,使疫情危机更加严重。这暴露了资本家和为其服务的政府的本质,一个沉迷于利润的制度既不愿也不能够满足人民的需求。① 该党总统参选人格洛丽亚·拉里瓦指出,在资本主义私有制下,生活的一切基本需求都掌握在资本家手中,资本家只有在能够获利的情况下才会生产。资本家通过银行和股票市场的投机制造了金融危机,美国政府却提出了为他们削减 7000 亿美元税收的政策。但削减大企业的税收意味着大幅削减公共服务,并给工人阶级和穷人带来更大的税收负担。造成金融危机的人被拯救时,人民却付出了裁员、贫困、破产的代价。②

公共健康领域的资本主义逻辑违背人权。意大利重建共产党转载美国哲学家朱迪思·巴特勒的文章,呼吁不能让资本主义逻辑摧毁人权。完全市场化的私人保险制度放弃了那些无法负担高昂保险费用的人,并使"被保险人"之间残酷的等级制度永久化。疫情期间,特朗普还试图从德国医药企业那里买断新冠疫苗的美国专有权,如果任由资本主义逻辑决定疫苗的生产和使用,也就意味着某些生命会以牺牲其他生命为代价来保障其生存权。医疗权是一项每个人都有权享有的"人权",个人对医疗的需求不能否定他人的需求。卫生政策应在所有生命中平均分配其资源,资本主义对医疗保健的垄断需要被摧毁。③

"左倾"的救市政策不过是帝国主义的自救手段。为减少疫情带来的损

---

① See Joyce Chediac, How Wall St. & Trump created the ventilator crisis, https://www. liberation-news. org/how – wall – st – trump – created – the – ventilator – crisis/, March 30, 2020.

② See Gloria La Riva, COVID – 19 now a pandemic; capitalism exacerbates crisis, https://www. lib-erationnews. org/covid – 19 – now – a – pandemic – capitalism – exacerbates – crisis/, March 12, 2020.

③ See Judith Butler, Capitalism Has its Limits, https://www. versobooks. com/blogs/4603 – capital-ism – has – its – limits?fbclid = IwAR37F5XPfOjTQfBg5ayE082114diDODFa4jcsNAlAO5DRLT1Do37RGuoc BY, March 20, 2020.

失,资本主义国家间开始讨论加大国家干预经济的力度来挽救经济危机,似乎资本主义要向"左转",比如法国考虑加大大企业的"国有化",西班牙也计划将医疗体系国有化。希腊共产党总书记迪米特里斯·库图姆巴斯对此进行了揭露,认为不必对帝国主义的自救手段报以希望。世界各国人民的真正危险是处于资本主义的最高阶段,即帝国主义阶段。帝国主义国家间希望推行新的"马歇尔计划",通过扩张性财政政策,政府干预经济,用加大债务和减少税收的方式来应对危机。这种所谓的"左"只不过是资产阶级的社会民主主义"突变",其目的并不是为了拯救人民,而是帝国主义国家为自己准备的强心针,同时是为了防止各国社会主义和工人运动威胁帝国主义体系。这些政策也解决不了根本问题,资本积累问题作为危机的根源,不仅没有得到克服,而且正在加剧,救市方案的成本最终还是会由人民承担,人民的健康和安全同资本主义的生产方式是不相容的。而且疫情期间各资本主义国家间各自为战且相互抢夺医疗物资,证明了所谓的"欧洲团结"只不过是帝国主义主要国家在"作秀",各国应从北约和欧盟的帝国主义联盟中解脱出来。[①]

三、社会主义制度在新冠肺炎疫情应对中彰显了优越性

中国、古巴、越南等社会主义国家在应对疫情时的表现和西方国家形成鲜明对比,为展示社会主义制度的优越性提供了真实案例,各左翼力量在进行经验宣传介绍的同时也号召推动本国社会主义事业的发展。

(一)社会主义制度更能有效应对公共疫情

社会主义制度更有利于组织调配资源防控疫情。美国共产党发布公开

---

① See Dimitris Koutsoumbas, The new, yet very old, "Great Idea" of the European capital and the communists´response, https://inter. kke. gr/en/articles/The－new－yet－very－old－Great－Idea－of－the－European－capital－and－the－communists－response/, April12, 2020.

信表示，在中国共产党的领导下，以公共卫生而非盈利为导向，采取了非同寻常的措施，实施了大规模检测，对武汉进行了隔离并调动了全国的资源来驰援，成功应对了危机，展示了以患者为中心的公共卫生系统的力量，以及整个国家迅速调拨资源的能力。相比之下，美国特朗普政府取消了全民医保计划，削减了疾病控制中心的资金，各州之间各自为战，甚至相互争夺稀缺资源，使得疫情失控。这次危机暴露了资本主义制度的失败，这不单是一次医疗危机，更是经济和政治危机。① 加拿大共产党也认为，社会主义国家在对抗新冠肺炎疫情方面最有效，因为可以调动所有资源来防控疫情，而资本主义国家则必须与跨国制药公司和营利性私人医疗保健系统打交道。只有资金充裕的公共卫生系统才能发挥作用，资本主义国家恰好完全缺乏这种系统，这对那些没有医疗保险的穷人和失业人员构成了最严重的威胁。②

社会主义制度的集体主义和国际主义责任感更有利于防控疫情。英国工党发表社论指出，资本主义政府试图将经济危机简单地归因于新冠肺炎疫情的流行。但是英国的措手不及是资本主义制度无法在根本上解决当前生活问题的表现。尤其是中国的经验表明，必须采取集中指导、全面和计划的方法，才能避免新冠病毒带来的危机，而这需要充分地动员全国的资源，只有集体主义方案才能应对这场危机。③ 澳大利亚共产党主张加强对中国特色社会主义的研究，称赞中国通过国家指导下的社会隔离有效控制了疫情，中国所作的牺牲是为了世界的利益，而澳大利亚的政治体系通常会鼓励

---

① See Virus crisis requires global, people-oriented solutions, http://www.cpusa.org/article/virus-crisis-requires-global-people-oriented-solutions/, March 31, 2020.

② See Central Executive Committee of Communist Party of Canada, EMERGENCY ACTION REQUIRED NOW TO STOP COVID-19 AND DEEP RECESSION, http://communist-party.ca/emergency-action-required-now-to-stop-covid-19-and-deep-recession/, March 19, 2020.

③ See Only a collectivist approach can solve the Covid-19 crisis, https://morningstaronline.co.uk/article/e/only-collectivist-approach-can-solve-c-19-crisis, March 15, 2020.

个人主义和政治权宜主义以对抗集体利益。① 德国共产党主席帕特里克·克贝勒认为,控制疫情失败证明了资本主义无法解决人类的基本问题。中国和古巴目前正在展示其优越性,两国已在卫生系统上投入了大量资金,并为意大利和委内瑞拉提供了医疗设备和专家援助,展示了国际主义团结互助精神。②

(二)社会主义制度更能维护人民利益

社会主义制度可以保障国家向人民负责。全世界至少66个共产党和工人党③发表联合声明指出,资产阶级政府为使医疗商业化和私有化以实现垄断集团的盈利而实行的反人民政策导致了卫生系统的悲剧性短缺。而社会主义的优越性在于其基于大众需求的公共卫生系统可以满足人民的医疗需求。④ 美国左翼网站"人民派遣"刊文表示,中国应对这场大规模公共卫生危机的能力,证明了中国社会主义的优势,即党对人民负责,而不是对私人资

---

① See Bob Carr, AN OPPORTUNITY TO THINK MORE, ACT LESS!, https://www.cpa.org.au/guardian/2020/1910/08 - opportunity.html, April 6, 2020.

② See zur Corona - Pandemie, https://www.unsere - zeit.de/dkp - zur - corona - pandemie - 126442/, March 15, 2020.

③ 分别是阿尔巴尼亚共产党、阿根廷共产党、亚美尼亚共产党、澳大利亚共产党、奥地利劳动党、阿塞拜疆共产党、孟加拉国共产党、比利时共产党、巴西的共产党、英国共产党、新英国共产党、保加利亚共产党人党、加拿大共产党、智利共产党、克罗地亚社会主义工人党、塞浦路斯劳动人民进步党、捷克和摩拉维亚共产党、丹麦共产党、埃及共产党、芬兰共产党、格鲁吉亚统一共产党、德国的共产党、希腊共产党、匈牙利工人党、印度共产党、印度共产党(马克思主义)、伊朗人民党、爱尔兰工人党、爱尔兰共产党、以色列共产党、共产党(意大利)、约旦共产党、哈萨克斯坦社会主义运动、朝鲜劳动党、黎巴嫩共产党、立陶宛社会主义党、马耳他共产党、墨西哥共产党、人民社会党-墨西哥国家政治协会、挪威共产党、尼泊尔共产党、荷兰新共产党、巴基斯坦共产党、巴勒斯坦人民党、巴勒斯坦共产党、巴拉圭共产党、波兰共产党、葡萄牙共产党、菲律宾共产党、罗马尼亚社会主义党、俄罗斯联邦共产党、俄罗斯共产主义工人党、苏联共产党、南斯拉夫新共产党、塞尔维亚共产主义者、西班牙人民共产党、加泰罗尼亚共产党人党、斯威士兰共产党、瑞典共产党、叙利亚共产党、土耳其共产党、乌克兰共产党、乌克兰共产党人联盟、委内瑞拉共产党、保加利亚共产主义者联盟、法国共产主义复兴党。

④ See COMMUNIST PARTIES AROUND WORLD ISSUE JOINT CALL TO PROTECT PEOPLE'S HEALTH AND RIGHTS PV STAFF, http://peoplesvoice.ca/2020/04/01/communist - parties - around - world - issue - joint - call - to - protect - peoples - health - and - rights/, April 01, 2020.

本的利益负责。① 美国共产党人党发布声明指出，中国和越南已经成功地遏制了病毒，但美国却选择了遏制华尔街的损失，并提供了 1.5 万亿美元的救助资金，让普通的美国工人阶级自生自灭。新冠肺炎疫情成功地揭示了在应对危机时两种制度的差距："资本主义国家担心美元贬值，社会主义国家担心人民。"②

社会主义制度可以保障经济社会发展成果为人民所享。西班牙人民共产党指出，疫情危机表明在资本主义制度中，绝对优先事项是垄断者的生存，而不是保护人民的健康。这种以个人主义、竞争性和缺乏社会承诺为特征的资本主义制度无法应对在高度国际化的人类社会中产生的广泛社会需求。而此时，社会主义社会展现出了自身的优势，这不仅体现在指导它的价值体系上，而且还因为它有计划经济的能力，在管理并维护集体利益的机制方面是优越的，总是能够满足人民群众的需要。在社会主义社会里，人类可以从生产力的高速发展中受益，国家为社会绝大多数人而不是为垄断资本和金融资本服务。③

(三)疫情危机凸显了实现社会主义的重要性

只有社会主义才能解决资本主义危机。美共主席乔·西姆斯在提交给全国委员会的报告中指出，疫情危机增强了社会主义的重要性。它深刻地揭示了资本主义制度的严重不平等，揭露了私有化、公共福利紧缩、医疗暴利

---

① See Qiao Collective, How Chinese Socialism is Defeating the Coronavirus Outbreak, https://peoplesdispatch. org/2020/02/06/how – chinese – socialism – is – defeating – the – coronavirus – outbreak/, February 06, 2020.

② Covid – 19 in the Usa, Statements by Communist and Left Parties demanding Free healthcare, http://www. idcommunism.com/2020/03/covid – 19 – in – usa – statements – by – communist – and – left – parties – demanding – free – healthcare. html, March 24, 2020.

③ See La crisis del coronavirus demuestra la necesidad urgente de la sociedad socialista, http://www. pcpe. es/index. php/comite – central/item/2147486091 – la – crisis – del – coronavirus – demuestra – la – necesidad – urgente – de – la – sociedad – socialista, March 10, 2020.

对工人阶级造成的严重破坏,揭露了统治阶级对工人阶级的漠不关心,社会主义恰恰出现在资本主义失败的地方。乔·西姆斯对美共的未来发展充满信心,认为共产党的存在不是偶然的,是进步力量的自觉行为,资本主义制度的反动本性不断创造进步力量产生的条件。从这个意义上讲,共产党永远不会被摧毁。但每个共产党都必须根据每个国家的独特情况发展通往社会主义的道路。[①] 黎巴嫩共产党政治局表示,当今全世界面临的疫情问题再次重申了社会主义的必要性。新冠病毒的广泛扩散不仅仅是环境或健康问题,更是资本主义的表现形式之一。我们应该选择优先考虑人类需求和价值高于利润的社会主义制度。[②] 意大利共产党中央委员会总书记马可·里佐指出,资本主义给你"过剩",而社会主义给你"必需"。除了疫情之外,巨大的经济危机也将到来。以集体利益而不是利润为基础的经济制度存在着优越性,只有选择社会主义模式才能取得胜利。[③] 俄罗斯联邦共产党中央执行委员会主席安德列耶维奇·久加诺夫也指出,美国化的经济模式无法应对世界上所有国家所出现的问题,资本主义遭到了惨败,社会主义将是最佳疗法。[④] 全球54

---

① See JOE SIMS, The struggle of our lives: Coronavirus and capitalist crisi, http://www.cpusa.org/article/the - struggle - of - our - lives - copd - 19 - and - capitalist - crisis/, March 26, 2020.

② See Lebanese CP, COVID - 19 proves the decline of Capitalism and the only feasibility of Socialism, http://www.solidnet.org/article/Lebanese - CP - COVID - 19 - proves - the - decline - of - Capitalism - and - the - only - feasibility - of - Socialism/, March 28, 2020.

③ See MarcoRizzo, Covid - 19 killed the EU and capitalism, the only solution is socialism, http://www.idcommunism.com/2020/03/marco - rizzo - covid - 19 - killed - eu - and - capitalism - the - only - solution - is - socialism.html?m=1, March 23, 2020.

④ See Геннадий Зюганов дал оценку действиям правительства по преодолению эпидемии коронавируса, https://www.rline.tv/news/2020 - 03 - 28 - gennadiy - zyuganov - dal - otsenku - deystviyam - pravitelstva - po - preodoleniyu - epidemii - koronavirusa -/, March 28, 2020.

个共产主义青年团①联合发表声明，号召与资本主义作斗争，因为资本主义使工人和青年背负着经济危机的重担。而社会主义及其科学统筹规划的优越性在保障基层医疗卫生和疫情防控上得到了证明，社会主义是必要的。②

新冠肺炎疫情下丛林法则的盛行将迫使人们选择社会主义。知名哲学家齐泽克以英国新冠肺炎重症患者的救助标准为例，如果医疗资源紧缺不得不放弃一部分病人时，将由医院的三位高级医生决定将呼吸器和床位让给谁，标准可能会是残酷的优胜劣汰逻辑，最弱或最老者可能被牺牲掉，医疗资源的争夺同时会出现巨大的腐败空间。新冠病毒的流行表明了市场全球化的局限性，资本逐利时就全球扩张，疫情危机时就自私排外，造成医疗资源的短缺，民粹主义、种族主义、极右翼、孤立主义鼓吹"美国第一""意大利人优先"等口号只能使情况更糟，新冠肺炎疫情将迫使人们作出决定，是选择共产主义（社会主义）重新塑造世界体系还是任由丛林法则盛行。③

---

① 分别是奥地利共产主义青年团、比利时青年共产主义者、委内瑞拉共产主义青年团、玻利维亚共产主义青年团、马其顿共产党青年团，北马其顿、巴西共产主义青年联盟、巴西阿凡萨多共产主义青年团、英国共产主义青年协会、法国共产主义青年协会、德国社会主义工人青年团、危地马拉共产主义青年团、丹麦青年共产主义者、萨尔瓦多共产主义青年团、瑞士共产主义青年团、希腊共产主义青年团、美国青年共产主义者协会、泛德青年和学生联合会、约旦民主青年联盟、伊朗人民党青年团、爱尔兰工党青年组织、爱尔兰康诺利青年运动、西班牙共产主义青年协会、西班牙共产主义青年团、以色列共产主义青年协会、意大利共产主义青年阵线、加拿大共产主义青年联盟、克罗地亚社会主义工人党社会主义青年、塞浦路斯联合民主青年组织、黎巴嫩民主青年协会、墨西哥新共产党员联合会、孟加拉国青年协会、孟加拉国青年和学生协会、尼泊尔全国青年联合会、南非共产主义联盟、荷兰共产主义青年运动、巴基斯坦民主学生联合会、巴基斯坦民主青年联合会、巴勒斯坦共产主义青年团、巴勒斯坦人民党青年团、巴拉圭共产主义青年团、秘鲁共产主义青年团、波兰共产党青年团、葡萄牙共产主义青年团、罗马尼亚社会主义青年联盟、俄罗斯联邦列宁共产主义青年团、俄罗斯革命共产主义青年联盟（布尔什维克）、塞尔维亚南斯拉夫共产主义青年联盟、瑞典共产主义青年团、斯里兰卡社会主义学生会、斯里兰卡社会主义青年和学生协会、叙利亚共产主义青年团、土耳其共产主义青年团、捷克共和国共产主义青年联盟、芬兰共产主义工人党共产主义青年团。

② See 54 communist youths issue joint declaration on covid 19, http://www. idcommunism. com/2020/04/44 - communist - youths - issue - joint - declaration - on - covid - 19 - pandemic - blast - capitalisms - injustice. html，April 02, 2020.

③ See Slavoj Zizek: Global communism or the jungle law, coronavirus forces us to decide, https://www. rt. com/op - ed/482780 - coronavirus - communism - jungle - law - choice/，March10, 2020.

四、新冠肺炎疫情期间社会主义运动与其他政治运动的结合

（一）世界左翼对反华种族主义的批判

种族主义一直是左翼进步力量批判的对象，本来已经走向消沉，但西方各国为转移疫情防控不利的责任而蓄意煽动反华种族主义，使得各左翼政党纷纷对此进行批判与揭露。

煽动反华种族主义是为了维护帝国主义霸权。美国争取社会主义和解放党刊文表示，美国政府和统治阶级认为中国是他们统治世界的"头号威胁"，冷漠无情地将病毒冠名为"中国病毒"和"武汉病毒"，再次暴露了美国政府作为"人权坚定捍卫者"的两面派姿态。美国不在乎人类的生存状况，它只关心如何维护自己作为世界上最强大帝国的地位。该党呼吁美国应采用中国有效应对疫情的做法，而不是为了追求帝国主义的外交政策目标而妖魔化中国政府，公共教育也不应煽动对立，而应打击这些反动和反科学的种族主义。① 加拿大共产党也批评反华仇外心理一直是反动势力故意煽动的，欧洲殖民时期就已经运用了。各种媒体不负责任地将冠状病毒危机归咎于中国的做法无视了事实，即中国迅速而全面地采取行动，阻止了该疾病的传播，并找到了科学的解决方案。从这个角度看，把冠状病毒危机等问题归咎于中国，完全是美国和加拿大帝国主义的"把戏"。尤其是美国，它极力找到一切可能的方法来包围、破坏和削弱中国，因为它认为中国对它在太平洋地区及其他地区的军事和经济支配地位构成了威胁。②

煽动反华种族主义是为了转移对资本主义内部矛盾的关注。英国评论

---

① See La Riva, A people's program to fight the virus, https://www.liberationnews.org/a-peoples-program-to-fight-the-virus/, March 21, 2020.

② See Communist Party of Canada, ANTI-CHINA RACISM MUST BE REJECTED, http://communist-party.ca/anti-china-racism-must-be-rejected/, February 9, 2020.

家黛安·艾伯特认为，最近针对华人的种族主义激增，这是在保守党多年来为移民营造"敌对环境"的基础上发生的。特朗普、约翰逊和其他右翼领导人在国际上越来越多地使用反移民和排外言论，这是一个典型的"分而治之"的例子，目的是让工人们互相对立。为此，左翼必须坚定地致力于反对寻找替罪羊和反对种族主义。① 意大利重建共产党也指出，煽动对中国和华人的恐惧是一种战略，旨在通过增加恐惧来转移注意力，使人们丧失对关于社会和环境退化，对私人利润贪得无厌的追求，对资本主义剥削带来的风险进行揭露的批判性思维。②

（二）欧洲左翼的反欧盟运动

近年来，欧盟内部因为移民、主权债务、贫富差距和各国利益分化加大等原因出现了反欧盟浪潮。各国共产党和工人党也对欧盟积极推行新自由主义政策，逃避公共责任和削减劳工福利而不满，所以将反欧盟运动与此次疫情结合了起来。

欧盟推动新自由主义泛滥加重了疫情危机。法国共产主义复兴党发布声明，猛烈抨击欧盟推行的《马斯特里赫特条约》（欧盟条约）鼓吹"市场开放和自由竞争"，其实是在对世界进行野蛮瓜分。该条约巩固了基于德国马克的欧元的地位，扼杀了公立医院与社会抚恤金，持续不断地推动社会排斥政策，却对新冠病毒束手无策。为此，该党将加紧争取法国退出欧盟，以平等主权国家的有计划合作来建立社会主义，代替新自由主义的全球化。法国共产主义复兴党下属的法国共产主义复兴青年团也刊文表示，法国疫情的蔓延是因为政府执行欧盟政策，削减了公共卫生支出，导致公立医院和床

---

① See Diane Abbott, In the face of anti – Chinese attacks, now is the time to stand up to racism, https://morningstaronline. co. uk/article/face – anti – chinese – attacks – now – time – stand – racism, March 21, 2020.

② See Ezio Locatelli, Agitatore della paura, https://www. ilpartitocomunistaitaliano. it/ February 6, 2020.

位短缺无法应对增长的感染人数。为此,青年团谴责欧盟"加剧剥削并制造贫困",反对欧盟加强军事化,呼吁建立一个"工人和人民大众的欧洲"以实现和平、社会公正并保障各国主权。①

欧盟难以承担保护各成员国的责任。英国共产党指出,欧盟那些基于"自由市场"的法律和没有通过选举产生也就不承担责任的机构没有保护意大利和其他成员国免受疫情侵袭的能力。英国共产党支持英国退出欧盟,还呼吁人民警惕那些亲欧盟的游说集团利用这场危机来为延长脱欧过渡期辩护,同时引发人们对英国退出欧盟的恐惧。② 意大利共产党中央委员会总书记马可·里佐指出,在柏林墙倒塌的三十年后,意大利的福利国家制度和公共保健已经全面瓦解。在意大利人民最为困难的时期,欧盟"确实消失了",而来自中国、古巴、越南和委内瑞拉等国的援助却已抵达意大利。疫情结束之后意大利共产党将推动意大利退出欧盟、欧元区和北约,并取消不必要的军费开支。③ 西班牙人民共产党则抨击欧盟收走了各成员国的自主政策制定权,但在疫情暴发后又让各国独自承担责任,甚至是相互排挤,导致旅游、交通等部门瘫痪,对工人阶级乃至整个经济产生了非常不利的影响,显示了欧盟的脆弱性。④

---

① See los Jóvenes por el Renacimiento Comunista en Francia, L'épidémie de Coronavirus et le socialism, https://www. initiative – communiste. fr/articles/prcf/lepidemie – de – coronavirus – et – le – socialisme – par – les – jrcf/, March 23, 2020.

② See Communist Party of Britain statement on the Covid – 19 crisis, https://www. communist – party. org. uk/britain/2582 – communist – party – of – britain – statement – on – the – covid – 19 – crisis. html, March 18, 2020.

③ See MarcoRizzo, Covid – 19 killed the EU and capitalism, the only solution is socialism, http://www. idcommunism. com/2020/03/marco – rizzo – covid – 19 – killed – eu – and – capitalism – the – only – solution – is – socialism. html?m = 1, March 23, 2020.

④ See La crisis del coronavirus demuestra la necesidad urgente de la sociedad socialista, http://www. pcpe. es/index. php/comite – central/item/2147486091 – la – crisis – del – coronavirus – demuestra – la – necesidad – urgente – de – la – sociedad – socialista, March 10, 2020.

（三）美国左翼的反特朗普主义运动

特朗普主义在美国的崛起使得美国政治加剧了两极分化，尤其是种族主义和本土主义的抬头更是加剧了社会的割裂。为此，美国也相应地出现了反特朗普主义的政治运动，美国左翼力量以反对法西斯主义、种族主义和极右翼民粹主义为切入点，成为其中一支重要力量。比如美国左翼历史学家马克斯·埃尔鲍姆认为，特朗普主义的危害不亚于法西斯主义。特朗普支持者主要由一批右翼亿万富翁、化工和军工集团组成，他们善于利用"狗哨政治"①来散布种族主义信息以攻击政治对手，获取右翼民粹主义势力的支持。特朗普主义者们妄想在美国军事力量的基础上发展不受管制和反劳工的经济模式，推行白人至上原则，确保永久的全球主导地位。这虽然不完全等同于法西斯主义，但作用和危险本质是一样的。疫情和金融危机的大暴发暴露了特朗普主义政府的局限性。所以埃尔鲍姆认为，这是左翼运动的契机，工人阶级应当团结起来，颠覆当前的政治秩序，为实现"人民优于利润"的社会根本变革而斗争。②

美国共产党主席乔·西姆斯也认为，随着新自由主义模式的式微和长期的治理和经济危机，法西斯主义与战争的威胁隐约可见，比如特朗普主义就有变成法西斯主义的危险。因此，美共政治议程的重中之重是建立统一战线以击败特朗普及其领导的右翼分子。

五、总结与展望

新冠肺炎疫情在世界范围的暴发对左翼力量和社会主义运动产生了重要影响。

---

① 政客通过说一些取悦特定群体的话，或通过模棱两可的话语让听众解读成自己想听的内容。
② See Max Elbaum, The neoliberal era is ending. What comes next? https://www.peoplesworld.org/article/the－neoliberal－era－is－ending－what－comes－next/, March 17, 2020.

第一，资本主义国家在应对疫情中的表现使得左翼力量加深了对资本主义的理解和认识，对新自由主义泛滥造成的公共服务缺失和有限责任政府的弊端进行了猛烈批判，并且深刻地认识到疫情的全球大暴发不单是一次公共健康危机，更是一场资本主义的经济危机、政治危机和社会危机，资本主义长期的内部矛盾积累助推了新冠肺炎疫情的全球蔓延，疫情危机只是资本主义危机的新表现形式而不是根本原因，不能用疫情危机掩盖资本主义的内部矛盾。

第二，世界左翼力量通过对各国在对抗疫情中的表现进行对比，坚定了对社会主义的信心。社会主义制度在公共医疗服务的公平性、集中力量办大事的高效和以人民为中心的价值取向等多方面均展示出相对于资本主义的优越性，实现社会主义的必要性和迫切性进一步加强。

第三，世界左翼力量在疫情期间坚持进步的立场，对反华种族主义、极右翼与可能出现的法西斯主义进行了批判，成为抵抗政治倒退的重要力量，并且将社会主义运动与其他政治运动结合起来，丰富了社会主义运动的多样性与适应性。

第四，世界左翼力量加强了团结与合作。各国共产党和工人党及下属的青年团体，各左翼工会纷纷通过发表联合声明、协调立场和相互声援的方式进行了合作。西班牙历史学家约瑟芬娜·马丁内斯甚至呼吁建立第四国际，领导世界工人阶级的社会主义运动。[①] 这一切都说明，国际左翼力量的联合成为大势所趋。

新冠肺炎疫情在世界范围的暴发也使得左翼力量和社会主义运动面临机遇与挑战并存的局面。一方面，新自由主义世界体系逐渐没落，弊病丛生

---

① See Josefina L. Martínez, Coronavirus：Working－Class Internationalism as an Antidote to the Crisis, https：//www. leftvoice. org/coronavirus－working－class－internationalism－as－an－antidote－to－the－crisis, March 23, 2020.

的资本主义陷入彷徨期,为世界左翼力量宣传和提供社会主义方案创造了有利条件。另一方面,在西方现有的政治格局下,各共产党和工人党的力量仍然弱小,加上民粹主义、种族主义、孤立主义不断抬头并且合流,使得面临的政治环境更加恶劣,斗争形势也更加复杂。而且在争取资本主义政府公共政策左转的过程中,各国共产党和工人党虽然在某些政策上与社会党和民主社会主义者有共同的目标,但在自身弱势的情况下很有可能会被分流掉大批支持者,动摇群众基础,加剧左翼阵营的内耗。在资本主义处于徘徊期,中国特色社会主义进入新时代的背景下,各国左翼力量如何提升理论和实践水平,寻找到适合本国国情的发展方式,仍然任重道远。

本文已发表在《马克思主义研究》2020年第7期

马克思和恩格斯关于社会公共卫生危机的论述及当代启示
——渡边雅男教授访谈

申文昊[*]

申文昊 渡边教授,您好,如您所知,新冠肺炎疫情席卷全球,并且现在还在持续蔓延,这让全人类遭受了一场前所未有的公共卫生危机。同时,世界经济发展形势也深受影响,停工停学、居家防疫等措施促使我们不断调整经济发展模式。由疫情引发的问题,除了经济停滞以外,还有诸如种族主义、阶层分化等政治失稳、社会撕裂、地区分隔的深层社会问题。那么作为日本学界的马克思主义学者,您是如何从马克思主义的立场去理解这些社会问题的呢?

渡边雅男 面对这次由新冠肺炎疫情引起的一系列世界范围的社会问题,我想说,这种传染病社会风险的问题由来已久,并不始发于此次的新冠肺炎疫情。在人类历史长河中,可以说病毒常与人类同在。早在马克思和恩格斯的时代,传染病就已是威胁人类社会、令人恐惧的存在了。霍乱就是典型的例子。作为《纽约每日论坛报》的通讯员,马克思曾在 1853 年 8 月 5

---

* 申文昊,北京航空航天大学马克思主义学院讲师。

日的一篇报道中写道："柴明达尔制度和莱特瓦尔制度，再加上盐税，同印度的气候结合到一起，就为霍乱这种毁灭性的灾难的流行造成了适宜的环境，这种灾难正在由印度向西方世界猛扑"，并评论说："这真是人类的灾难和罪恶互相影响的惊人的可怕的事例！"①马克思当时就尖锐地指出，正是英国殖民地体制的压迫导致了霍乱在当地的迅速流行。

恩格斯也在其著作《英国工人阶级状况》中揭示了公共卫生现象暴露的阶级问题。他敏锐地指出，传染病风险的问题是阶级斗争的急迫课题。由此我们可以得知，传染病风险也是马克思和恩格斯时代的现实问题。

申文昊 在马克思和恩格斯那个时代，人们就已经认识到，面对霍乱这种既没有特效药，也尚未开发疫苗的传染病，人类的致死率是非常高的。现在，我们已经经历过第一波新冠病毒的袭击了，也可以感同身受地理解当时的人们在面对这种未知的大型传染病时心里的那种不安和焦躁。在人类被未知传染病侵袭的当下，这种共鸣也许会引导我们对马克思主义有更新的理解。我们是否可以回顾一下马克思和恩格斯是如何看待您说的这种传染病风险问题的？或者我们现在也可以称之为社会公共卫生危机。马克思和恩格斯又在这些社会现象背后，看到了哪些具体的问题？

渡边雅男 关于马克思和恩格斯的观点，我们可以重读他们的著作，从这些经典文本中找出他们对传染病风险问题的探讨和应对策略。

最经典的就是恩格斯在 1845 年写就的《英国工人阶级状况》，以及1872—1873 年他为批判蒲鲁东主义而写作的《论住宅问题》。《英国工人阶级状况》曾被列宁称作"是对资本主义和资产阶级的极严厉的控诉"②，是青

① 《马克思恩格斯全集》(第 9 卷)，人民出版社，1965 年，第 245 页。
② 《列宁专题文集·论马克思主义》，人民出版社，2009 年，第 55 页。

年恩格斯的里程碑式作品。恩格斯在这本书里生动地描写了当时英国工人阶级恶劣的生活条件,揭露了当时的工人阶级暴露于非常危险的传染病风险之中的现实。关于马克思的著作,最经典的当属《资本论》了,它是我们了解传染病风险理论的最佳途径。

申文昊　那么我们先从哪部著作开始解读?

渡边雅男　可以先看看恩格斯的《英国工人阶级状况》,其中令人震撼的是,恩格斯把传染病风险称为"社会性杀人"。他是这样说的:"如果一个人伤害了另一个人的身体,而且这种伤害引起了被害人的死亡,我们就把这叫作杀人;如果加害者事先知道这种伤害会致人以死命,那么我们就把他的行为叫作谋杀。但是,如果社会把成百的无产者置于这样一种境地,使他们不可避免地遭到过早的非自然的死亡,遭到如同被刀剑或枪弹所杀害一样的横死,如果社会剥夺了成千上万人的必要的生活条件,把他们置于不能生存的境地,如果社会利用法律的铁腕强迫他们处在这种条件之下,直到不可避免的结局——死亡来临为止,如果社会知道,而且十分清楚地知道,这成千上万的人一定会成为这些条件的牺牲品,而社会还让这些条件存在下去,那么,这也是一种谋杀……社会知道这种状况对工人的健康和生命是多么有害,却一点也不设法来改善这种状况。社会知道它所建立的制度会引起怎样的后果,因而它的行为不单纯是杀人,而且是谋杀……这一点就得到了证明。"①

在这令人震撼的一节的注释中,恩格斯从理论上说明了为什么这种不作为导致传染病风险是"社会性杀人":"当我说到社会这样一个有自己的权利和义务的负有责任的整体时,我所指的当然是社会的权力,即这样一个阶级,这个阶级目前拥有政治和社会的统治权,从而同时应该对那些它没有赋

---

① 《马克思恩格斯文集》(第一卷),人民出版社,2009 年,第 408~409 页。

予参政权的人的状况负责。在英国像在其他文明国家一样，这个统治阶级就是资产阶级。但是，社会，特别是资产阶级，有责任至少保护每个社会成员的生命。"①而这一情况在德国也同样存在。

恩格斯认为，统治者应当担负起作为统治阶级的社会责任，他们独占权力时也应承担所附带的义务。放弃这个义务，对社会成员的生命疏于保护，不正是"社会性杀人"吗？这就是统治阶级对人们的压迫，恩格斯发出了这样的控诉。也就是说，传染病导致的死亡是"社会性杀人"。

恩格斯作为最直接的社会观察者，通过亲身感受证实了这种控诉。他深入了解当时英国的大城市，体察大城市的黑暗，观察到人口的高度集中会引发的社会现实问题。人口的（高度）集中让城市居民的肉体受损和精神衰弱，压抑了居民的生命力。具体来说，人口的过分集中给该地区的大气环境带来了有害影响。恩格斯这样记录道："大城市工人区里的垃圾和死水洼对公共卫生造成最恶劣的后果，因为正是这些东西散发出制造疾病的毒气；至于被污染的河流，也散发出同样的气体。"②在伦敦、曼彻斯特、爱丁堡、格拉斯哥与爱尔兰蔓延的伤寒，都给恩格斯留下了深刻印象。

申文昊　所以恩格斯关注的是劳动者的这种密集的居住环境，是吗？

渡边雅男　是的。他在文中这样表述："虽然肺结核在北部的工厂城市每年也都要夺去不少人的生命。同肺结核同样可怕的疾病，除了其他肺病和猩红热，首先是一种在工人中间发生的最有毁灭性的疾病——伤寒。根据官方关于工人阶级卫生状况的报告，这种到处蔓延的灾害是直接由于住宅的通风、排水和卫生的恶劣状况引起的。……这种疾病在一切大城市的

---

① 《马克思恩格斯文集》（第一卷），人民出版社，2009年，第408页。
② 同上，第410页。

工人区,甚至在较小的地方的某些房屋质量很差而又维护得不好的街区都可以发现,而蔓延得最广的是在贫民窟,当然,在条件较好的地区也会有个别的患者。"①

不仅伤寒是这样,1832 年曼彻斯特的霍乱也是如此。② 要说资产阶级所谓的应对策略,那就是"卫生警察所表现的那种异乎寻常的积极性"③。恩格斯也对这种表面工作进行了记录。④ 随着经济社会的进一步发展,传染病的风险也会增加。大城市中霍乱的集体性暴发,其背后是否存在社会性质的变化?恩格斯总是能看到现象背后的本质:在"一盘散沙的社会"⑤中,工人阶级的"这种生活方式自然会引起很多疾病"⑥,甚至疾病的集体性暴发。从这个意义上来说,恩格斯确实具有洞穿近代社会现实的能力。

申文昊 恩格斯所说的伦敦热病的流行,⑦也令当时的人们记忆深刻。

渡边雅男 是的。正因为居住在斯比脱非尔兹的丝织工陷入"周期性的极端贫困",而"他们又非常积极地参加英国的,特别是伦敦的一切工人运动这一事实,就证明他们现在也还没有理由满意自己的状况。压在他们头上的贫困引起了热病,这种病蔓延到伦敦的东部,并且促成了工人阶级卫生状况调查委员会的成立"。⑧

申文昊 恩格斯认为贫困和疾病有着密切的关系。换言之,贫困使社

① 《马克思恩格斯文集》(第一卷),人民出版社,2009 年,第 412 页。
② 参见《马克思恩格斯全集》(第 2 卷),人民出版社,1957 年,第 346 页。
③ 《马克思恩格斯全集》(第 2 卷),人民出版社,1957 年,第 346 页。
④ 参见《马克思恩格斯全集》(第 2 卷),人民出版社,1957 年,第 330、341~342 页。
⑤ 《马克思恩格斯全集》(第 2 卷),人民出版社,1957 年,第 357 页。
⑥ 同上,第 356 页。
⑦ 参见《马克思恩格斯全集》(第 2 卷),人民出版社,1957 年,第 432 页。
⑧ 《马克思恩格斯全集》(第 2 卷),人民出版社,1957 年,第 485 页。

会底层暴露在传染病风险中，而他们又不得不在这种环境中长期生活。这与我们当前的处境也有类似之处。

渡边雅男　是的。这种社会风险最大的特征在于，这些疫病具有很强的传染性。恩格斯在《论住宅问题》中经常提到这种传染性的风险。伤寒、霍乱、天花等疫病的传播，也就是传染病风险的蔓延，不仅袭击了社会上最无防备的人们，比如工人阶级，还扩展到了统治阶级。

"现代自然科学已经证明，挤满了工人的所谓'恶劣的街区'，是不时光顾我们城市的一切流行病的发源地。……资本家政权对工人阶级中间发生流行病幸灾乐祸，为此却不能不受到惩罚；后果总会落到资本家自己头上来，而死神在他们中间也像在工人中间一样逞凶肆虐"，因为这些疾病必然会传播到资本家们居住的卫生状况良好的地区，"当这一点由科学查明以后，仁爱的资产者便宽宏大量地争先恐后地关怀起自己工人的健康来了"。①

申文昊　恩格斯在这里说的这句"死神在他们中间也像在工人中间一样逞凶肆虐"，这句话也令人印象十分深刻。

渡边雅男　是的。正如这句话所言，统治阶级只有到了不得不做的地步，才会采取政治行动来进行防疫工作。"凡是想再度当选的市政委员，都不敢投票赞成把这个法律应用于自己的选区。……英国每届自由主义政府所奉行的原则，都只是迫于极端必要才提出社会改革法案，至于已经存在的法律只要有可能就根本不去执行。"②

申文昊　通过您对恩格斯经典文本的相关介绍，我们大致了解了他对

---

① 《马克思恩格斯文集》（第三卷），人民出版社，2009 年，第 272 页。
② 同上，第 298 页。

资产阶级应对传染病策略的理解。马克思的观点又是怎样的？马克思的传染病风险理论与恩格斯的又有什么区别呢？

渡边雅男 恩格斯在生活环境层面指出了传染病风险的社会症结（住宅问题），马克思则不仅仅将其归结为住宅的问题，而且在劳动环境层面看到了问题的本质。如果说恩格斯采用"社会性杀人"这一骇人的词语来控诉，那么马克思则使用了"空间的剥夺"这一词语来指证。

所谓"空间的剥夺"就是指工人阶级在"三密"环境中生活。这里所说的"三密"是指劳动环境的"密闭""密集"和"密切"，即空间密闭、人员密集、接触密切。这几个词语是新冠病毒的第一波流行期日本政府为防止集体感染而提出的标语。为了防止感染扩大，日本政府呼吁日本国民避免"三密"。这意味着日本政府正式承认了劳动环境的"三密"（即劳动条件的匮乏）会导致传染病蔓延。如果不改变劳动方式，就不能防止劳动者被感染。但是与日本政府紧急关头下不得不承认相比，马克思早在《资本论》中就指出这种"三密"与传染病风险的密切关联。

马克思是这样表述的："室内劳动。大家知道，空间的节约，从而建筑物的节约，使工人拥挤在狭小地方的情况多么严重。此外，还有通风设备的节约。这两件事，再加上劳动时间过长，使呼吸器官的疾病大量增加，从而使死亡人数增加。""工人的结合和协作，使机器的大规模使用、生产资料的集中、生产资料使用上的节约成为可能，而大量的共同劳动在室内进行，并且在那种不是为工人健康着想，而是为便利产品生产着想的环境下进行，也就是说，大量的工人在同一个工场里集中，一方面是资本家利润增长的源泉，另一方面，如果没有劳动时间的缩短和特别的预防措施作为补偿，也是造成生命和健康浪费的原因。"[1]

---

[1] 《马克思恩格斯文集》(第七卷)，人民出版社，2009年，第106页。

他认为，问题的本质正在于这种劳动环境中的密集也就是对劳动空间的剥夺："生产资料的节约只是在工厂制度的温和适宜的气候下才成熟起来的，这种节约在资本手中却同时变成了对工人在劳动时的生活条件系统的掠夺，也就是对空间、空气、阳光以及对保护工人在生产过程中人身安全和健康的设备系统的掠夺，至于工人的福利设施就根本谈不上了。傅立叶称工厂为'温和的监狱'难道不对吗？"①

被夺走的东西必须要拿来。马克思已经精确到了"要夺回多少空间才好"的具体问题。按照现代的说法，就是换气的必要性（避开"三密"的基准）。

"我们一再指出，英国的医生曾异口同声地宣布，每人起码要有 500 立方英尺的空间才能持续地工作。……法律关于工场中的每个工人应占有必要空间的强制规定，就会一下子直接剥夺成千上万的小资本家！就会动摇资本主义生产方式的根基，也就是说，会破坏大小资本通过劳动力的'自由'购买和消费而实现自行增殖。……他们实际上就是宣布，工人的肺结核和其他肺部疾病是资本生存的一个条件。"②

马克思在这一记述后，又补充了注，主张"每个人至少应该保持 800 立方英尺"。"我们从经验中发现，一个中等健康的人每次呼吸通常大约要消耗 25 立方时空气，而每分钟大约要呼吸 20 次。所以，一个人在 24 小时内所消耗的空气约为 72 万立方时或 416 立方呎。我们又知道，呼吸过的空气在自然大工场内经过净化以前，是不能再用于呼吸过程的。根据瓦伦亭和布朗纳的试验，一个健康的人看来每小时呼出的碳酸气约为 1300 立方时；这就等于说，在 24 小时内从肺中排出的，约合 8 盎司固体碳素。'每人至少应该有 800 立方呎。'（赫胥黎）"③

---

① 《马克思恩格斯文集》（第五卷），人民出版社，2009 年，第 491~492 页。
② 同上，第 554~555 页。
③ 《马克思恩格斯全集》（第 23 卷），人民出版社，1972 年，第 529 页。

马克思还认为，并不是确保了劳动空间就可以了，还有些工作场所本身就潜伏着传染病源。"我们知道，大不列颠不仅自己拥有无数的破布，而且还是全世界破布贸易的中心。破布从日本、遥远的南美各国和加那利群岛流进来。但是，它的主要供应来源是德国、法国、俄国、意大利、埃及、土耳其、比利时和荷兰。破布用于做肥料、床垫、再生呢绒，还当做造纸的原料。这些清理破布的女工是传播天花及其他传染病的媒介，而她们自己就是这些疾病的最先的牺牲者。"①

申文昊 从劳动者的生活环境、劳动环境分析劳动者与资本家或者说统治者阶级在风险暴露层面的差异性，可以看到，社会不同阶层面对同样的公共卫生危机时，面临的风险等级是不同的，劳动者更容易被感染，更何况两者的保障手段也不一样，抵御风险的能力差异巨大。那么我们要怎样把这些经典作家的分析、对过去的认知，和当下的教训联系在一起呢？

渡边雅男 关于这个问题，我们可以先来听听当前两位专家的意见。其中一位是美国国际开发署新兴流行病威胁计划主任、流行病学专业的丹尼斯·卡罗尔博士，另一位是法国人口学家、历史学家埃马纽埃尔·托德博士。日本的报纸刊登了对这两位学者的采访，从报道中我们可以看出，这两位学者都看到了问题背后的共同因素，即全球化的影响。首先，我们看一下卡罗尔的观点，他的说法被自然科学的推论所证实，颇具深意。在被问到"如何看待新冠病毒"时，他回答道："新冠病毒的基因组与引起 SARS 和 MERS 的冠状病毒相似，都是从蝙蝠等野生动物身上传染给人类，并没有出乎我们的预料。今后应该还会有更多的病毒从动物转移到人类身上。"至于原因，他接着说："由于世界人口的急剧增加，耕地扩大和城市化导致森林砍

---

① 《马克思恩格斯文集》(第五卷)，人民出版社，2009 年，第 533 页。

伐等现象持续存在，拥有病毒的野生动物与人类的距离越来越近，人类感染病毒的风险也越来越高。还有，全球化的影响也很大，人口在全世界流动，病毒也会随之扩散。新冠病毒就是典型例子。"①

人口学专家托德博士则从社会科学的角度看待此问题。在对他进行采访的 2020 年 5 月末，法国迎来了医疗崩溃的危机，新冠病毒感染的扩大给人们带来了巨大的冲击。面对这种危机，托德说："现在法国的危机，有很大一部分原因是近 30 年来的政策导致的。法国致力于发展新自由主义经济，却在保障人们生活的医疗系统上削减资源。最终导致人工呼吸器、口罩及老年人的看护设施等储备不足。法国正在退回到发展中国家水平，而新冠病毒将这个现实摆在了眼前。"②

申文昊 托德所说的法国"近 30 年来的政策"，指的是以撒切尔-里根-中曾根为代表的新自由主义政策吗？战后资本主义国家的政策发生了方向性变化，从而加剧了贫富差距的全球化。可以说，这是一个资本家公开放弃对劳动者的保护责任的时代，是资本攻势不断增强、弱肉强食白热化，并且还抛弃了社会福利外衣的时代。近年来，这样的资本活动成了被批判的对象，当然也会出现一些为之辩解的声音，比如"发生了社会突发状况""出乎预料"之类的，以此来掩盖这些社会性问题背后所反映出来的新自由主义政策的失误。

渡边雅男 是的。针对这个现象，托德直言不讳地指出："面对过去 SARS 和埃博拉出血热等社会公共卫生危机，早就有专家敲响了警钟。很多

---

① 参见"ウイルス・ハンターが受けた衝撃 新型コロナ出現よりも"，《朝日新闻》，2020 年 5 月 16 日。

② 参见"「コロナで不平等が加速する」エマニュエル・トッド氏"，《朝日新闻》，2020 年 5 月 20 日；"（インタビュー）「戦争」でなく「失敗」新型コロナ 歴史家・人口学者、エマニュエル・トッドさん"，载《朝日新闻》，2020 年 5 月 23 日。

国家面临的医疗崩溃,就是无视警告、优先'最后关头'的后果。"托德认为,这种事态不是"出乎预料",而是"设想内"的结果。他甚至断言:"我们应该考虑的不是有什么新事态发生,而是已经发生的变化。"我也同意这个观点。当被问到"在新冠病毒危机中,我们到底该反思什么"的时候,托德说:"我们已经明确了,无论金钱的走向如何全球化,在紧急时刻也无法保护我们的生活。"①也就是说,在过去的30年里,将国家的命运托付给新自由主义的经济政策,是一条错误的道路。

申文昊 是的,从21世纪以来的几次全球性流行病情况来看,也确实如托德分析的那样,发达国家中的劳动人民,以及全球化背景下那些欠发达国家的人民,并没有被新自由主义经济构筑的围栏保护起来,相反,他们身陷社会公共卫生危机的第一线,承受着最大的冲击和病痛。那么回到新冠肺炎疫情的蔓延问题,我们探讨了马克思和恩格斯的经典理论,也听取了您对当代多种观点的分析。围绕传染病风险的历史,我们温故知新,我觉得背后可能隐藏了一些重大的社会本质问题。您认为传染病风险暴露出的最本质、最重要的问题是什么?

渡边雅男 如今,我们正站在走向文明还是野蛮的岔路口。人类不能停止合目的性的活动,因为人不能停止作为人的觉醒和前进,不能回到进化的最初原点。理解为什么会发生无法停止的合目的性活动,这点很重要。让自然为自己的目的服务,从而人类或者说是人类的集团就产生了支配自然的错觉,而这种观点本来就是错误的。人类"支配"自然只不过是个玩笑。想要消灭掉病毒之类的想法,不过是人类的一厢情愿罢了。越是大规模地

① 参见"「コロナで不平等が加速する」エマニュエル・トッド氏",《朝日新闻》,2020年5月20日;"(インタビュー)「戦争」でなく「失敗」新型コロナ 歴史家・人口学者、エマニュエル・トッドさん",《朝日新闻》,2020年5月23日。

"支配"自然，对人类来说，带来的反作用就越严重。那么我们从中必须接受的教训是，"我们连同我们的肉、血和头脑都是属于自然界，存在于自然界的"，并且我们也不应当忘记我们"自身和自然界的一致"。①

从 20 世纪末全球自然环境的恶化，以及 21 世纪初开始的 SARS 和 MERS 的大规模流行，到如今的新冠肺炎疫情，越来越多的人意识到这是人类自己导致的自然之祸和社会之祸。从 19 世纪恩格斯的尖锐指控到今天，已经过去了一个多世纪，人类终于达成了共识。只是最棘手的问题在于，在不断以史为鉴的人类发展历程中，像这样的挑战还会出现，反复失控的人和势力至今仍然掌握着权力。新冠肺炎疫情的蔓延和由此引发的传染病风险的扩大，再次将这样的事实摆在了人类面前。如何与这些势力斗争、如何控制权力、如何消除其影响力，这些都是社会面临的重要问题，迫切需要彻底的反省。全球性风险变成了现实，正威胁着我们的文明和生命。

人类在自然环境中生存，支配自然并超出所需地浪费自然资源，同时也畏惧来自自然的报复，这大概就是人类文明的样态。通过浪费"劳动者的生命和健康"这一"内在的自然"而达到的文明，正是由被浪费的自然资源和环境这一"外部的自然"所支撑着。浪费的代价就是"自然的复仇"会不定期地以不同的姿态暴发。

"我们不要过分陶醉于我们人类对自然界的胜利。对于每一次这样的胜利，自然界都对我们进行报复。每一次胜利，起初确实取得了我们预期的结果，但是往后和再往后却发生完全不同的、出乎预料的影响，常常把最初的结果又消除了。"②恩格斯在 19 世纪就已经给出这样的警告，时至今日重新回响在我们耳畔。如果想抵御这种风险和自然的"复仇"，"还需要对我们

---

① 《马克思恩格斯全集》（第 20 卷），人民出版社，1971 年，第 519~520 页。
② 《马克思恩格斯文集》（第九卷），人民出版社，2009 年，第 559~560 页。

现有的生产方式,以及和这种生产方式连在一起的我们今天的整个社会制度实行完全的变革"①。

我们人类每次"征服"自然都会引发"意想不到的自然结果",过去的生态学风险是这样,现在的流行病风险也是如此,因此应该引起我们的注意了。每次面对意料之外的事态,人类都应该意识到是自然在向人类"复仇"。如果在面对"复仇"的灾祸时,人类各个社会阶层还在不平等的意义上被折磨的话,那么我们不仅要应对自然的"复仇",还要对社会的"复仇"给予足够的关注。② 其中,避免失控的慎重、回头反思的勇气和活用教训的智慧是不可或缺的。如果连这些都忽略了,"复仇"的灾祸会以无法挽回的规模袭击全人类。由此,被权力所保护的人会越来越少,在权力堡垒之外的人会越来越多,社会资源分配的不平等会日益加剧。

申文昊 是的,所以说人类在活动时必须"认识到在那时起,遥远的将来当然会发生的自然的结果"。作为人类,我们完成了从自然史到人类史的飞跃,但我们仍然需将此铭记于心,沿着这条路继续走下去。

本文已发表在《马克思主义与现实》2020 年第 6 期

---

① 《马克思恩格斯全集》(第 20 卷),人民出版社,1971 年,第 521 页。
② 渡边教授在访谈中一再强调,在关注"自然的复仇"的同时,务必不要忘记其背后所蕴含的阶级不平等问题。关于"社会的复仇",参见渡边雅男:《现代资本主义社会的危机、阶级和全球化——对贝克"自反性现代化"的方法论反思》,《政治经济学评论》,2019 年第 6 期。

让-吕克·南希在疫情中对人的存在的三重思考

林修能*

新冠肺炎疫情的到来引发了当代众多哲学家的思考，法国著名哲学家让-吕克·南希无疑是其中极为重要的一位。自疫情暴发以来，南希频频表达自己对疫情的看法，他与阿甘本、埃斯波西托等人都有过思想交锋，以其深厚的现象学功底和存在主义视角对疫情肆虐下的人类生存处境阐发了独特的思考，在生命的最后一段时间为人类世界留下了宝贵的精神财富。

综观南希关于新冠肺炎疫情的思考，不难发现其关涉的重点在于面对灾难时人的生存境况，但是这种生存境况不是新自由主义者关注的人类经济处境，也不是阿甘本等人关注的人类政治处境，而是更根本上的"人的存在"：关涉个人生命、人际关系甚至是人类文明。当自由主义者一度怀疑政府管控行为的合法性，怀疑社会救治行为的经济性时，当生命政治的批判者怀疑政府在疫情中可能存在的权力过度扩张时，南希提出"新病毒主义""病毒性例外""太人性的病毒""共通病毒"等一系列独创性概念加以回应。依托南希自疫情暴发以来所写的相关文章与访谈资料，可以勾勒出他对新冠肺炎疫情下人类处境与未来的思考，这对我们认识人类的整体性存在、理解

* 林修能，北京大学马克思主义学院博士研究生。

灾难中的人类处境及应对方式有着重要的启发价值。

一、疫情中的新自由主义与生命政治学

南希所处的法国一度显露出疫情失控的无序,而欧洲其他哲学家在疫情中所频频强调的新自由主义理论、生命政治批判成为南希关切的热点。南希一直不支持新自由主义和生命政治的主张,他在疫情中多次进行了回应。

新自由主义者往往试图从经济介入生命。自启蒙运动运动以来,人类不断抬高理性的地位,而自由主义的出现与新自由主义的发展使得人类逐渐陷入了这样的思考模式:将人类划分成一个个的个体,个体之间彼此独立、相互隔绝,在此基础上人类对自身进行谋划,通过经济的计算来发扬理性,并将这种思维模式和谋划方式无限扩展。这种思维模式本质上是自由主义经济学假设对社会问题无限拓展分析的结果。而当人类的生存遭到疫情这样的巨大灾难冲击的时候,人类为自己的自负付出了代价,自由主义文明也显示出应对灾难无力而互相推诿、不负责任的一面。南希将新自由主义学者在疫情中不切实际的言论称为"从健康的角度转录了经济和社会的新自由主义主张"[①]。这些主张包括:停止隔离以减少经济成本损失,通过牺牲老人和弱小者来"增强种族"。很明显,"新病毒主义"的出发点是对新自由主义经济秩序的维护,他们无法忍受疫情重击下的种种限制,并将国家对老人和弱者的优先救助视为无效率的经济行为,因此走向了反人性的极端。因此,南希正是力图打破这种困扰人类许久的自由主义思维,以疫情为契机重新反思人的存在方式。

---

① Jean – Luc Nancy, du neoliberalisme au neoviralisme, https://www. liberation. fr/debats/2020/05/10/du – neoliberalisme – au – neoviralisme_1787957/.

生命政治的主张者则力图从政治介入生命。生命政治学强调政治对生命的介入，因此在疫情之中会频频质疑政治管控的正当性问题，担心这将导致法权悬置的"例外状态"，甚至将疫情灾难视为政府构建的谎言。在这种极端怀疑论的思想影响下，欧洲疫情的频频失控让南希感到痛心。他直言："在中国，人们已经处在市场和抗疫的秩序之中。而在欧洲，人们仍陷于国家之间与呼吸之间的无序里"，而这一切的原因是"在欧洲，传统意义上的推诿、怀疑论或自由精神要比其他地方拥有更多的位置。这是对放纵和极端自由的理性的继承"。① 南希在给埃斯西托波的回应中直言："'生命'和'政治'在今天都不是精确术语，所以我坚决不使用'生命政治'一词。"②但更为重要的反对理由在于南希看到了疫情中"生命和政治共同向我们发起挑战"③。他认为，生命政治学的研究在疫情之中显示出了无力的学科中心主义，因为真正威胁生命的已然不是政治，而是现实的疫情灾难，而在灾难的冲击下，各种政治实体也出现了深刻的危机，因此抛开现实来谈论生命政治只会是一种脸谱化的迷思。

南希与新自由主义者、生命政治主张者都不一样，他在疫情中尝试从"存在"介入"生命"。南希在疫情中的哲学思考给予了世界三点有益启发：第一，从灾难中人的死亡出发，思考人的存在的自然性；第二，从灾难中技术崇拜的破灭出发，反思人的存在的有限性；第三，从灾难的集体属性出发，思考人的存在的共通性。

---

① Jean – Luc Nancy, un virus troppo umano, https：//antinomie. it/index. php/2020/03/20/un – virus – troppo – umano/.

② Jean – Luc Nancy, "Riposte to roberto esposito" in Coronavirus, Psychoanalysis, and Philosophy: Conversations on Pandemics, Politics and Society, Scopus, 2021, p. 30.

③ Jean – Luc Nancy, un virus troppo umano, https：//antinomie. it/index. php/2020/03/20/un – virus – troppo – umano/.

二、死亡设定人的存在的自然性

自海德格尔以来，存在主义哲学家对"死亡"寄予了很高的哲学期待，灾难给予人类最大的直观冲击就在于无数生命的流逝，这也是刺激南希思考的最直接现实。南希直言："病毒使我们回忆起死亡的必然。"①死亡对于每一个个体而言都意味着生的终结，但是对于人的整体而言则是一种存在的必然性，这种必然性或许在一些人看来仅仅是经济规律，是人口的平衡计算，但是这种看法将带来对生存本身的漠视。南希看到在疫情之中出现了一部分新自由主义者主张国家放弃对患者全力救治以挽救经济、放弃对疫情进行管控以保障自由的言论，甚至出现了诸如"清算无用的老人以加强物种"的极端论调。② 他将这一部分新自由主义者在疫情中的主张称为"新病毒主义"："从健康的角度转录了经济和社会的新自由主义主张。"③但是厘清这些论调的核心基础仍然是必要的，南希指出："当这些新病毒主义学者污名化一个无法忍受死亡的社会时，他们忘记了曾经与死亡建立牢固联系的所有自然和超自然关系都消失了。技术科学已经打破了自然和超自然。我们不是弱者，相反，我们想象我们已经成为全能的。"④也就是说，"新病毒主义"的出现是技术理性统治下的必然结果，在技术科学的进步和使用过程中，人类自认为是一种超自然的存在，因此遗忘了自身存在的自然性。然而死亡的客观存在设定了人类的自然性，"一个无法忍受死亡的社会"本身才是符合人的自然性的社会，是人敬畏生命的表现，但是而今这样的社会却被新自由主义者"污名化"了，他们质疑这种社会救治的经济性和卫生管控的正当性，背后其实是对自身自然性的否定。

---

① ［法］让-吕克·南希：《恶，力量》，小乌尔姆译，http://xueshu. blogchina. com/981238914. html。
②③④　Jean - Luc Nancy, du neoliberalisme au neoviralisme, https://www. liberation. fr/debats/2020/05/10/du - neoliberalisme - au - neoviralisme_1787957/.

从生与死的关系来看，人和其他生物一样终将面临必然死亡的时刻，因此都是一种自然存在者，是大自然的一部分。但是人类却存在着一种超越"自然性"的冲动，那就是"人性"，这个语境下的"人性"也可以将之恰当地理解为一种"过度的理性"。"过度的理性"往往进行着无止境的扩张追求，认为人类自身是超越的、不朽的，相信可以通过技术计算来统治自然、肆意改造世界。在"过度的理性"的指导下，人以技术为征服自然的手段，但是在这个过程中却遗忘了人类也是自然的一部分，遗忘了自身的自然性。死亡作为人类的自然价值，被大量的其他理性价值掩盖了，人们对于自由很关心、对于经济发展很关心，但是对于自身的生存却漠不关心，甚至在灾难面前不惜用经济逻辑代替生命存在的自然需求来进行政策安排。从本质上来说，这些人遗忘了死亡，认为技术已经万能到可以肆意打破自然规律，认为人类的经济逻辑优先于生存逻辑，陷入了一种超自然的无知之中。

南希正是看到了疫情中人们过于崇尚政治自由、强调技术理性而对死亡缺乏敬畏，因此将新冠病毒称为"一种太人性的病毒"："现如今，大多数疾病是内生性的，是由我们的生活、物质和毒性条件引起的"，"曾经神圣的东西已经变成了人性的，甚至正如尼采所说'太人性的'……人性被其自身引发的事件和状况所超越，人类最终陷入到了一种人性的泥潭之中"。[1] 在这里南希援引了尼采的话，因此"太人性的"这一表述类似于尼采的人不断改善、扩大、增长、超越自身的生命力的观点。[2] 南希要反思的就是这种"人性"的过度扩展。正是因为过度理性的这种狂妄、自大，以为技术可以控制一切，所以当面对病毒的扩张与造成的秩序崩溃时，显示出了惊慌失措，甚至

---

① Jean – Luc Nancy, un virus troppo umano, https://antinomie. it/index. php/2020/03/20/un – virus – troppo – umano/.

② 参见［德］尼采：《权力意志——重估一切价值的尝试》，张念东、凌素心译，商务印书馆，1991年，第125页。

暴露出了互相推诿、怀疑、犹豫的人性泥潭之中。而要走出这一切,就必须认识到这种病毒是对生存的直接威胁,要放下争执和政治怀疑,坚持生命的重要性和至高无上:"人们还想要活下去,这在目前是合理的。我们还可以为一个动机而死:医生与护士们已经这么做了。他们的动机,是我们的生命。"①

当我们将生存的自然性摆在首位之后,就将认识到,"病毒"本身才是人的生存的最大的"例外":"不应该搞错目标:毫无疑问,现在涉及的是一整个的文明。有一种病毒性的——生物的、信息学的、文化的——例外,是它在我们中暴发开来。"②而南希从疫情这场灾难中得到的最大启发就在于人类的死亡设定了人类的自然性,因此在疫情之中关切人的存在的最首要要求就在于时刻将自然性摆在首位,敬畏死亡、敬畏生命。当阿甘本声称新冠肺炎疫情是"为无限拓宽例外状态提供理想的借口"③、"新病毒主义"学者主张放任自由时,必须时刻警醒这种"太过人性"的言论最后导向的只会是"非人性"。必须认识到人是无法被经济计算所衡量、被政治计算所支配的一种自然存在,我们必须服从政治安排以巩固防疫秩序;在经济上反对新自由主义向无限领域的扩张,坚持生命至上的经济取向。

三、技术崇拜的破灭揭示人的存在的有限性

人是一种有死的自然存在,这意味着人的存在必须受到自然规律的客观支配。当我们试图追求无限超越的"人性"的时候,我们往往会陷入对某种人造物、人造技术的崇拜之中,从而遗忘了自身的本真属性。技术崇拜本身

---

① Jean - Luc Nancy, La pandémie reproduit les écarts et les clivages sociaux, https://www.marianne.net/culture/jean - luc - nancy - la - pandemie - reproduit - les - ecarts - et - les - clivages - sociaux.

② Jean - Luc Nancy, Eccezione virale, https://antinomie.it/index.php/2020/02/27/eccezione - virale/.

③ Giorgio Agamben, Lo stato d'eccezione provocato da un'emergenza immotivata, https://ilmanifesto.it/lo - stato - deccezione - provocato - da - unemergenza - immotivata/.

造成了人类的自负与对自然的漠视,更重要的是,这种崇拜与自负往往成了加剧灾难的助推力,因此或许新冠病毒本身是偶然、例外的存在,但是新冠肺炎疫情带来的灾难却因为技术崇拜的存在而有其必然性。南希认为:"卫生危机是一个极富表现力的扭转我们历史的形象……我们必须意识到正是人制造了人类的恶。"①南希在这里认为,整个世界秩序存在的卫生危机、环境污染等问题其实都是彰显了"恶"的秩序,而这种秩序并非自然产生,而是根源于人类过于自负的谋划。而在这种谋划的过程中,起到巨大推力作用的是对于科学技术的过分崇拜,"从某一刻起,曾经对世界(领土、资源、力量)的征服已经转变为对新世界的创造。新世界这一表述不仅仅指向美洲,而且还意味着世界已经成为技术科学的创造物,这种技术科学似乎就是上帝"②。也就是说,当人类逐渐不满足于占有现实的世界、开始转向利用技术改造世界的时候,技术崇拜本身也得到了发展,技术赋予了人类改变现实、创造新世界的能力,但同时也给了人类过于自信的全能幻觉,仿佛现代科学技术已经是万能的,人类可以超越自然、走向无限。但是这场疫情恰恰打破了这种迷思,一方面,病毒的存在本身彰显了人类知识的匮乏;另一方面,居高不下的感染人数、死亡人数也显露出医学技术仍有很大的发展空间。

在这里,技术崇拜不仅指科学技术崇拜,还指向一种政治技术崇拜。当阿甘本等人时刻提防政治对生命的管控时,其实恰恰陷入了对政治技术的崇拜,虽然这种崇拜往往以批判性的视角反映出来。然而在现实中,这种政治技术崇拜受到了两重冲击:首先,政治技术是现代世界的一种稳定的规则,并不是在灾难中无限拓展的例外存在。南希批判阿甘本的一个重要观点就在于"阿甘本所说的这种例外状态实际上在这样的一个世界中成了一

---

①② [法]让-吕克·南希:《恶,力量》,小乌尔姆译,http://xueshu. blogchina. com/981238914. html。

种规则"①,因此真正的例外是病毒的出现,鉴于"所有的社会都至少管理着健康、出生率和食品中的某些部分"②,当今对疫情的技术管控并非一种越界,所以不应该对这种政治技术的存在表现出过多的提防与批判。其次,疫情灾难显示出政治技术存在的问题不是过多,而是极其不恰当和有限。南希认识到人们在疫情中存在着"对保护的期望与拒绝控制之间的矛盾"③,而在这种矛盾中,人们最终还是需要更多的政治保障与决断。南希极力反对生命政治的批判者所提出的对政治管控的质疑,"因为长期以来,我们都有论辩、困惑和犹豫的习惯。而在世界范围内,处在支配地位的似乎是保障、控制和决断。至少,这是我们在对于世界的想象中可以尝试构建的图景"④。事实上很多时候现实问题难以解决恰恰在于政治强制力在某一必要领域的缺失,因此政治技术最大的问题并不是过多,而是没有在人们需要的领域符合期望。

通过对科学技术崇拜和政治技术崇拜的批判,南希启发我们认识到人的存在的有限性,因此南希才会直言"病毒如放大镜一般暴露了我们自身的矛盾和局限"⑤。这里的矛盾和局限性首先是经济理性的局限性,新冠肺炎疫情彰显了科学技术崇拜和政治技术崇拜的破灭,这就意味着人类建筑在此基础上的、无限扩张的经济理性逻辑并非可靠的真理,我们不应该将经济理性过多地应用于人类世界的社会问题,否则就会陷入无限超越的"太人性

---

① Jean – Luc Nancy, Eccezione virale, https://antinomie. it/index. php/2020/02/27/eccezione – virale/.

② Jean – Luc Nancy, La pandémie reproduit les écarts et les clivages sociaux, https://www. marianne. net/culture/jean – luc – nancy – la – pandemie – reproduit – les – ecarts – et – les – clivages – sociaux.

③ Jean – Luc Nancy, Coronavirus : Seule la démocratie peut nous permettre de nous accommoder collectivement de la non – maîtrise de notre histoire, Le Monde Diplomatique Online (1950 – 6260).

④⑤ Jean – Luc Nancy, un virus troppo umano, https://antinomie. it/index. php/2020/03/20/un – virus – troppo – umano/.

的"泥潭之中。① 其次是一些政治理念的局限性，疫情灾难提醒人们，生命仍然是无比珍贵、只有一次的存在，自由至上、生命政治批判与怀疑论等政治理念在灾难面前必须让位于"生命至上"，这并不是要求权力无限扩张，而是要求政治权力一定要起到必要的保障和决断作用，不能放弃最基本的价值而去追求无限的自由与怀疑。

南希将人的存在摆在思想的首位，其实进一步来看，人的存在的有限性与自然性是紧密关联的。南希提出："必死性设定了我们的界限，我们在确切意义上、在绝对意义上、在无限意义上都是极为有限而非全能的，这就是理解我们存在的唯一方式。"②当人类自认为可以肆无忌惮地支配、改变自然的时候，人类也恰恰遗忘了自身的自然性；当新冠病毒出现的时候，人类发现还有那么多的生命体未被认识，发现医学技术在自然面前显得无比渺小，而人类理性的自负所带来的怀疑、散漫精神使得灾难进一步不可控制；只有死亡来临的那一刻，人类才认识到技术崇拜已然破灭，才认识到自身的存在不是超越自然的无限，而是自然的有限。

四、灾难的集体属性显现人的存在的共通性

当我们谈论人的存在的自然性和有限性的时候，往往会导向一种悲观的态度，认为人类面对自然灾难显得无能为力，因此我们只能坐以待毙。然而灾难所给予我们的远远超过这种既定的事实，灾难以其集体属性在呼唤着一种可欲的关系——共通关系。南希提出"病毒使我们共通。它使我们置于平等的关系，聚集在一起，共同面对这一处境"③。在这里，南希沿用了

---

① Jean – Luc Nancy, un virus troppo umano, https：//antinomie. it/index. php/2020/03/20/un – virus – troppo – umano/.

② ［法］让-吕克·南希：《恶，力量》，小乌尔姆译，http：//xueshu. blogchina. com/981238914. html。

③ Jean – Luc Nancy, communovirus, https：//www. liberation. fr/debats/2020/03/24/communovirus_1782922.

自己提出的"共通体"概念，这一概念与"共同体"相区分，南希认为"共同体"一词强调的是团体内私人的亲密共契，①因此往往导向对他者的拒斥；而"共通体"则意味着一个更为开放的集合，这个集合里的所有人共通所属、互相依赖、团结一致。② 也就是说，"共通"并不建筑于有限的私人联系之上，而是以客观世界的普遍联系为基础，是一种向着不确定未来敞开的共在。

新冠肺炎疫情不仅仅是个体的事情，它影响着社会全体，因此这是一场集体灾难。南希认为"疾病"本身就是一种社会概念，因为它以各种方式影响着社会——"疾病完完全全属于社会范畴：它需要他人的帮助，它用各种方式让他人参与进来，它影响我们的能力和关系"③，而进一步来说，新冠肺炎疫情作为一种传染病，在客观上直接影响着社会交往，甚至改变了社会关系，因此这绝只不是一种针对个人的苦难，而是朝向集体的悲剧。当我们面向这一场集体灾难的时候，新自由主义对人的割裂显示出了危机，生命政治批判对政治的过度拔高也显得不合时宜，真正重要的事情在于蛰伏已久的共通性问题被呼唤出来：首先，人们当下处于共同的处境，疫情灾难影响着每个人的生活，甚至改变了很多人的命运；其次，人们之间的活动影响着当下的处境，隔离、检测、治疗等一系列活动不再只有健康科学的含义，而显示出社会关联，变成一种社会治理技术；最后，人们面向的未来也是共通的，任何疫情变动及其预测都在影响着社会发展，未来向着不确定性敞开，影响着每一个人。

在疫情这场集体灾难之中，人们愈发认识到人的存在并非孤立，而是充

① 参见［法］让-吕克·南希：《解构的共通体》，郭建玲，张建华等译，上海人民出版，2007 年，第 2 页。

② See Jean – Luc Nancy, communovirus, https://www. liberation. fr/debats/2020/03/24/communo-virus_1782922.

③ Jean – Luc Nancy, La pandémie reproduit les écarts et les clivages sociaux, https://www. mari-anne. net/culture/jean – luc – nancy – la – pandémie – reproduit – les – ecarts – et – les – clivages – so-ciaux.

满着多种多样的联系。人与人之间客观存在的联系已经被马克思所揭示，南希则尝试以存在主义视角介入马克思，希望从认识层面上使人的客观联系经由个体的独一性而成为人的存在的"共通性"的基础。他认为，马克思所提出的"个人所有制"其实提供了新冠灾难中人类共通体构建的一种可欲追求。当我们谈论私人所有制或集体所有制的时候，我们都是用经济的逻辑掩盖了存在的逻辑，在经济学计算中遗忘了自身的整全。而"个人所有制"超越了"私人所有制"，是个体复归自身的可能性，或者称为自我实现的可能性。① 马克思主义强调的是一种实现人的全面复归集体充分性，个体之间的共通联系提供了集体行动的可能性，而在疫情之中，大卫·哈维也发出了马克思主义的号召：只有通过集体行动才能实现个人真正的自由全面发展。② 南希提出的则是另外一种带有理想色彩的解释："人只有在所有人中才可能是独特的，让共通体更为紧密的恰恰是我们对独一性的共同感觉。"③ 他强调的不是集体行动，而是集体认同。孤立的个体根本无法复归自身，如果没有参照物，那也就无所谓独特与共同，个体便无法认识自身，因此缺乏共通联系的个体的复归无从谈起；反过来看，在群体中人们会感知到自身的独特性，这种独特性会成为对人的存在的整体认同基础，这成为个体向自身复归的认识前提。因此，南希更多地是延续了存在主义的思路探讨人对自身共通性存在的认识，思考的是这场灾难可能带给人们的认识观变革。

因此，人的存在的共通性的提出将给予人类应对集体灾难以全新视角，南希理解中的"共同体"缺乏应对重大集体灾难，尤其是全球普遍面临的集

---

① See Jean – Luc Nancy, communovirus, https://www. liberation. fr/debats/2020/03/24/communovirus_1782922.

② See David Harvey, We Need a Collective Response to the Collective Dilemma of Coronavirus, Jacobin Magazine, April 24, 2020.

③ Jean – Luc Nancy, communovirus, https://www. liberation. fr/debats/2020/03/24/communovirus_1782922.

体灾难的能力,因为这种共同体本质上是封闭、狭隘的,其设立目的更多地是为了区分自我与他者,因此势必在应对灾难时显现出互相推诿、以邻为壑的局面,无益于问题的解决。而人类之间普遍的联系设定了"他者"与"自我"的互相成就,因此共通性是人的存在的基本属性,"共通体"概念的提出正是为了将主体进行更广泛的拓展,将"他者"纳入"自我"之中,形成一个开放集合以共同应对挑战,这也是南希理论给予我们的一种重要启示。

人的存在的有限性、自然性的揭示是为了打破疫情中经济逻辑、生命政治批判逻辑的唯一垄断,因此本质上是解构性质的;而人的存在的共通性则指向了南希留给世界的一种替代性的建构方案,那就是用共通的生命存在替代孤立、机械的计算与无止境的怀疑。当人的存在遭遇集体灾难的时候,原先超越自然的无限幻想破灭了,人会感受到一切都充满着不确定性,世界陷入了荒诞与未知之中,"从前人们将存在理解为命运,后来解释为征服,现在我们有必要发现'无缘无故'"①。但是人的存在的共通性又恰恰给予我们一种稳定性,人们在彼此的联系中把握自身,自我在共通联系之中给出自身的在场,这就提供了对新自由主义经济学对人的割裂、生命政治批判对政治过度拔高的一种回应。

五、总结与展望

人的存在的自然性、有限性、共通性在近代很长一段时间以来被人的理性自负、技术崇拜、孤立意识所淹没,这场疫情作为一次集体灾难重新唤醒了我们对自身存在的思考。灾难中人的死亡是沉重的,这将我们从自由至上价值、生命政治批判中剥离了出来,让我们意识到,用经济和政治的视角

---

① Jean - Luc Nancy, Nous avons compris notre existence comme un destin, puis comme une conquête, il va falloir trouver autre chose, https://legrandcontinent. eu/fr/2020/06/09/jean - luc - nancy/.

介入生命都是远远不够的，必须直面人的死亡，以存在介入生命，看到生命存在本身的自然性，敬畏死亡、保护生命。而存在的自然设定了存在的有限，在死亡的关照下，个体存在始终有终结的那一刻，因此对于经济技术和政治技术的崇拜终究只是对理性的过度扩展，是人的一种自负，这种对存在的有限性的否定成为灾难暴发的助推力。面向未来，这一处境并非无法解决，灾难同时唤起了人的共通存在意识，沉寂已久的相互联系被赋予了新的价值，人的存在的共通性将成为应对集体灾难的认识基础。

南希给予我们的更多的是认知层面的期待，而其中最具有建构意义的"共通性"是延续了思想界"发现社会"的主张。从本质上来说，南希认为当前集体灾难的蔓延是由于"社会"被掩盖，而只要通过群众思想的变革、重新发现人们普遍存在的共通性就能实现社会的变革。但是这里实际上出现了"知"与"行"的断裂，群体的同质性未必直接导向联合，恰恰相反，现实中大多数西方国家一边号召集体应对、一边打"病毒政治牌"破坏联合。或许人的共通性的确被遗忘和掩盖了，但是仅仅发现共通性根本无法解决现实的合作问题，现实的合作需要依靠政治支持、经济实力，也就是说，改变社会绝不能只寄托于观念的变革，更需要依靠更为实际的东西。当南希批判新自由主义者和生命政治学的时候，他或许遗忘了对经济、政治与经济学、政治学进行适当区分。现实中不只有新自由主义一种经济学，也不只有生命政治一种政治学，我们应当尝试建构更有集体行动价值的经济学、政治学，将经济力量和政治力量动员起来保障人的生命，将人的存在的自然性、有限性、共通性纳入这种全新学科的构建之中，使得认识的变革经由现实力量导向对社会的变革，真正开辟生命至上、共通存在的人类美好前景。

本文已发表在《贵州社会主义学院学报》2021 年第 4 期